THOMAS MÜCKE

Zum Hass verführt

Thomas Mücke

mit Dörthe Nath

# ZUM HASS VERFÜHRT

Wie der Salafismus unsere Kinder bedroht und was wir dagegen tun können

eichborn

Das vorliegende Buch beruht auf Tatsachen. Zum Schutz der Persönlichkeitsrechte wurden Namen und Details verändert.

MIX
Papier aus verantwortungsvollen Quellen
FSC® C014496

Dieser Titel ist auch als E-Book erschienen

Eichborn Verlag in der Bastei Lübbe AG

Originalausgabe


Umschlaggestaltung: Christina Hucke, www.christinahucke.de
Umschlagmotiv: © Tomas Rodriguez, Köln
Satz: hanseatenSatz-bremen, Bremen
Gesetzt aus der Weiss STD
Druck und Einband: GGP Media GmbH, Pößneck

Printed in Germany
ISBN 978-3-8479-0607-0

5 4 3 2 1

Sie finden uns im Internet unter www.eichborn.de
Bitte beachten Sie auch www.luebbe.de

# Inhalt

**Prolog**
**»Die ist in der Hölle«** ............ 7

**Mehmet: »Man fällt richtig leicht drauf rein«** ............ 18
*Mehmet wollte helfen. Doch die Realität in Syrien hat ihn geschockt. Warum nicht jeder Syrien-Rückkehrer gefährlich ist, und welcher Ideologie Jugendliche wie er folgen.*

**Adam: »Ich gehe aus einer bösen in eine heile Welt«** ............ 54
*Adam ist einer von vielen Konvertiten, die in den Krieg ziehen. Was den Salafismus für sie attraktiv macht und wo sie ihre Vorbilder finden.*

**Hamid: »Ich hätte für meinen Glauben getötet«** ............ 90
*Fast wäre Hamid im Gefängnis zum Gotteskrieger geworden. Wie traditionelle Konzepte von Ehre zum Einfallstor für den Islamismus werden und der Glaube einem die Kraft zur Wandlung geben kann.*

**Silvia und Celine: »Wenn er mich schlägt, ist das nicht so schlimm«** ............ 129
*Silvia und Celine sehnten sich nach der Ehe mit einem Gotteskrieger. Warum immer mehr Frauen in die Kriegsgebiete ausreisen und sich einem frauenfeindlichen System unterordnen.*

**Murat: »Ich chille, gehe kämpfen, mache meinen Job für Allah«** ........ 167
*Vom Dschihad in Syrien in ein deutsches Gefängnis. Wie der IS die Kämpfer an sich bindet, warum Wegsperren die Lage verschlimmert und es sich lohnt, auch mit stark radikalisierten Menschen zu arbeiten.*

**Thorsten: »Ich bin ein Nazi-Kämpfer – die müssen weg«** ........ 194
*Blinder Gehorsam gegenüber der Gruppe, Hass auf alles andere. Welche Parallelen sich zwischen Rechtsextremisten und Islamisten erkennen lassen.*

**Fazit**
**Den Extremismus entzaubern** ........ 210

**Anhang**
Was man tun kann – Hilfe für Betroffene ........ 233
Der Ansatz von Violence Prevention Network ........ 242
Die Autoren ........ 251
Dank ........ 253

# Prolog
# »Die ist in der Hölle«

Mitten in der Nacht klingelt mein Telefon. Ich gehe ran. Um diese Uhrzeit kann es nur etwas Dringendes sein.

Am anderen Ende: eine Frauenstimme. Schluchzen.

»Ich rufe wegen meiner Tochter an, weiß aber gar nicht, ob ich bei Ihnen richtig bin«, sagt sie unsicher.

»Schauen wir mal, ob Sie hier richtig sind«, gebe ich ruhig zurück. »Was ist denn mit Ihrer Tochter?«

»Ich glaube, meine Tochter ist in Syrien ...«

»Dann sind Sie bei mir richtig!«

Das Schluchzen lässt etwas nach, und die Frau beginnt zu erzählen.

Ihre Tochter ist vierundzwanzig Jahre alt, hat zwei Ausbildungen abgebrochen.

»Ich weiß nicht, wie das passieren konnte. Jetzt ist sie weg, und ich habe einfach keine Ahnung, was ich tun soll.«

»Woher wissen Sie denn, dass sie in Syrien ist?«

»Ich habe eine Nachricht aufs Handy bekommen: ›Liebe Mama, ich bin in Syrien, mach dir keine Sorgen. Mir geht's gut.‹«

Sie macht eine Pause, schluckt, unterdrückt die Tränen.

»Mir keine Sorgen machen – wie soll das gehen? Die ist in der Hölle – da herrscht doch Krieg.«

Es ist schwer, jemanden zu beruhigen, der so verzweifelt ist. Eine Mutter, die furchtbare Angst hat, dass sie ihre Tochter nicht mehr lebend wiedersehen könnte.

Das ist einer von vielen Anrufen, die mich erreichen. Getätigt von Vätern und Müttern, die emotional völlig aufgewühlt sind, die versuchen, irgendwo Halt zu finden. Ihre Not ist oft so groß, dass sie die Uhrzeit völlig vergessen.

Extremistischer Salafismus, Dschihad, »Islamischer Staat«, abgeschlagene Köpfe, Selbstmordattentäter in Paris, blanker Hass und blinde Zerstörungswut: Wie eine schaurige Filmmusik begleiten die Bilder und Meldungen in den Nachrichten unseren Alltag. Man hört davon, liest darüber – aber man kann es nicht wirklich begreifen.

Und am rätselhaftesten erscheint es, dass viele der Kämpfer, die diese Gräueltaten anrichten, sich mitten in unserer Gesellschaft radikalisiert haben, bevor sie dann schlimmstenfalls als »Foreign Fighters« in Syrien und im Irak Menschen umbringen oder Anschläge in Europa verüben.

Zum Jahresende 2015 zählte der deutsche Verfassungsschutz 760 Männer und Frauen, die aus Deutschland zur Terrormiliz des sogenannten Islamischen Staates ausgereist sind.

## Ein Leben jenseits von Hass und Gewalt

Ich beschäftige mich seit fünfundzwanzig Jahren als Sozialarbeiter und Pädagoge mit radikalisierten Jugendlichen. In dieser Zeit habe ich einen Erfahrungsschatz angehäuft, der mir dabei hilft zu verstehen, wie junge Menschen in diese Szenen abrutschen können, durch den ich aber auch weiß, wie sie sich aus den extremistischen Milieus wieder lösen können – was sie brauchen, um ein eigenverantwortliches Leben jenseits von Hass und Gewalt zu führen.

Der nächtlichen Anruferin kann ich zumindest eine große

Sorge nehmen. Denn in der Regel sind die jungen Frauen aus Deutschland, die freiwillig nach Syrien gehen, um sich dort dem »Islamischen Staat« anzuschließen, nicht an der Front. Sie werden nicht als Kämpferinnen rekrutiert, sondern als Ehefrauen.

Ich spreche leise und bedächtig mit ihr. In solch einem ersten Telefonat geht es vor allem darum, Ruhe reinzubringen. Ich frage sie, ob sich ihre Tochter verändert habe in den letzten Monaten. Sie erzählt, dass das Mädchen plötzlich einen Schleier trug. Und das, obwohl sie mit Religion generell nie viel am Hut hatte – geschweige denn mit dem Islam. Plötzlich betete sie fünf Mal am Tag, aß kein Schweinefleisch mehr, trank keinen Tropfen Alkohol. Vorher war sie gern auf Partys gegangen, hatte sich mit ihren Freunden getroffen, kam auch schon mal betrunken nach Hause. Und auf einen Schlag wollte sie dann von ihren alten Freunden nichts mehr wissen und brach alle Kontakte ab.

»Das war so ein enormer Sinneswandel in so kurzer Zeit, das habe ich gar nicht verstanden.«

»Haben Sie ihr das gesagt?«

»Ja klar. Ich habe ihr gesagt, dass ich mir Sorgen darüber mache, wie sehr sie sich verändert habe, und dass sie mir Angst mache. Aber sie hat das abgeblockt. Ich bin gar nicht mehr an sie rangekommen. Wie eine Fremde war sie.«

»Hat sie einen Abschiedsbrief hinterlassen?«

»Nein. Aber ihr Koran lag auf dem Schreibtisch, aufgeschlagen – da hatte sie eine Stelle markiert. Ich dachte erst, dass sie bei einer Freundin ist. Als sie dann die ganze Nacht nicht nach Hause gekommen ist, hab ich in ihren Schrank geguckt – da fehlten der Koffer und ein paar von ihren Klamotten.«

Die Mutter ist alleinerziehend und mit der Situation überfordert.

Immer wieder habe sie ihre Tochter in Syrien angerufen, sie angefleht: »Bitte komm zurück.« Bis diese irgendwann nicht mehr ans Telefon gegangen sei und sie nur noch Männerstimmen im Hintergrund gehört habe.

Hätte die Mutter sich früher bei mir gemeldet, dann hätte ich ihr davon abgeraten, so häufig anzurufen. Jeder Anruf, jede SMS kann die Tochter in Gefahr bringen, und sie können – wie in diesem Fall – dazu führen, dass der Kontakt abbricht, dass dieser seidene Faden, an dem sie ihre Tochter vielleicht wieder hätte zurückziehen können, abreißt.

Tatsächlich sind bei Frauen, die nach Syrien ausreisen, die Chancen gering, dass sie zurückkehren. Diese Mutter hat also in jeder Hinsicht zu spät Unterstützung erhalten. Das ist ihr jedoch nicht anzulasten, denn sie ahnte schlicht nichts von Hilfsangeboten, sie hat meine Nummer erst zufällig im Internet gefunden, als ihr auch die Polizei nicht weiterhelfen konnte und sie vor Verzweiflung nicht mehr ein noch aus wusste.

Umso wichtiger, ihr zuzuhören und für sie da zu sein.

## Man kann sich vom Hass befreien

Dieses Buch soll dazu beitragen, dass mehr Menschen davon erfahren, dass es Auswege gibt, dass man verhindern kann, dass Jugendliche und junge Erwachsene so sehr in die extremistisch-salafistische Szene abrutschen, dass sie ihr Leben riskieren und sich den Verbrechern der Terrororganisation »Islamischer Staat« anschließen – dass sie sich von dem Hass, den sie in sich tragen, auch wieder befreien können.

Im Rahmen meiner Organisation Violence Prevention Network (VPN) arbeite ich seit vielen Jahren mit gefährdeten jungen

Männern und Frauen in extremistischen Szenen – wir betreuen sowohl Rechtsextremisten als auch dschihadistische Islamisten. Siebzig Mitarbeiter arbeiten für VPN – vom Sozialarbeiter bis zum Islamwissenschaftler. Wir haben über die Zeit mit mehr als neunhundert Jugendlichen und jungen Menschen gearbeitet – und diesen Erfahrungsschatz möchte ich teilen.

Egal um welche extremistischen Verführungen es geht, die Lebensläufe dieser jungen Menschen sind oft von Brüchen geprägt, schulischen und beruflichen Misserfolgen, zerrütteten familiären Verhältnissen oder auch von einem kriminellen Umfeld. Diese Jugendlichen fühlen sich so gut wie immer isoliert und ausgegrenzt, haben ein geringes Selbstwertgefühl und sehen keine Perspektive innerhalb unserer Gesellschaft. Also suchen sie sich eine andere und finden sie bei Demagogen, die Hass und Gewalt predigen. Die Gemeinsamkeiten zwischen rechtsextremen und extremistisch-salafistisch radikalisierten Jugendlichen sind augenfällig: Immer wieder sind es zumeist diese sozialen und familiären Enttäuschungen, ist es das Gefühl, nicht dazuzugehören, nicht ausreichend akzeptiert zu werden, die den Jugendlichen auf ihrem Weg ins Erwachsenenleben Probleme bereiten. Eine ganz zentrale Rolle spielt die Clique, die Freunde – die »Peers«, wie das in der Sozialarbeit genannt wird. Sie können neben diesen anderen Faktoren die Identitätsfindung des Jugendlichen erheblich beeinflussen. Wer aber keine eigenständige Identität entwickelt, bei dem besteht die Gefahr der Radikalisierung. Die Identitätskrisen junger Menschen werden von der extremistischen Szene rücksichtslos für die eigenen politischen Zwecke missbraucht.

Am Anfang meiner Arbeit mit rechtsextremistischen Jugendlichen stand die Überwindung. Ich betreute damals eine Gruppe von jungen Menschen, die große Angst vor fremdenfeindlichen

Schlägern hatte. Die aggressiven Jungs zur Rede zu stellen, das fiel mir nicht leicht. Aber für mich war diese Arbeit einer der wichtigsten Lernprozesse überhaupt. Ich lernte, dass die eigenen undifferenzierten Bilder den Zugang zu Menschen versperren, die durchaus noch erreichbar sind. Ich erlebte, wie Menschen sich verändern können, wenn man auf authentische Beziehungen vertraut und sich den Problemen, die hinter der Radikalisierung stehen, zuwendet. Ich konnte lernen, dass eine Haltung, die Interesse signalisiert, mehr bewirkt als eine belehrende. Ich sah, welche Gefahren von extremistischen Organisationen ausgehen, wenn wir uns diesen gefährdeten Jugendlichen nicht rechtzeitig zuwenden.

Diese Grunderfahrungen sind in meiner Deradikalisierungs-Arbeit heute immer noch von zentraler Bedeutung.

## Einblick in die Welt der Extremisten

Mit diesem Buch will ich Vereinfachungen entgegenwirken und einen Einblick in die Welt radikalisierter junger Menschen geben. Ich beschreibe verschiedene Fälle, die wir mit unserer Organisation betreut haben und die die Motive der Radikalisierung junger Menschen illustrieren. Einer ist im Gefängnis, weil er sich in Syrien dem IS angeschlossen hatte. Andere haben das zwar geplant, konnten aber davon abgehalten werden, und wieder andere radikalisierten sich so stark, dass es nur noch eine Frage der Zeit gewesen wäre, dass sie sich vollends einer extremistischen Organisation ausgeliefert hätten. Das betrifft Jungs wie Mädchen gleichermaßen, deutsche ebenso wie kulturell und familiär im türkischen oder arabischen Raum beheimatete Jugendliche.

Allen Betroffenen, die in diesem Buch vorkommen, habe ich neue Namen gegeben, um die Familien zu schützen und den Prozess der Deradikalisierung nicht zu gefährden. Die Fallbeispiele zeigen die Bandbreite der Persönlichkeiten auf, die sich für den extremistischen Salafismus begeistern. Sie weisen aber auch Gemeinsamkeiten auf: dass das direkte Umfeld und die Familie immer eine große Rolle spielen zum Beispiel und dass man schon früh erkennen kann, wo der Jugendliche da reingeraten ist …

»Ich habe von der Religion keine Ahnung«, sagt mir die aufgelöste Mutter in der Nacht am Telefon, »kein Wunder, dass ich sie nicht mehr erreicht habe.«

»Was war zum Beispiel so eine Situation, in der Sie das Gefühl hatten, Sie kämen nicht mehr an sie ran?«

»Dieser Gesichtsschleier – da haben wir uns am meisten drüber gestritten. Sie hat mir immer gesagt, dass Allah das so verlange, dass Frauen ihren Körper verhüllen sollen. Ich würde hier in der Gegend viele Musliminnen auch ohne Kopftuch sehen, habe ich dann geantwortet. ›Das sind keine echten Musliminnen, Mama – die kommen in die Hölle, weil sie Allahs Willen nicht gehorchen!‹ Ist ja klar, dass sie das über mich erst recht dachte. Aber was sollte ich da sagen? Sie hat immer mit dem Koran argumentiert – ich hab den nicht gelesen. Ich habe ja noch nicht einmal die Bibel gelesen.«

Nun ist es zwar so, dass die jungen Islamisten sich auf ihre Religion berufen, aber in der Regel verfügen sie selbst über keinerlei religiöse Bildung – weder die Konvertiten, die wie in diesem Fall in christlich geprägten Haushalten aufgewachsen sind, noch die Jugendlichen, die aus einer muslimischen Familie stammen. Sie wissen wenig über den Islam, kennen den Koran nicht, lassen sich von extremistischen Organisationen und charismatischen Demagogen blenden. So gesehen konvertieren sie alle – in den Extremismus. Sie begeistern sich für krude Welt- und Feindbilder, deren Verlockung darin liegt, extrem simpel zu sein und die Illusion eines neuen Selbstwertgefühls zu vermitteln. Ahnungs- und arglose junge Menschen nehmen mitunter in rasantem Tempo extremistische, fundamentalistische oder traditionalistische Einstellungen an. Sie entfernen sich damit immer weiter von demokratischen Ideen, Konzepten wie Toleranz und Gleichberechtigung. Und: Sie werden gewaltbereit.

Mit religiösen Werten zumindest hat der extremistische Salafismus nichts zu tun – was ich aufzeigen werde. Auch deshalb ist es so wichtig, dass Jugendliche aus muslimischen Familien und Kulturen ihre Religion kennenlernen – sei es in der Moschee oder im islamischen Religionsunterricht in der Schule. Denn die Radikalisierung ist nicht nur für sie selbst gefährlich, sondern auch für die deutsche Gesellschaft. Nur dem Glück ist es zu verdanken, dass es bislang keinen größeren Anschlag in Deutschland gegeben hat. Aber es gab und gibt sehr wohl zahlreiche Anschläge in den Kampfgebieten, auch von jungen Menschen ausgeführt, die hier geboren sind. Wir haben Angst vor einem Terror, der nach Deutschland gebracht wird, und übersehen allzu leicht, dass deutsche Islamisten Terror, Leid und Tod in zahlreiche Länder exportiert haben.

Egal wo Menschen sterben, den Extremismus müssen wir hier bei uns zum Thema machen.

Doch wie geht man mit den jungen Menschen um, die wieder nach Deutschland zurückkehren? Aufenthalte in den Kampfgebieten Syriens und des Iraks können wie Durchlauferhitzer wirken und die Radikalisierung in ungeahntem Tempo beschleunigen. Was sie dort gesehen und vielleicht auch getan haben, kann sie emotional abgestumpft, verroht haben. Noch dazu haben viele von ihnen dort eine militärische Ausbildung genossen. Und trotzdem ist nicht jeder, der lebend aus den Lagern des sogenannten Islamischen Staates entkommt, ein potentieller Attentäter. Nicht jeder, der zum IS gegangen ist, wollte dort zwangsläufig kämpfen, mancher reist ausdrücklich zu wohltätigen Zwecken dorthin. Einige klopfen dann später zutiefst desillusioniert wieder bei ihren Familien an, manche sind traumatisiert.

Es ist eine große und wichtige Herausforderung, mit diesen jungen Menschen zu arbeiten, auf sie zuzugehen, statt sich abzuwenden, mit ihnen zu sprechen, sie selbst erzählen zu lassen, statt nur über sie zu debattieren.

## Wegsperren allein hilft niemandem

Extremisten wollen schockieren, wollen Angst und Schrecken verbreiten, wollen einen Keil in die Gesellschaft treiben. Sie forcieren auf allen Seiten Intoleranz, und diese Intoleranz spaltet die Gesellschaft. Es ist wichtig, dieser perfiden Strategie etwas entgegenzusetzen, die Gesellschaft als Ganzes muss sich gegen diese Ab- und Ausgrenzungen wehren. Und dafür ist es wichtig, die Gegner einer freien demokratischen Gesellschaft zu kennen, ihre Strategien zu verstehen und vor allem: nicht jeden Muslim zu verdächtigen.

Die Herausforderung für die Gesellschaft heißt: zusammenhalten. Wir dürfen uns nicht auseinanderdividieren, nicht instrumentalisieren lassen. Vielmehr sollte jeder, gerade aus der Mitte der Gesellschaft heraus, die Identitätskrisen und die Labilität dieser jungen Menschen ernst nehmen. Es sind Kinder aus unserer Gesellschaft, die sich in unserer Gesellschaft radikalisiert haben, und in unserer Gesellschaft müssen wir dieses Problem auch wieder lösen.

Wenn wir mit den gefährdeten Jugendlichen nicht mehr reden, werden es nur noch die Extremisten tun.

Lange reagierte die Politik in Deutschland eher hilflos auf dieses Phänomen des Extremismus. Die Angst vor Anschlägen führte zu einem erhöhten Sicherheitsdenken, für präventive Maßnahmen fehlte das Verständnis.

Aber sicherheitspolitische Anstrengungen alleine reichen nicht aus, denn sie können das Denken der Menschen nicht verändern. Niemandem ist geholfen, wenn Wegsehen und Wegsperren die einzigen Reaktionen auf Radikalisierung sind – weder den Jugendlichen noch der Gesellschaft insgesamt. Wir müssen versuchen zu verstehen, was in jungen Menschen vorgeht, die bereit sind, sich im Dschihad selbst aufzugeben, und wir müssen sie unterstützen. Nur so kann es gelingen, sie aus dem extremistischen Milieu wieder herauszuführen, sie in die Gesellschaft zurückzuholen.

Dementsprechend ist dies nicht nur ein Buch für Eltern, die den Verdacht hegen, ihr Kind könnte gefährdet sein, sondern für alle, die begreifen wollen, wie Jugendliche sich so radikalisieren können, dass sie verführt werden, Menschen für ihre Ideologie zu töten.

Vor allem ist es aber auch ein Buch, das zeigt, dass jede Familie betroffen sein kann. Die von Polizeibeamten genauso wie die von Lehrern oder Handwerkern, arm oder reich, religiös oder nicht, seit Generationen deutsch, türkisch oder arabisch – das Spektrum an Familien, die wir bislang beraten haben, zeigt: Niemand ist davor gefeit, dass sein Kind den Seelenfängern verfällt.

Wir haben viele Familien betreut, die die Veränderungen ihrer Kinder lange für sich behalten haben. Eltern, deren Kinder zu Extremisten werden, können darüber mit kaum jemandem reden. Es ist unangenehm, und keiner will, dass der Rest der Familie in den Verdacht gerät, damit etwas zu tun zu haben. Die Eltern kämpfen mit ihren Schuldgefühlen, fragen sich, was sie falsch gemacht haben könnten. All das führt die Mütter und Väter in die soziale Isolation. Ihnen hilft es allerdings ungemein zu merken, dass sie nicht allein sind mit ihren Problemen. Auch dazu soll dieses Buch beitragen.

Die Mutter, mit der ich in dieser Nacht am Telefon sprach, hatte drei Wünsche: dass ihre Tochter am Leben bleibe, dass sie zurückkomme und dass alles wieder so wie früher werde.

Nichts davon konnte ich ihr versprechen. Jede Beratung muss ehrlich und realistisch bleiben. Aber ich habe mit ihr durchgespielt, wie sie sich verhalten könnte, wenn die Tochter doch noch einmal anrufen würde. Dass sie ihr raten könnte, eine Krankheit vorzutäuschen, um aus dem Lager herauszukommen, dass sie ihr schöne gemeinsame Erlebnisse in Erinnerung rufen müsse, um sie wieder stärker an sich zu binden.

Ob ich ihre Tochter betreuen könne, falls sie zurückkomme, fragte sie mich.

Das konnte ich ihr zusagen.

Die Mutter wollte mehr über den Islam und die extremistische Szene erfahren. Sie hatte viele Fragen und brauchte Antworten, um mit ihrer Tochter vielleicht eines Tages besser reden zu können.

Also verabredeten wir ein Treffen für die nächste Zeit.

Als ich nach zwei Stunden Telefonat auflegte, war sie ruhiger, nicht mehr ganz so am Boden.

Wenigstens das.

## Mehmet: »Man fällt richtig leicht drauf rein«

*Mehmet wollte helfen. Doch die Realität in Syrien hat ihn geschockt. Warum nicht jeder Syrien-Rückkehrer gefährlich ist, und welcher Ideologie Jugendliche wie er folgen.*

Im Frühjahr 2015 sollte ich Mehmet das erste Mal treffen, und ich war tatsächlich ein bisschen angespannt, als ich mit seinem Betreuer Hasan, einem unserer Mitarbeiter, der bereits seit längerem mit ihm zu tun hatte, die vielbefahrene Straße dieser Stadt im Rhein-Main-Gebiet entlangging.

Zwischen drei Dönerläden und einer Lagerhalle lag der kleine Lebensmittelladen, in dem Mehmet in den Ferien Geld verdiente. Wir wollten seine Mittagspause nutzen, um einen Tee zu trinken und uns kennenzulernen.

Ein schlanker, hochgewachsener junger Mann trat mir da zwischen den Regalen entgegen und gab mir die Hand. Ein gutes Zeichen. Nicht jeder unserer Klienten gibt mir als deutschem Nicht-Muslim beim ersten Mal die Hand.

Der hätte nicht viel länger in Syrien durchgehalten – das war der erste Gedanke, der mir durch den Kopf schoss, als ich ihn auf dem Weg zum Café von der Seite betrachtete. Mehmet wirkte sanftmütig, fast ein bisschen schüchtern. Ganz und gar nicht wie ein skrupelloser Kämpfer, eher wie jemand, der an der Front im syrischen Bürgerkrieg schnell sein Leben verloren hätte.

Ich bestellte mir etwas zu essen, Mehmet trank Wasser.

»Ist das anstrengend – dein Job im Lebensmittelladen?«

»Nö, das passt schon.«

»Wie geht's deinen Eltern?«

»Ganz gut.«

»Hasan hat mir erzählt, wie sehr du dich gerade in der Schule anstrengst. Das finde ich gut.«

»Ja.«

Eigentlich war er mir zu dem Zeitpunkt schon sehr vertraut – als einer unserer Fälle, bei denen ich erst einmal im Hintergrund agiere. Ich hatte seine Rückkehr aus Syrien nach Deutschland vorbereitet, den Kontakt zu den Behörden gehalten und mit seinen Betreuern jeden weiteren Schritt besprochen. Das wusste Mehmet, und trotzdem sagte er nicht viel bei dieser ersten Begegnung. Er war erst einmal ziemlich verschlossen – meinte später auch Hasan, der im Café mit dabei war.

Für mich war das nicht neu. Für Jugendliche wie Mehmet bin ich nicht selten der erste Vertreter der Mehrheitsgesellschaft, der erste nicht-muslimische Deutsche, der sich für sie interessiert. Das macht sie in der Regel misstrauisch – nach dem Motto: »Was will der von mir?« Jugendliche wie Mehmet sind, wenn ich sie treffe, vorher ausschließlich in ihren eigenen kulturellen Gesprächszusammenhängen unterwegs gewesen. Jetzt mit jemandem offen zu sprechen, den man ein paar Monate vorher noch als »Kuffar«, als »Ungläubigen«, bezeichnet hätte, erfordert Überwindungskraft. Das war damals für mich deutlich zu spüren. Obwohl Mehmet ja schon sehr früh eingesehen hatte, dass er einen großen Fehler gemacht hatte.

Aber Mehmet hatte das geschafft, was anderen nicht gelingt: Er konnte seinen Fehler korrigieren. Er war aus dem Lager des selbsternannten »Islamischen Staates« geflüchtet, bevor ihm etwas Schlimmes hätte passieren und bevor er anderen etwas Schlimmes hätte antun können. Dabei war er mit so großen Zielen aufgebrochen …

Mehmet war eigentlich ein ganz normaler Jugendlicher in einer hessischen Stadt gewesen. Er hing nach der Schule mit seinen Freunden herum, postete allerlei Bilder in sozialen Medien, spielte für sein Leben gern Basketball. Er war ein guter Spielmacher, wollte Profi werden und träumte davon, mit Basketball später mal Geld zu verdienen. Auch deswegen wollte er gern ein Schuljahr an einer amerikanischen Highschool verbringen – und zwar an einer mit dem Schwerpunkt Sport. Wenn er sich da als guter Spieler präsentiert hätte, so seine Gedanken, dann wäre vielleicht ein Sportstipendium für ein amerikanisches College drin gewesen und damit auch ein Platz im College-Team. Und dann wäre die amerikanische Profiliga NBA nicht mehr weit gewesen – das war Mehmets Traum. Es wurde aber nichts daraus – auch weil sein Vater ihn nicht gehen lassen wollte.

Die Yildrims sind eine sehr aufgeschlossene und liberal eingestellte Familie. Als nett und herzlich habe ich sie erlebt, als ich sie das erste Mal traf. Ganz im Gegensatz zu Mehmet fiel mir der Vater gleich um den Hals, es war, als würden wir uns schon Jahre kennen. Sicherlich verhielten sie sich auch so, weil sie dankbar waren für unsere Unterstützung.

Ihr Heimatland Türkei spielte für sie auch nach vielen Jahren in Deutschland noch eine große Rolle – eigentlich hatte Vater Ahmed Yildrim immer vorgehabt, irgendwann mit seiner Familie dorthin zurückzukehren. Mit Mehmet und seiner Schwester Tuzla.

Freitags besuchten sie die Moschee. Ansonsten habe Religion in der Familie nie eine große Rolle gespielt, erzählte mir der Vater. Sie lebten eine Art Alltags-Islam mit einer Mischung aus mitgebrachten kulturellen Elementen und familiären Traditionen. Es wurde nicht viel über den Glauben gesprochen.

Auch deswegen waren sie wahnsinnig überrascht und erschrocken über die Wandlung ihres Sohnes.

Mehmet war siebzehn, als 2013 alles begann. Der Islam war immer wieder Thema in seinem Freundeskreis, Religion wurde immer wichtiger. Ein bewusstes Leben als Muslim wurde auf Facebook und in anderen sozialen Medien von einigen seiner Freunde als etwas Cooles präsentiert, als etwas, das sich mit seinem damaligen Alltag allerdings nicht so richtig vertrug.

»Eigentlich dürft ihr als Muslime gar nicht in Deutschland leben«, schallte ihm da aus den Computer-Lautsprechern entgegen. »Deutschland ist ein Land von Kuffars. Ein echter Muslim muss in einem Gottesstaat leben!«

Mehmet hatte bislang eigentlich ganz gut in Deutschland gelebt und sich im Gegenteil immer gegen die Pläne des Vaters gesträubt, zurück in die Türkei zu gehen.

Diese ungewohnten Aussagen verunsicherten ihn nun. Er fragte sich, ob es stimme, dass man in Deutschland kein guter Muslim sein könne, ob Demokratie und Islam sich tatsächlich widersprächen. Denn er wollte ein guter Muslim sein.

Einige seiner Freunde waren schon tiefer drin in der Szene. Wenn er mit ihnen diskutierte, dann unterlegten sie ihre Aussagen mit Koran-Stellen: »Bruder, im Koran steht geschrieben: ›Die aber ungläubig sind – wehe ihnen! Er wird ihre Werke zunichtemachen. Dies, weil sie hassen, was Allah herniedergesandt hat; so machte Er ihre Werke fruchtlos.‹ – Sure 47, kannst du nachlesen.«

In einem Blog fand er Antworten auf die Frage, wie eine Demokratie zu bewerten sei. Etwa: »Viele nutzen die Demokratie, um dem Islam zu widersprechen. So wie der Islam sagt, dass der Bürger nicht das Recht hat, Alkohol zu trinken, würde die Demokratie aufgrund der Ideologie dem Bürger das Recht zusprechen, Alkohol zu trinken. Somit erklärt die Demokratie das für erlaubt, was Allah für verboten erklärt hat.«

Mehmet überlegte, ob er nach dem Freitagsgebet den Imam in seiner Moschee ansprechen sollte, er hatte so viele Fragen zu den Widersprüchen zwischen seinem Leben und dem, was der Koran angeblich forderte. Es war ihm dann aber unangenehm, den Imam zu kontaktieren – der sprach nur türkisch und war immer umringt von alten Männern. Seine Moschee war eine gemäßigte Moschee, in der überwiegend türkisch gesprochen wurde und in der es keine ausgeprägte Jugendarbeit gab. Diskutiert wurde da nicht, der Imam hielt das Freitagsgebet ab und ging dann wieder.

Mehmet fand also keine Antworten auf seine Fragen.

Am Rande der Freitagsgebete lernte er dann Gleichaltrige kennen, einige von ihnen gehörten zu einer Gruppe, die in der Innenstadt den Koran verteilte. Aufgeschlossene, nette Typen. Sympathisch fand er sie – eigentlich waren sie ihm ganz ähnlich. Sie verstanden seine Fragen und wussten von jemandem, der sie gut beantworten könne.

»Lieber Bruder – komm doch mal mit zum Gesprächskreis mit unseren Brüdern. Da reden wir über das alles.«

»Was ›alles‹?«

»Na, warum wir hier keine Chance haben und so – und warum wir uns gegenseitig helfen müssen, wir Muslime.«

Wenig später saß er mit sechs bis sieben anderen Jugendlichen auf dem Fußboden eines fremden Wohnzimmers. Ein bärtiger Mann begrüßte sie mit einer innigen Umarmung, jeden einzelnen von ihnen. »Schön, dass ihr da seid«, sagte er.

Mehmet fühlte sich dort auf Anhieb wohl. Irgendwie aufgehoben.

»Das kann man doch überall sehen, dass der muslimische Glaube und Deutschland nicht zusammenpassen«, führte der bärtige Mann aus. »Muslime werden in Deutschland nicht akzeptiert. Die Deutschen sind Ungläubige, sie werden Muslime nie als gleichwertig betrachten. Deswegen habt ihr hier auch keine Chance, eure Familie zu ernähren. Eine Karriere kann man als Muslim in Deutschland vergessen.«

Die jungen Männer neben Mehmet nickten, und auch er selbst fand das schlüssig, was der Mann da erzählte. Hatte sein Vater nicht immer Sechzig-Stunden-Wochen gearbeitet in der Kfz-Werkstatt, und trotzdem war irgendwie wenig Geld da?

»Deutschland und seine Demokratie können gar nicht zum Islam passen – grundsätzlich nicht. Die deutsche Rechtsprechung erlaubt, was die Scharia verbietet. Vieles, was die Scharia erlaubt, ist hier verboten. Im Koran steht: ›Sie sagen: Wir waren Unterdrückte im Land. Sie (die Engel) sagen: War Allahs Erde nicht weit, sodass ihr darauf hättet auswandern können? Jene aber, ihr Zufluchtsort wird die Hölle sein, und wie böse wird der Ausgang! Ausgenommen die Unterdrückten unter den Männern, Frauen und Kindern, die keine Möglichkeit haben, auszuwandern und auf dem Weg nicht rechtgeleitet sind, jenen wird Allah vielleicht verzeihen.‹ Umso wichtiger, dass wir Muslime zusammenhalten. Die Umma, die islamische Gemeinschaft, ist das, was uns stark macht.«

Die Koransure, die der Mann da zitierte, wird häufig herangezogen, wenn es darum geht, die »Hidschra« – die Ausreise – zu rechtfertigen. Sie bezieht sich auf die Zeit, als der Prophet Mohammed mit seinen Anhängern von Mekka nach Medina fliehen musste. Eine Gruppe war nicht mitgekommen, und die wird nun von den Engeln gefragt, warum nicht. Heute sehen die extremistischen Salafisten Deutschland als das Land an, aus dem man auswandern muss, weil man hier – so sagen sie – seinen Glauben nicht leben könne.

Da waren die Antworten, die Mehmet suchte. Sie waren klar und eindeutig. Und immer waren sie durch die Worte des Propheten abgesichert. Eine bessere Legitimation kann es doch für einen Muslim nicht geben, muss er sich gedacht haben.

Was Mehmet gefunden hat, waren die Antworten des extremistischen Salafismus: Koran-Verse werden aus dem Zusammenhang gerissen und ohne ihre historische Bedeutung betrachtet, um sie für Propaganda zu verwenden. Ein Vorgehen, das sich im Übrigen in ähnlicher Weise auch bei Rechtsextremisten und islamfeindlichen Organisationen finden lässt.

## Der Salafismus

Seit der intensiven Berichterstattung über radikale Islamisten in Deutschland kennt wohl jeder den Begriff »Salafismus«. Aber auch diese Strömung muss man differenziert betrachten, denn nicht alle Salafisten lehnen wie die neuen Freunde von Mehmet den Staat Bundesrepublik ab, und nicht alle Salafisten rufen andere dazu auf, nach Syrien in den Krieg zu ziehen.

Der Salafismus ist eine sunnitische Strömung des islamischen Glaubens. Das Wort ist abgeleitet vom arabischen Wort »as-Salaf as-Salih« – »die frommen Altvorderen« – und bezieht sich damit auf die ersten drei Generationen der Muslime. Der Ursprung der Salafiyya-Bewegung liegt im dreizehnten Jahrhundert. Ihre Anhänger wollten den Islam von vermeintlich unislamischen Praktiken reinigen, solche aus dem Volksaberglauben zum Beispiel, und den Islam anhand seiner Hauptquellen reformieren – also anhand der Texte des Koran und der »Sunna«, der Aussprüche des Propheten Mohammed. Muhammad ibn Abd al-Wahhab hat im achtzehnten Jahrhundert dieses salafistische Gedankengut systematisch politisiert und damit salonfähig gemacht. Auf seinen Nachnamen geht der Wahhabismus zurück. In Saudi-Arabien sind seine Lehren Staatsdoktrin.

Der Salafismus ist im Wortsinne fundamentalistisch: Seine Anhänger legen den Koran und die Sunna wortwörtlich aus. Jede Deutung der Verse im übertragenen Sinne einer Allegorie sehen sie als Missbrauch. Salafisten haben einen exklusiven Wahrheitsanspruch: Nur sie kennen den Weg ins Paradies, sagen sie. Allen anderen Muslimen wird ihr Muslim-Sein abgesprochen. Die Salafisten projizieren durch ihre wörtliche Auslegung der Schriften die Handlungen und Aussagen des Propheten Mohammed und seiner Gefährten in die heutige Welt. Nur wer sich ihnen gemäß verhält, findet den Weg ins Paradies. Das heißt: Nur wer das Leben eines Mannes aus dem siebten Jahrhundert nachahmt, ist in ihren Augen ein Muslim.

In den 1990er-Jahren entstanden in Deutschland erste orthodoxe salafistische Gruppen und Moscheen. Seit 2000 etwa treten sie immer mehr auch offensiv missionierend auf. Schätzungen zufolge sind etwa 0,1 Prozent der Muslime in Deutschland dem Salafismus zuzurechnen. Die Salafisten sind eine heterogene Bewegung, in der sich verschiedene Strömungen voneinander unterscheiden lassen: zum einen die puristische sowie die politisch-missionarische Strömung, die beide Gewalt ablehnen. Diese Gruppierungen stehen der nichtmuslimischen Gesellschaft nicht unbedingt feindlich gegenüber. Sie lehnen den Staat auch nicht zwingend ab. Zum anderen aber gibt es eine politisch-missionarische Strömung, die

Gewalt durchaus legitimiert, und schließlich den dschihadistischen Salafismus, der Gewalt nicht nur akzeptiert, sondern sogar offensiv als Mittel einsetzt, um seine Ziele zu erreichen. Die beiden Letzteren meine ich, wenn ich vom extremistischen Salafismus spreche.

Vor diesem Hintergrund lassen sich auch die Zahlen des Verfassungsschutzes differenzierter lesen. Denn wenn er im Januar 2016 in Deutschland 8 350 Salafisten zählt, heißt das noch lange nicht, dass jeder einzelne von ihnen den deutschen Staat ablehnt und bereit wäre, Gewalt selbst anzuwenden oder zumindest zu befürworten. Dass der Verfassungsschutz darüber hinaus bis zum Januar 2016 aber 790 Männer und Frauen zählte, die aus Deutschland zum sogenannten Islamischen Staat nach Syrien ausgereist sind, und 1 100 in Deutschland lebende Salafisten als gewaltbereit einstuft, von denen 430 als so gefährlich angesehen werden, dass sie jederzeit eine schwere Straftat begehen könnten, sollte zu denken geben. Nicht jeder Salafist ist also gewaltbereit. Aber die überwiegende Zahl derjenigen, die aus Deutschland nach Syrien oder in den Irak in den vermeintlich »Heiligen Krieg« gezogen sind, standen vorher mit salafistischen Gruppen in Kontakt und waren durch entsprechende Strukturen beeinflusst – mehr als achtzig Prozent nämlich. Das sind die Erkenntnisse der Sicherheitsorgane, die genauso wie wir immer wieder betonen, dass zwischen dem Islam als Religion und dem politischen Extremismus dschihadistisch-salafistischen Zuschnitts unterschieden werden müsse.

Jungen Menschen wie Mehmet bietet der Salafismus vor allem eine festgefügte Gruppe von Gleichen unter Gleichen. Sie können sich zu einer weltumspannenden Gemeinschaft von Brüdern und Schwestern des Glaubens zählen, frei von nationalen Kultureinflüssen. Ihre »Nation« ist die »Umma«, die muslimische Gemeinschaft. Ethnische Zugehörigkeit bedeutet in diesem Kontext nur »Muslim sein«. Der Salafismus vereint so junge Männer und Frauen aus deutschen Familien mit solchen mit Migrationshintergrund. Die Eltern können vom Balkan kommen, aus der Türkei oder aus dem Libanon. Allein das vermittelt schon ein starkes Gemeinschaftsgefühl.

Mehmet fühlte sich plötzlich verbunden mit Menschen, die zwar eine unterschiedliche Herkunft hatten, unterschiedlichen Milieus entstammten, aber alle für die eine, die vermeintlich gute Sache standen.

Trotzdem ist die salafistische Bewegung eine reaktionäre Bewegung. Sie gibt den europäischen Muslimen eine Antwort auf die Umstände, mit denen sie sich in ihrem Alltag konfrontiert sehen. Und das tut sie, indem sie sich auf die frühzeitlichen Quellen zurückbesinnt. Charakteristisch dabei ist, dass die Salafisten ihre reale Umwelt gar nicht berücksichtigen.

Plötzlich sind Menschen wie Mehmet ihrem Gefühl nach aber nicht mehr Außenseiter, Marginalisierte in der Mehrheitsgesellschaft – sondern sie sind auf einen Schlag wer und können sich voller Stolz als Muslime bezeichnen.

Das ist vor allem für Jugendliche attraktiv. Denn die Suche nach Identität spielt in diesem Alter eine große Rolle. Die charismatischen Anführer von Pierre Vogel über Sven Lau bis zu Abou-Nagie und Abdellatif Rouali bieten durch ihr autoritäres Auftreten eine klare Orientierung, eindeutige Bewertungen und durch die vielen Gebete nicht zuletzt eine klare Alltagsstruktur. Gepaart mit einer tiefgehenden religiösen Gotteserfahrung. Die Religion wird so zum zentralen Bestandteil des Alltagslebens. Dafür vermitteln Salafisten ihr vermeintlich religiös fundiertes Wissen über den von ihnen so bezeichneten »authentischen« Islam und liefern einfache Begründungen für diese ultrakonservative Auslegung des Glaubens. Das macht den Salafismus anschlussfähig. Und im Übrigen erreicht er die Jugendlichen auch deswegen so gut, weil seine Vertreter vor allem deutsch sprechen.

Mehmet fühlte sich dementsprechend auf einmal wichtig und wertgeschätzt. Plötzlich hatte er die Macht, seinen Lebensweg selbst zu bestimmen und nicht mehr den Vorgaben des Vaters folgen zu müssen. Denn der hatte ziemlich genaue Vorstellungen, wie Mehmet sein Leben gestalten sollte: Da es für den Vater immer außer Frage stand, dass die Familie eines Tages zurück in die Türkei gehen würde, sollte Mehmet zum Beispiel einen Beruf wählen, den er auch dort gut ausüben könnte.

Mehmet selbst hatte wenig Mitspracherecht. Das ist relativ typisch in türkischen Einwanderer-Familien dieser Generation, wir sehen solche Familienkonstellationen häufig in unseren Beratungen.

Jetzt aber traf Mehmet plötzlich selbst Entscheidungen, und er entschied, dass sein Lebensweg ihn zu Allah führen sollte.

Mehmet begann fünf Mal am Tag zu beten – so wie seine Freunde. Er änderte seinen Kleidungsstil, trug plötzlich eine Häkelmütze und eine Schlabberhose, die über den Knöcheln endet – das Erkennungszeichen der extremistischen Salafisten. Und er tauchte immer tiefer ab in die subkulturelle Sektenwelt der Salafisten. Mit Freunden, die nicht in der Szene aktiv waren, hatte er kaum noch etwas zu tun. Basketball spielte er auch nicht mehr. Die Schule vernachlässigte er.

Der Salafismus – und das macht ihn so gefährlich – erscheint trotz seiner Orthodoxie modern. Das klingt erst einmal widersprüchlich. Aber die Inszenierung der Propaganda-Bilder und -Videos ist sehr jugendgerecht, wenn auch pathetisch. Und wenn man mit der Sicherheit eines festen Freundeskreises im

Hintergrund ganz anders aussieht als die Erwachsenen, dann ist das über die religiöse Bedeutung hinaus auch eine Art jugendliche Rebellion gegen den Status quo. Mehmet hatte also nicht nur das Gefühl, etwas Richtiges, etwas Sinnvolles zu tun, bei dem er sich moralisch im Recht fühlen konnte, sondern er fand sich außerdem auch noch ziemlich cool dabei. Der Salafismus ist eine Jugendkultur.

Da brauchte es nicht viel Überredungskunst, um ihn davon zu überzeugen, dass er diese Lehre auch anderen näherbringen sollte. Er tat das gern, er glaubte ja fest daran, das Richtige zu tun.

Die Missionierung ist ein wichtiger Bestandteil des Salafismus. Man redet nicht nur über Religion, man tut auch etwas, versucht andere an der vermeintlich wahren Erkenntnis teilhaben zu lassen. Mehmet konnte gemeinsam mit seinen neuen Freunden Aktionen starten – auch das macht einen Teil der Attraktivität des Salafismus aus: Er bleibt nicht theoretisch. Für Mehmet hieß das vor allem: Koran-Ausgaben verteilen.

In vielen deutschen Städten sieht man seit 2011 die Stände, an denen meist junge Männer in weißen T-Shirts den Koran in einer schmuckvoll gebundenen Version an Passanten verteilen und Gespräche mit ihnen führen. »Lies-Projekt« heißt diese Kampagne, und organisiert wird sie von der Bewegung »Die wahre Religion«. Auf den ersten Blick kommen diese Bücherstände harmlos daher – was soll man schon anrichten, wenn man eine religiöse Schrift verteilt.

Aber tatsächlich finden viele Jugendliche über den Kontakt zu den Koran-Verteilern ihren Weg in den extremistischen Salafismus. Auch Mehmet war über sie in die salafistischen Gesprächskreise, abgehalten in privaten Wohnzimmern, gekommen.

»Die wahre Religion« ist eine missionarische Bewegung, die

seit 2009 extremistisch auftritt. Sie ruft nicht offen zur Gewalt auf, aber sie macht auch keinen Hehl aus ihrer klaren Feindschaft gegenüber dem deutschen Staat und der deutschen Gesellschaft.

Laut einer Studie des Bundesamtes für Verfassungsschutz von 2014 waren zwanzig Prozent derjenigen, die damals nach Syrien oder in den Irak in den Krieg gezogen sind, beim »Lies-Projekt«. Auch die beiden Dschihadisten Denis Cuspert und Mohamed Mahmoud, der sich später stolz mit abgeschlagenen Köpfen in seinen Videos aus Syrien präsentierte. Wie populär das Projekt ist, zeigt sich auf Facebook. Mehr als 160 000 Menschen haben dort bekundet, dass ihnen die Organisation »Die wahre Religion« gefalle.

Der Kopf der Bewegung ist Ibrahim Abou-Nagie, ein Kölner mit palästinensischen Wurzeln. Man kann ihn in etlichen Internetvideos dozieren sehen und sagen hören: Christen und Juden seien »Kuffar«, sie würden in die Hölle gehen, wenn sie nicht konvertierten; integrierte Muslime würden sich wie »Kuffar« benehmen, Allah solle sie auf den rechten Weg führen oder vernichten …

Vor allem beschäftigte Mehmet dann mehr und mehr das Schicksal der Muslime in Syrien. Auf Facebook und über diverse Videokanäle im Internet sah er sich Filme an, in denen angeprangert wurde, dass dort Frauen und Kinder von den Truppen Assads vergewaltigt und getötet würden. Ihnen muss geholfen werden – dieser Gedanke wurde immer stärker in Mehmets Kopf. Über Facebook, Instagram, YouTube und andere Internetseiten bekam er Zugang zu den Werbevideos des sogenannten Islamischen Staates.

Viele dieser Videos in deutscher Sprache stammen zum Beispiel von dem ehemaligen Berliner Rapper Denis Cuspert alias Deso Dogg, der sich als Kämpfer in Syrien Abu Talha al-Almani nannte. (Über seine Rolle bei den deutschen Islamisten im nächsten Kapitel mehr.) Hier sei nur einer seiner Kampf-Naschids zitiert. Naschids sind eigentlich muslimische Religionsgesänge, a cappella von Männern vorgetragen. Die Terrormiliz IS verwendet sie als Teil ihrer Propaganda-Maschine, mit der sie Kämpfer aus dem Ausland werben will. In diesem Lied, das wohl im Frühjahr 2014 online verbreitet wurde, inszeniert Cuspert den IS als Wohltäter der notleidenden muslimischen Bevölkerung in Kriegs- und Krisengebieten. Mit dem Rücken zur Kamera singt er zu einer Gruppe von etwa zehn vermummten Männern, die mit Gewehren und Panzerfäusten bewaffnet vor der IS-Flagge stehen. Offenbar sind es ebenfalls Deutsche, denn sie singen akzentfrei im Chor mit: »Oh Brüder, wie könnt ihr denn schlafen, sie vergewaltigen unsere Schwestern, und ihr genießt das Leben, Allah wird uns nach ihnen befragen ... Brüder, wie könnt ihr euch nicht bewegen, für Al-Jannah (das Paradies, d. A.) und ewiges Leben in Zufriedenheit und Wonne.«

Mehmet sah viele solcher Filme – und viele Bilder und Videos von toten Kindern und Babys, geschändeten Frauen. Sie verfolgten ihn bis in seine Träume hinein, und sein Entschluss reifte: Er musste nach Syrien, er musste seinen muslimischen Glaubensbrüdern und -schwestern helfen!

## Mehmet zieht in den Krieg

Diesen Entschluss tatsächlich in die Tat umzusetzen, war nicht sehr schwierig für Mehmet. Über seine salafistischen Gesprächskreise hatte er Kontakt zu jemandem, der wusste, wie man nach Syrien kommt.

Der Weg in den bewaffneten Kampf mutet ziemlich unkompliziert an, zumindest mit Blick auf das, was er später in den Gesprächen mit unserem Betreuer Hasan und seinem Kollegen geschildert hat: »Man kauft ein Flugticket in die Türkei, und von dort aus geht es nach Gaziantep.« Das war im Herbst 2014 – Mehmet war achtzehn Jahre alt, er ging eigentlich nach wie vor zur Schule und wohnte zu Hause bei seinen Eltern.

Als die feststellten, dass er weg war, erschraken sie zu Tode. Sie hatten die Wandlung ihres Sohnes im Jahr davor ja hautnah miterlebt und brauchten nicht viel Fantasie, um sich vorzustellen, dass er tatsächlich nach Syrien gereist sein könnte …

Gaziantep ist eine 1,8-Millionen-Einwohner-Stadt in der Türkei – im südöstlichen Zipfel von Anatolien, etwa sechzig Kilometer von der syrischen Grenze entfernt. Zu Friedenszeiten hat man ins syrische Aleppo von Gaziantep aus mit dem Auto knapp zwei Stunden gebraucht. Mehmet konnte sich später gut an die Reise erinnern: »Von Gaziantep aus sind wir mit dem Taxi weitergefahren in ein kleines Dorf, das nahe der Grenze lag. Da haben zwei Personen auf uns gewartet, die uns über die Grenze brachten. Hinter der Grenze mussten wir dann auf die nächste Kontaktperson warten. Als nach einigen Stunden drei, vier Pick-ups eintrafen, aus denen Leute mit Sturmmasken und Sturmgewehr stiegen, wusste ich sofort: Das ist der IS.«

Die Terroristen brachten Mehmet und die anderen, mit denen er unterwegs war, nach Dscharabulus, eine kleine syrische Stadt direkt an der Grenze zur Türkei, nicht weit vom umkämpften Kobane. Seit Sommer 2013 wird Dscharabulus vom IS kontrolliert. Im Kurznachrichtendienst Twitter kursieren viele Bilder von dort, auf denen an Gerüsten festgezurrte Tote zu sehen sind – angeblich von Terroristen des IS ermordet.

Tausende andere junge Männer seien dort gewesen, erzählte

Mehmet später. Alles neue IS-Mitglieder, die – wie er – der Propaganda folgten. Jede Woche seien fünfhundert neue dazugekommen. Die meisten aus dem arabischen Sprachraum, aus Saudi-Arabien vor allem. Aber es seien auch viele Neuankömmlinge aus Frankreich dabei gewesen und einige Deutsche.

Riza Y. zum Beispiel aus Frankfurt am Main lebt nach Informationen der *Süddeutschen Zeitung* schon länger dort. Ein Mann, der aus einem Frankfurter Problemviertel stammt und wegen Drogen und Körperverletzung im Gefängnis saß. In Dscharabulus nennt er sich Abu Rida, trägt eine Uniform, eine Waffe und kämpft für den »Islamischen Staat«.

Mehmet und die anderen Neuankömmlinge wurden in ein großes Gebäude außerhalb der Stadt gebracht. Er erzählte uns: »Das Gebäude sah aus wie eine große Schule. In der mussten wir dann bleiben und durften nicht mehr raus. Die Leute vom IS meinten, dass es nicht sicher sei rauszugehen, weil jederzeit etwas passieren könnte und die Amerikaner außerdem einen Angriff planen würden. Dann nahmen sie uns alle Wertsachen ab: die Handys, unsere Ausweise, auch die Uhren – eigentlich alles, nur die Klamotten nicht.«

Wenn dann die Kampfjets der Anti-IS-Koalition über das Lager donnerten, harrten sie im Keller aus. Samuel, ein einundzwanzigjähriger Deutscher, der im selben Lager war, erzählt in einem Interview mit dem *Zeit Magazin*, das Gelände sei umzäunt gewesen, vor den Toren hätten Wachen mit Maschinengewehren gestanden. Der »Emir« – der Leiter dieses Aufnahmelagers – habe unmissverständlich klargemacht, dass jeder, der das Lager verlasse, als Spion behandelt werde.

In großen Versammlungen wurden Mehmet und die anderen Neulinge dann auf den IS eingeschworen und auf das, was sie für die Terrormiliz tun sollten. Mehmet erinnerte sich später im Gespräch mit seinem Betreuer Hasan folgendermaßen daran:

»Da gab es so einen Saal, der war so groß, dass da alle reingepasst haben – ein riesiger Raum. Wir haben da alle zusammengesessen, und der Anführer stand mit einem Mikrofon vorne und hat auf Arabisch geredet. Das wurde dann ins Englische übersetzt und ins Türkische. Die haben immer gleich konkret nachgefragt, wer was machen möchte.«

»Du meinst, sie wollten wissen, ob jemand bereit ist, sich als Selbstmordattentäter zur Verfügung zu stellen?«, fragte Hasan nach.

»Ja.«

»Wie hast du reagiert?«

»Gar nicht.«

Sechs- bis siebenhundert andere hätten sich aber sehr wohl gemeldet, erzählte er. Die seien dann von Bussen abgeholt worden.

Busse, die wohl in andere Lager gefahren sind. Der IS unterhält Lager für die praktische Ausbildung, in denen das Kämpfen mit der Waffe gelehrt wird, und solche für die ideologische Ausbildung. In den Aufnahmelagern gibt es so etwas wie Talentscouts: IS-Mitglieder, die herumgehen und in Erfahrung bringen, was die Neuen an Wissen und Erfahrungen mitbringen – ob sie über Kampferfahrung verfügen zum Beispiel, ob sie mit einer Waffe umgehen können. Vielleicht können sie programmieren, dann könnten sie als Informatiker arbeiten.

Oder sie kommen als Selbstmordattentäter infrage.

In diese Gruppe hat Mehmet wohl am ehesten gehört …

Das Lager, in dem Mehmet gewesen ist, scheint für die ideologische Ausbildung vorgesehen gewesen zu sein. Da findet eine Art Gehirnwäsche statt. Den Neuen werden Filme gezeigt – schreckliche Bilder der angeblichen Gräueltaten, die Muslimen angetan werden. In Vorträgen erläutern die Anführer ihnen, dass auch ausländische Staatschefs – westliche vor allem – den Muslimen Unrecht antun und man sie deswegen töten darf. Wie man überhaupt Ungläubige töten dürfe.

Mehmet hat das erschreckt und erstaunt verfolgt. In Deutschland ging es in all den Gesprächen über Syrien immer nur darum, den Glaubensbrüdern zu helfen, und das hatte er sich ganz anders vorgestellt. Seinem Betreuer Hasan verriet er später: »Ich wollte nicht einfach Unschuldige angreifen. Ich bin keiner, der sagt, ich bring den um und den auch noch, dieser Staat gehört jetzt mir – so bin ich nicht.«

Samuel aus Dresden erzählte, einmal habe der Anführer mit seinen Leuten in die Luft geschossen, als sie bei jemandem ein Handy gefunden hätten. Alle sollten aus ihren Zimmern kommen und draußen warten. Er habe dann Schreie gehört – der Handy-Besitzer sei gefoltert und dann weggefahren worden. »Ich denke, sie haben ihn umgebracht«, sagte er im *Zeit Magazin*.

Irgendwie bekam Mehmet es trotzdem hin, Nachrichten an seine Familie zu schicken.

Zwei Wochen lang hatten die nichts von ihm gehört, und alle waren krank vor Sorge. Dann kam endlich das langersehnte Lebenszeichen: »Mama, ich bin in Ägypten, mach dir keine Sorgen – mir geht es gut.«

Offenbar wollte Mehmet seine Familie beruhigen. Dabei hatte er zu dem Zeitpunkt schon immer stärkere Zweifel, ob er mit seiner Reise nach Syrien die richtige Entscheidung getroffen hatte, ob es richtig gewesen war, hierherzukommen.

Von einem Erlebnis hat er uns immer wieder erzählt. Es war für ihn offenbar ein Schlüsselmoment. Er hatte ein Gespräch zwischen zwei jungen Männern belauscht, in dem einer zum anderen sagte: »Wenn du meinem Vater den Kopf abschneiden würdest, abhacken würdest, würde ich dir deine Hände küssen.« Mehmet vermutete, dass der Vater vielleicht nicht betete – auf jeden Fall in den Augen seines Sohnes kein guter Muslim war. »Aber das ist ja kein Grund, irgendwem den Kopf abzuhacken.«

Diese Erfahrung erschütterte ihn. »Ich kann doch nicht meinen Vater töten!«, sagte er zu mir. Diese Aussage wühlte ihn zutiefst auf, und er sprach darüber auch mit den anderen im Lager. Die sagten dann ein ums andere Mal: »Mehmet, frag nicht so viel nach, du fragst zu viel. Mach einfach, was von dir verlangt wird.«

Aber das wollte er nicht.

Einen Tag nach der ersten SMS traf eine zweite bei seiner Familie ein: »Mama, mir geht es gut, so Gott will, kehre ich in ein, zwei Monaten zurück.« Nachrichten, die uns die Mutter später gezeigt hat.

Nach diesem weiteren Lebenszeichen war der Familie längst völlig klar, dass der Sohn sich nicht in Ägypten, sondern in Syrien aufhielt. Der Vater wollte dem nicht länger tatenlos zusehen, er gedachte seinen Sohn vor dem seiner Meinung nach sicheren Tod zu retten. Wie, wusste er zu dem Zeitpunkt noch nicht genau. Nur, dass er dafür nicht in Deutschland bleiben konnte.

Er kündigte seinen Job, für den er kurze Zeit vorher noch alles andere aufgegeben hätte, und machte sich auf den Weg. Ahmed Yildrim leidet unter Flugangst – so sehr, dass er bislang immer mit dem Auto in die Türkei gefahren ist. In dieser Situation jedoch traute er sich nun sogar das: Er flog nach Istanbul, das erste Mal in seinem Leben.

Mehmet zweifelte währenddessen von Tag zu Tag mehr: Er spielte mit der Idee, sich abzusetzen, er wollte den IS verlassen. Wenn er mit den anderen im Lager darüber redete, meinten die allerdings immer wieder, dass das keine gute Idee sei. »Die haben mir alle reingeredet: ›Du wirst Stress haben mit der Polizei, du wirst nicht in Ruhe leben können.‹ Ich habe denen geglaubt und wollte deswegen anfangs nicht zurück«, erzählte er uns.

Seiner Familie schrieb er: »Hier ist es nicht, wie alle sagen, ich werde hier unterrichtet, ich lerne viel.«

Unterdessen reifte sein Entschluss, das Lager tatsächlich zu verlassen.

Schon einen Tag nach der letzten SMS rief er seine Mutter an. »Ich möchte zurückkehren«, sagte er ihr. »Wenn mein Vater am Montag oder Dienstag im Stadtteil Eybelli in Gaziantep ist, dann finde ich ihn schon.«

Am selben Tag sprach er auch noch einmal mit seiner Schwester: »Ich kann hier am Montag nicht raus, sag meinem Vater, dass er am Dienstag kommen soll.«

Das wäre am übernächsten Tag gewesen.

Unserem Betreuer Hasan erzählte er später: »Ich habe das nicht mehr ausgehalten. Ich hab gesehen, dass es einfach nicht richtig ist, dass ich da rausmuss.«

Was genau Mehmet nicht mehr aushielt, das hat er nicht erzählt.

An diesen Punkten fragen wir nicht weiter nach, denn wir dürfen nicht mehr wissen als die Behörden. Wir haben kein Zeugnisverweigerungsrecht. Wenn ich als Zeuge vorgeladen werde, muss ich vollständig und wahrheitsgemäß aussagen, und ich habe keine Möglichkeit, mich dem zu entziehen. Ich sage also meinen Klienten immer: »Ich möchte nicht mehr wissen als das, was du der Polizei erzählt hast«, auch um unser Vertrauensverhältnis nicht zu gefährden. Die Kehrseite davon ist, dass wir – selbst wenn die Klienten es wollen – nicht mit ihnen über traumatische Erlebnisse reden können, weil wir nicht immer wissen dürfen, was sie eigentlich vor Ort gesehen und gehört haben.

Irgendwie gelang Mehmet dann überraschenderweise die Flucht, es ist allerdings unklar, wie genau – auch das lässt Mehmet bislang im Dunkeln. Er hat nur gesagt, dass er einfach den Anführer gefragt habe und er dann in die Türkei zurückgebracht worden sei.

Das ist eine Version, die wir so von unseren anderen Klienten, die aus Syrien zurückgekehrt sind, noch nicht gehört haben – keine typische Variante also. Normalerweise flüchten die Rückkehrer, oder sie werden von ihren Familien herausgekauft. In einem Fall hat der Vater zwanzigtausend Euro gezahlt. Die Familienangehörigen fragen sich im syrisch-türkischen Grenzgebiet durch, bis sie die Kontaktmänner finden. Denen übergibt man das Geld und wartet dann, bis sie einem den verlorenen Sohn oder die Tochter wiederbringen.

Dem IS Menschen abzukaufen ist strafbar, denn es gilt als Unterstützung einer terroristischen Vereinigung. Aus den Lagern des IS einfach zu flüchten ist wiederum lebensgefährlich, denn wer dem IS den Rücken kehrt, gilt als Ungläubiger und Verräter.

## Mehmets Weg zurück in die Normalität

Wir wussten von Mehmets Schicksal bis zu jenen Tagen noch nichts – unsere gemeinsame Geschichte mit ihm begann erst, nachdem Mehmets Vater in die Türkei gereist war und spät am Abend das Telefon eines unserer Berater in Hessen klingelte.

Eine Freundin von Mehmets Familie war dran. Sie sagte: »Ihr müsst den Yildrims helfen, die schaffen das nicht allein.«

Unser Mitarbeiter fragte nach: »Was ist denn passiert, erzählen Sie erst einmal.«

»Der Mehmet ist nach Syrien gegangen, und jetzt ist der Vater hinterher, um ihn zu holen, und die Mutter will jetzt auch in die Türkei. Das kann doch nicht gutgehen.«

Sie gab uns die Handynummer der Mutter.

Am nächsten Morgen um halb sechs schrieb der Berater ihr eine erste Nachricht auf Türkisch: »Sehr geehrte Frau Yildrim, wir haben erfahren, dass Ihr Sohn sich dem IS angeschlossen hat. Wir können Ihnen helfen. Bitte melden Sie sich umgehend bei uns.«

Als keine Antwort kam, rief er sie um acht Uhr an und fuhr gleich am Vormittag mit zwei anderen Kollegen zu ihr.

In solch ungeklärten Situationen handeln wir schnell. Da muss man zügig die Situation einschätzen können, um festzustellen, ob der Jugendliche oder in diesem Fall auch der Vater in Gefahr ist. Wenn der Jugendliche in Syrien ist, dann zählt jede Stunde. Da fahren wir auch schon mal nachts raus zu den Familien.

Einen solchen ersten Besuch machen Mitarbeiter, die einen ähnlichen kulturellen Hintergrund besitzen. In diesem Fall sind es entsprechend Mitarbeiter mit türkischem Background. Da geht es dann darum, sich ein Bild der Situation zu machen: Ist die Polizei eingeschaltet? Wenn nicht, müssen wir das umgehend tun. Denn es handelt sich bei Ausgereisten um sicherheitsrelevante Fälle, in denen eine Selbst- und Fremdgefährdung vorliegen könnte – etwa wenn der Jugendliche in Gefahr schwebt oder wenn er andere, zum Beispiel durch einen geplanten Anschlag, in Gefahr bringen könnte.

Wir müssen dann ermöglichen, dass auch die Behörden das ihrige beitragen – dass sie etwa in Fällen, in denen die Ausreise eines Jugendlichen nach Syrien unmittelbar bevorsteht, den Jungen oder das Mädchen am Flughafen abfangen.

Bei Mehmet war das nötig, weil wir seine Rückkehr sonst niemals so schnell hätten organisieren können.

Ich bin bei den Fällen von Anfang an beteiligt und halte telefonisch Kontakt zu den Mitarbeitern: Wir besprechen im Detail, wie wir weiter vorgehen.

Bei diesem ersten Besuch trafen unsere Mitarbeiter eine sehr verängstigte Layla Yildrim an, die allerdings auch gute Nachrichten zu verkünden hatte. Gerade am Tag zuvor war es ihrem Mann nämlich gelungen, den Sohn zu treffen. Sie waren nun gemeinsam bei Verwandten in Gaziantep.

Layla Yildrim zeigte uns Mehmets Kleidung: Häkelmütze, Schlabberhose – die Kluft der Salafisten. Und auch unter seinen Büchern befand sich zum Teil salafistische Literatur über das selbsternannte Kalifat des »Islamischen Staates«, den Umgang mit den »Kuffar« und Ähnliches.

Sie selbst und ihre Tochter hatten ihre Koffer schon gepackt. Am nächsten Tag sollte es nach Istanbul gehen. Die Familie wollte das Wiedersehen mit Mehmet in der alten Heimat feiern, damit sie in Ruhe miteinander reden konnten. Das Opferfest stand an, auch das wollten sie gemeinsam begehen. Zudem wusste keiner von ihnen, wie es jetzt weitergehen sollte: Was würde passieren, wenn Mehmet nach Deutschland zurückkäme? Würde er gleich an der Grenze festgenommen? Er war ja in einem Lager einer in Deutschland verbotenen terroristischen Vereinigung.

Deshalb dachte Layla Yildrim darüber nach, ob es nicht besser sei, in der Türkei zu bleiben, denn sie hatte Angst, dass ihr Sohn in Deutschland sofort ins Gefängnis müsse.

Davon haben wir ihr allerdings abgeraten.

Während die Mitarbeiter ihr erklärten, dass wir uns darum kümmerten, dass die deutschen Sicherheitsbehörden von seiner Rückkehr Kenntnis bekämen, saß ich schon am Telefon und nahm Kontakt auf zu verschiedenen Stellen. Immer wieder habe ich erklärt, dass wir hier einen Jugendlichen hätten, der wisse, dass er einen Fehler gemacht habe, der kurze Zeit beim IS gewesen, aber rausgekommen sei und nun nach Deutschland zurückkehren wolle.

Genau abzusprechen, wie das dann konkret ablaufen kann bei der Einreise, dauert eine ganze Weile. Tage und Wochen, die die Familie derweil in der Türkei genutzt hat, um zur Ruhe zu kommen. Sie brauchten erst einmal Zeit für sich, um die große, große Sorge um den Sohn hinter sich lassen zu können.

Er war wieder im Kreis der Familie, er hatte überlebt. Das wollten sie genießen, ohne gleich mit dem Stress umgehen zu müssen, den ein Ermittlungsverfahren gegen Mehmet bedeuten würde.

Während dieser achtzehn Tage standen unsere Mitarbeiter in ständigem Kontakt mit der Familie und den Behörden.

Den deutschen Stellen war der Fall schon bekannt, als wir mit ihnen Kontakt aufnahmen: Der Vater war nach der Abreise seines Sohnes nach Syrien zur Polizei gegangen. Es gab also schon eine Akte für Mehmet.

Bereits drei Tage nach seiner Flucht aus dem Lager des IS konnten wir der Familie mitteilen, dass alles danach aussehe, dass er bei der Einreise nach Deutschland *nicht* festgenommen werde. Voraussetzung dafür war allerdings, dass er freiwillig zur Polizei ging, um auszusagen.

Im weiteren Verlauf haben wir sowohl die Familie über

unsere Gespräche mit den Behörden informiert als auch wiederum die Behörden über die Pläne der Familie.

Um sieben Uhr abends hat Mehmet dann zwei Wochen später am Flughafen in Frankfurt am Main wieder deutschen Boden betreten. Und er wurde tatsächlich nicht festgenommen. Was die Familie noch immer sehr verwundert.

Auch Mehmet war ziemlich überrascht: Die erste für ihn bis dahin feststehende Wahrheit, dass nämlich der deutsche Staat ihn erbittert verfolgen werde, weil er beim IS war – diese vermeintliche Wahrheit hatte sich schon mal nicht bestätigt. Und es sollten weitere solcher Momente folgen.

Am nächsten Tag ist er dann zusammen mit seinem Vater und seiner Mutter ins Polizeipräsidium gefahren und hat seine erste Aussage zu Protokoll gegeben. Er gestand, beim »Islamischen Staat« gewesen zu sein.

Nun begann für uns die eigentliche Arbeit an. Das erste ausführliche Gespräch mit Mehmet und seinen Eltern stand an. Dieselben Mitarbeiter, die die Mutter vor der Türkei-Reise besuchten, übernahmen diese Gespräche.

Wir arbeiten bei Familien aus einer muslimischen Kultur immer so, weil wir am Anfang noch nicht einschätzen können, wie die Familie gestrickt ist – und wie der Jugendliche. Gerade bei Syrien-Rückkehrern ist oft eine Art Erleichterung zu spüren, wenn sie unsere Mitarbeiter das erste Mal treffen: Ah, das sind ja Muslime!

Mehmet und seine Eltern kamen in unser Büro in Frankfurt am Main. Wir haben auch noch Büros in München, Stuttgart und Berlin. In allen Beratungsstellen gibt es einen Raum, den wir »Raum der Stille« nennen – ein Raum, in dem man beten kann, wenn man möchte. Mehmet hat also gleich gesehen, dass er seinen Glauben nicht aufgeben muss. Er lernte die Mitarbeiter kennen und erfuhr dort, dass auch sie Muslime sind. Das habe ihn alles erst einmal überrascht, wie er mir später erzählte. Positiv überrascht!

»Du musst nicht über Syrien sprechen, wenn du nicht möchtest«, haben ihm die Betreuer gleich am Anfang gesagt. Mehmet saß da noch mit gesenktem Kopf vor ihnen.

Nach dieser Aussage hob er seinen Kopf – zum ersten Mal schaute er seinen Betreuern in die Augen.

An diesem Punkt ist es äußerst wichtig, dass der Klient schnell Vertrauen zu uns aufbaut. Wir signalisieren ihm: »Wir wollen dich nicht unter Druck setzen, wir möchten dein Bestes, wir wollen nur mit dir reden – worüber, das hast du selbst in der Hand. Wir schauen mit dir nach vorne und gucken, was wir jetzt aus deiner Situation machen können.«

Wir unterbreiten unseren Klienten bei diesen ersten Treffen immer das Angebot, dass wir sie beraten können, wenn sie das wollen, und wir machen ihnen schnell klar, dass sie die Richtung dieser Beratungen mitbestimmen können – auch bei Mehmet.

Die Betreuer haben ihn gefragt, was ihn interessiere, worüber er sprechen wolle.

»Über den Islam möchte ich sprechen, darüber, ob der IS überhaupt islamisch ist.«

Bei Mehmet hat sich so einmal mehr gezeigt, wie wichtig es ist, vor allem die religiösen Fragen beantworten zu können. Diesen Wunsch hat er im Übrigen sicherlich auch deswegen geäußert, weil seine Betreuer Imam und Islamwissenschaftler sind. Als solche haben sie sich gleich zu Beginn des Gesprächs vorgestellt. Sie haben langjährige Erfahrung in der Arbeit mit muslimischen Jugendlichen. Und vor allem haben sie bei dem Treffen mit Mehmet ihre kritische Haltung gegenüber dem »Islamischen Staat« nicht verschwiegen.

»Anfangspositionierung« nennen wir das, wenn unsere Mitarbeiter schon gleich zu Beginn sagen, dass die Ideologie und die Taten des IS nichts mit Religion und nichts mit dem Islam zu tun hätten. Sie erklären ihre Haltung, damit der Jugendliche weiß, wofür sie stehen. Sie weisen darauf hin, dass Unschuldige zu töten dem Islam widerspricht. Denn im Koran steht: »Wenn jemand einen Menschen tötet, so ist es, als hätte er die ganze Menschheit getötet; und wenn jemand einem Menschen das Leben erhält, so ist es, als hätte er der ganzen Menschheit das Leben erhalten.«

Der IS benutzt den Islam als Maske, hinter der sich viele eigene Interessen verbergen. IS und Islam, das ist nicht vereinbar, sagen unsere Berater.

Grundsätzlich widerspricht es zum Beispiel dem Islam, Fatwas – also Rechtsauskünfte zu erstellen, ohne die dafür notwendige Ausbildung zum Rechtsgelehrten zu haben. Solche Fatwas müssen zudem der islamischen Rechtstheorie folgen, und die besagt auch, dass man nicht einen Teil des Korans, einen Vers zum Beispiel, zitieren darf, ohne auf die anderen Stellen zu achten, die es zum selben Thema gibt. Das heißt, wenn eine Fatwa erlassen wird, für die der Koran zugrunde gelegt wird, dann kann man sich nicht einfach die Verse rauspicken, die der eigenen Sicht der Dinge entsprechen. Aber genauso agiert der selbsternannte »Islamische Staat«.

Mehmet hatte zwar gesagt, dass er da nicht mehr hinwolle, aber trotzdem waren noch sehr viele Fragen offen nach dem ersten zweieinhalbstündigen Gespräch: Wie sollte er jetzt ein neues Leben aufbauen in dem Land, in dem Muslime sowieso keine Chance haben, wie er meinte. Wie könnte er seinen Glauben weiterleben, ohne den IS?

»Wir können alle diese religiösen Fragen beim nächsten Mal

ausführlich mit dir durchsprechen.« Das war unser Angebot, und er fand das offensichtlich vielversprechend.

»Kann ich da vielleicht auch einen Freund mitbringen? Das wäre cool.«

Er durfte – warum auch nicht.

Die beiden muslimischen Berater sprachen bei diesem zweiten Treffen mit ihnen viel über Barmherzigkeit und über Respekt gegenüber den Eltern. Angereichert mit etlichen Beispielen aus dem Koran und Anekdoten aus dem Leben des Propheten Mohammed, lieferten sie ihnen stichhaltige Argumente dafür, dass der Kampf in Syrien nicht richtig ist.

Sie lasen sogar gemeinsam Abschnitte aus einem Buch über die islamische Rechtsprechung. Hasan und der andere Berater erlebten Mehmet und seinen Freund als aufmerksame Zuhörer, die viele Fragen stellten.

Mehmet wollte all das, was sie ihm da erzählt hatten, auch noch einmal nachlesen.

Wir geben unseren Klienten dann oft die Erklärung von mehr als einhundertzwanzig Rechtsgelehrten aus aller Welt, die diese im September 2014 als offenen Brief an den Anführer der Terrormiliz »Islamischer Staat«, Abu Bakr al-Baghdadi, und seine Anhänger gerichtet haben. Darin widerlegen sie die zentralen Annahmen, auf denen das selbsternannte Kalifat von Al-Baghdadi fußt. Angefangen damit, dass man nicht einfach so ein Kalifat ausrufen kann. Die Gelehrten halten in dieser Erklärung all das fest, was im Namen des Islam verboten ist: töten, foltern, Sklaverei, Zwangskonvertierung, die diskriminierende Behandlung von Frauen, Kindern oder anderen Religionen wie Christen oder Jesiden.

Das ist die erste Phase unserer Betreuung, in der es vor allem erst einmal darum geht, dem Jugendlichen mit seinen manchmal durchaus feststehenden Ansichten zu verunsichern und zu signalisieren, dass das nicht die einzige Wahrheit ist, die er da im Kopf hat, dass es auch noch andere Sichtweisen gibt außer der dieses extremistischen Milieus, in dem er sich bewegt hat. Das Wichtigste ist, dass er jetzt selbst anfängt nachzudenken.

Wir treffen uns in dieser Zeit mindestens einmal in der Woche mit dem Klienten, manchmal auch jeden zweiten Tag. Zwischendurch schicken wir Nachrichten auf sein Handy und versuchen, einen sehr engen Kontakt aufrechtzuerhalten. Zur islamistischen Szene soll er selbstverständlich Distanz halten – das sagen wir ganz deutlich.

Gleichzeitig geht es uns zudem immer auch darum, von Anfang an neue Perspektiven zu eröffnen.

Als Hasan Mehmet beim ersten Treffen nach seinen Wünschen für die Zukunft gefragt hat, meinte Mehmet ehrgeizig, dass er am liebsten das Abitur machen und später studieren wolle, wenn möglich.

Das war auch für uns das wichtigste Ziel: Den Jungen möglichst schnell zurück in die Schule zu bekommen. Ich halte das für sehr, sehr wichtig. Man nimmt dem Jugendlichen durch die Loslösung von der Szene, in der er vorher verkehrte, eine Illusion und vor allem einen großen Teil seiner Identität, die er gerade erst gefunden hatte, und da muss man ihm deshalb sofort ein neues Ziel an die Hand geben und ihn in Aktivitäten einbinden. In Mehmets Fall war das erst einmal die Rückkehr in seine Schule mit dem Ziel des Realschulabschlusses. Das war der erste Schritt, das Abitur hätte danach kommen können.

Es war allerdings nicht so einfach, Mehmet die Tür zu seiner alten Schule wieder zu öffnen. Vor allem die Schulleiterin dort war sehr skeptisch. Als sie erfuhr, dass der Mehmet, von dem an ihrer Schule bekannt war, dass er nach Syrien ausgereist war, zurückkommen wolle, lehnte sie das in einer ersten Reaktion rundweg ab. Verständlicherweise. »Syrien-Rückkehrer« hört sich nach Gefahr und nach Ärger an. Ein Bild, an dem Politiker und Medien kräftig mitgearbeitet haben.

Ich will die Gefahr, die von Islamisten ausgeht, nicht kleinreden. Aber nicht jeder, der aus Syrien zurückkehrt, ist ein gewaltbereiter Islamist, und dafür ist Mehmet in meinen Augen das beste Beispiel.

Die Behörden hatten der Schulleiterin mitgeteilt, dass Mehmet von uns betreut werde, und so rief sie bei mir an, um über den Fall zu sprechen.

»Ich kann doch keinen Syrien-Rückkehrer an meine Schule lassen«, sagte sie zu mir.

Ich argumentierte für Mehmet, betonte seinen Willen, den Fehler wiedergutzumachen, wieder in ein normales Leben zurückzufinden. Hob hervor, dass es nichts Wichtigeres für solche Jugendlichen gebe als eine gute Bildung und dass er noch eine Chance verdient habe.

»Das ist mir trotzdem zu gefährlich. Kann der Junge denn nicht einzeln beschult werden, dann kann er wenigstens nicht auch noch andere rekrutieren.«

»Nein, das wäre keine gute Lösung. Er braucht die sozialen Kontakte zu anderen Jugendlichen, den normalen Alltag. Man muss auch bei den Syrien-Rückkehrern differenzieren. Mehmet gehört zu denjenigen, die schnell gemerkt haben, dass es nicht der richtige Weg ist. Umso wichtiger ist es für ihn, dass er seinen Weg an Ihrer Schule weitergehen und seinen Schulabschluss machen kann.«

»Ich lasse mich nur darauf ein, wenn der Innenminister seine Hand dafür ins Feuer legt, dass da nichts passiert.«

»Sie werden einen solchen Innenminister in Deutschland

nicht finden. Und auch wir legen keine Hand für jemanden ins Feuer. Trotzdem gehen wir davon aus, dass der Junge stabil ist und von ihm keine Gefahr ausgeht.«

Die Sorge war groß an der Schule, nicht nur bei der Leiterin, auch die Lehrer und nicht zuletzt die anderen Eltern hatten Angst davor, was passieren könnte, wenn er wiederkäme. Das war der Schulleiterin schon bei unserem Gespräch klar.

Eines unserer Teams hat dann den Kontakt zur Schule gehalten. Unsere Mitarbeiter sind auf Versammlungen dort gegangen und haben genau erklärt, was passiert ist, was für ein Mensch Mehmet ist und wie wichtig es für seine weitere Entwicklung sei, dass er wieder zur Schule geht. Immer wieder haben wir uns auch mit der Leiterin getroffen und zugesichert, dass wir ihn in der ganzen Zeit weiterhin engmaschig betreuen. Wir hatten gegen große Widerstände anzukämpfen, aber wir konnten sie letztlich überwinden. Das war wichtig, denn wenn Mehmet nicht gleich wieder zur Schule gegangen wäre, hätte er seinen Abschluss vergessen können. Er hatte ja durch seinen Aufenthalt im IS-Lager und die Zeit mit seiner Familie in der Türkei schon fünf Wochen Unterricht verpasst.

Wir haben die Sorgen und Ängste an der Schule auch ihm gegenüber deutlich gemacht. Er wusste also, dass es dort viele Vorbehalte gegen ihn gab.

Umso erfreuter war er dann, als endlich die Zusage kam, dass er zurückdürfe.

Mehmet hat seine Chance genutzt. Er hat sehr hart gearbeitet. Bevor er nach Syrien gegangen ist, war er kein guter Schüler, er musste also ziemlich ackern für seinen Abschluss – und auch wir waren, ehrlich gesagt, nicht immer sicher, ob er das tatsächlich packen konnte.

Als ich ihn im Frühjahr des Folgejahres zum ersten Mal dann

persönlich traf, war er schon auf einem sehr guten Weg. Seine Prüfungen standen unmittelbar bevor, und alles sah danach aus, dass er es schaffen würde – und er schaffte es tatsächlich.

Ein paarmal haben ihn alte Freunde aus der salafistischen Szene noch über Facebook kontaktiert, bis er sie aus seinem Account gelöscht hat.

Es gab eine Anfrage von Journalisten des ARD-Polit-Magazins *Monitor* – sie suchten das Gespräch mit einem Rückkehrer –, und Mehmet wollte das Fernsehinterview unbedingt machen, auch wenn es für ihn nicht ungefährlich war. Mit Abtrünnigen gehen die IS-Anhänger nicht zimperlich um. Aber er sagte, er wolle andere davon abhalten, die gleichen Fehler zu machen wie er.

Nach einem Jahr in unserer Betreuung kann ich nun sagen, dass Mehmet sich erfolgreich von der Szene gelöst hat. Im Moment bemühen wir uns darum zu schauen, mit welchen alten Freunden er den Kontakt vielleicht wieder intensivieren kann, ob er eventuell seine Basketball-Leidenschaft wieder aufleben lassen sollte.

Aber er wirft nur hier und da mal ein paar Körbe, ansonsten bleibt ihm für solche Sachen wenig Zeit. Denn Mehmet macht eine Ausbildung. Wo genau darf ich nicht sagen. Denn in diesem Fall haben wir uns dafür entschieden, den neuen Arbeitgeber nicht von seiner Vorgeschichte in Kenntnis zu setzen. Dort weiß man also nicht, dass Mehmet beim IS war. In meinen Augen ist das richtig, denn so kann er dort einen echten Neuanfang machen.

So gehen wir allerdings nur vor, wenn wir uns sicher sind, dass von dem jeweiligen Jugendlichen keine Gefahr ausgeht.

Bei Mehmet sind wir uns sicher. Er ist kein hasserfüllter Mensch, und er hat keine Gewalttaten begangen. Er ist ein friedliebender Junge, den man sich gar nicht mit einer Waffe in der Hand vorstellen könnte.

Jetzt verdient Mehmet zum ersten Mal sein eigenes Geld, er ist kaum noch zu Hause – die Arbeit führt ihn an viele verschiedene Orte. Er kann jetzt also seinen eigenen Weg gehen, trifft seine eigenen Entscheidungen. Diese Unabhängigkeit – auch von seinem sehr fürsorglichen Vater – tut ihm gut. Der spielt für Mehmet nach wie vor eine große Rolle. Im Lager in Syrien beispielsweise habe er sehr, sehr viel an seinen Vater gedacht, erzählte er uns.

Die Familie war sicherlich neben der grausamen Realität im Lager einer der Gründe, die Mehmet zur Rückkehr bewogen haben: dass er wahrgenommen hat, wie sehr es seine Familie berührt hat, dass er weggegangen ist, wie groß die Sorge um ihn war. Es hat bestimmt auch Wirkung bei ihm gezeigt, dass der Vater losgefahren war, um ihn zu holen, dass er sich trotz seiner großen Angst in ein Flugzeug setzte und an der Grenze auf ihn gewartet hat, das ist nicht spurlos an Mehmet vorbeigegangen. Wenn die Familie nicht die Hand ausgestreckt hätte, nicht so eindeutige Signale gesendet hätte – »Wir sind eine Familie, du bist unser Sohn, egal was passiert« –, dann wäre sein Weg nicht so verlaufen. Dass Mehmet mit der Familie irgendwann einmal in die Türkei zurückkehren soll, das ist jetzt kein Thema mehr. In dieser Hinsicht hat der Vater verstanden, dass er seinem Sohn zwar Angebote machen, ihm aber nicht den Lebensweg vorgeben kann.

Eine Szene, die ich miterlebt habe, finde ich in diesem Zusammenhang bezeichnend. Ich war zu Besuch bei der Familie, und Mehmet hatte gerade einen neuen Handy-Vertrag abgeschlossen. Das erzählte er seinem Vater, und der war verärgert, weil Mehmet sich nicht für den Vertrag entschied, den er für ihn ausgesucht hatte. Es fällt dem Vater schwer loszulassen. Auch weil er noch immer Angst um seinen Sohn hat.

Es ist Ahmed Yildrim nach wie vor ein Rätsel, warum sich sein Sohn dem IS anschließen wollte. Er versteht das nicht, und umso schwerer fällt es ihm, nun das Vertrauen zu haben, dass er dort nicht wieder hingeht.

Wir arbeiten bei unseren Fällen immer auch intensiv mit den Eltern. Mit Ahmed haben wir einige Einzelgespräche geführt, seither geht es etwas besser. Er weiß, dass er seinem Sohn mehr Raum geben muss, auch wenn ihm das schwerfällt. Dass er gesehen hat, wie sehr Mehmet daran arbeitete, wieder auf die richtige Spur zu kommen, hat dem Vater aber auch geholfen und ihn beeindruckt. Ahmed Yildrim hat durchaus registriert, wie sehr sich sein Sohn für den Realschulabschluss angestrengt hat und wie erfolgreich er jetzt seine Ausbildung absolviert.

Das anvisierte Abitur und auch das Studium sind im Moment kein Thema mehr für Mehmet – es ist ihm wichtiger, mit beiden Beinen im Leben zu stehen und möglichst schnell ins Berufsleben zu finden. Ich glaube zwar, dass er dort, wo er jetzt arbeitet, ein wenig unter seinen Möglichkeiten geblieben ist, aber das ist seine Entscheidung, und – das ist auch eines unserer Prinzipien – die unterstützen wir und stehen hinter ihm.

Mehmet war so stolz, dass er einen Ausbildungsplatz bei diesem großen Unternehmen bekommen hat, dass er uns gleich ein Foto von sich in Firmenkleidung geschickt hat ..

Darüber, was er im Einzelnen in Syrien erlebt hat, spricht Mehmet auch Anfang 2016 noch nicht – da ist sein Aufenthalt bereits mehr als ein Jahr her. Er möchte das verdrängen und nach vorne schauen.

Das Ermittlungsverfahren gegen ihn ist eingestellt worden. Er tritt lediglich noch als Zeuge in anderen Verfahren auf.

Mehmets Fall berührt mich noch immer sehr: Dass sich ein so sanfter Jugendlicher von so einer barbarischen extremistischen Szene mitreißen lässt, das ist schon erstaunlich.

Als ich Mehmet kennenlernte, an jenem Nachmittag in dem Café unweit des Lebensmittelgeschäfts, in dem er jobbte, da habe ich sofort den Eindruck gewonnen, dass er gar nicht in der Lage ist, jemand anderem Leid zuzufügen.

Aber er ist beeinflussbar. Er lässt sich schnell mitreißen.

Wenn so ein Jugendlicher mit dem LKW an die Front gebracht wird, überlebt er nicht lange. Die Vorstellung, dass Mehmet jetzt genauso gut auch nicht mehr am Leben sein könnte, lässt mich keineswegs kalt. Mehmet ist ein netter, sympathischer Typ, bei dem keine menschenverachtende Einstellung zu spüren ist, wenn man mit ihm spricht. Der Junge hat sich schlichtweg verführen lassen, und das hat so gut funktioniert, weil er zwar eine Sehnsucht danach hatte, eigene Entscheidungen zu treffen, aber gar nicht über die Werkzeuge verfügte, vernünftig und eigenverantwortlich abzuwägen, und weil er keine religiöse Bildung besaß, mit deren Hilfe er die menschenverachtenden Aussagen des extremistischen Salafismus als falsch hätte entlarven können.

Mehmet ist für mich das eindrucksvollste Beispiel, wie wichtig ein differenzierter Umgang mit Syrien-Rückkehrern ist. Es war untypisch und wohl unserer engen Zusammenarbeit mit den hessischen Behörden zu verdanken, dass Mehmet nach seiner Rückkehr nicht in Untersuchungshaft gekommen ist. Für ihn und seinen weiteren Weg war es das Beste, was passieren konnte. Denn so konnten wir alle sofort an seiner Zukunft arbeiten.

Das ist so jetzt nicht mehr möglich, denn seit dem Sommer 2015 ist es unter Strafe gestellt, wenn man nach Syrien ausreist, um sich dort dem IS anzuschließen, auch wenn keine weiteren Straftaten vorliegen. Ich halte das mit Blick auf den Deradikalisierungs-Prozess nicht für sinnvoll. Im Gegenteil: Schon eine Untersuchungshaft birgt die Gefahr einer weiteren oder erneuten Radikalisierung, worauf ich später noch genauer eingehen werde. Man muss die unterschiedlichen Gründe analysieren, die Jugendliche in den vermeintlichen Dschihad führen, und man muss – wenn es Rückkehrer sind – berücksichtigen, was sie dort tatsächlich getan haben. Das ist juristisch schwer festzustellen, wenn wir jedoch mit den Jugendlichen arbeiten, dann können wir gut abschätzen, was sie gemacht haben – am Grad der Reflexion über ihre Zeit dort und auch anhand der Länge ihres Aufenthalts vor Ort.

Zu einer Differenzierung der Fälle gehört aber auch, dass es eben anders zu bewerten ist, wenn jemand beim IS an der Waffe ausgebildet worden ist und im Kampfeinsatz an der Front war. Die Verrohung der jungen Menschen, die an den Gräueltaten des IS beteiligt waren, birgt tatsächlich ein hohes Gefahrenpotential.

Aber das war bei Mehmet nicht der Fall: Er stellt keine Gefahr dar und verdient eine zweite Chance.

## Adam: »Ich gehe aus einer bösen in eine heile Welt«

*Adam ist einer von vielen Konvertiten, die in den Krieg ziehen. Was den Salafismus für sie attraktiv macht und wo sie ihre Vorbilder finden.*

Adam habe ich selbst nicht getroffen, wir haben seine Eltern betreut. Aber sein Fall markiert einen entscheidenden Wendepunkt für unsere Arbeit, und auch deswegen möchte ich ihn erzählen. Er handelt von einem großen Scheitern. Und von einer neuen Chance.

Adams Geschichte begann für uns mit einer E-Mail. Über den »Dringlichkeits-Kanal« erreichte uns an einem Montagvormittag im August 2013 eine Nachricht der zentralen Elternberatungsstelle. In Hessen, Bayern, Baden-Württemberg und Rheinland-Pfalz arbeiten wir seit 2013 mit der Beratungsstelle des Bundesamtes für Migration und Flüchtlinge (BAMF) zusammen. Wenn die dort angesiedelte Beratungsstelle für Eltern ein Anruf aus diesen Bundesländern erreicht, wird der Fall an unsere Berater weitergeleitet.

Adams Fall war rot gekennzeichnet: ein akuter Fall, um den sich der Mitarbeiter sofort kümmern muss.

Sein Vater hatte bei der »Beratungsstelle Radikalisierung« des BAMF angerufen. Einige Tage zuvor hatte er erfahren, dass Adam, damals achtzehn Jahre alt, seine Elektriker-Lehre schon vor Wochen abgebrochen hatte, obwohl er die Zwischenprüfung bereits abgelegt hatte und kurz vor der Gesellenprüfung stand. Seinem Arbeitgeber hatte er gesagt, er wolle ins Ausland gehen. Syrien sei ein zentrales Thema für seinen Sohn, sagte Dieter Weindl dem BAMF-Mitarbeiter, und dass er Angst habe, sein Sohn könne dorthin ausreisen. Die Polizei sei auch schon informiert.

Viertel nach elf war es, als unser Berater Hermann Ziegler das auf seinem Handy las. Er wählte sofort die angegebene Telefonnummer und sprach ausführlich mit Dieter Weindl.

In solchen akuten Fällen ist es besonders wichtig, schnell zu sein – manchmal hat man nur wenige Stunden Zeit. Und genau so war es im Fall von Adam. Seine Eltern sind geschieden, Adam lebte damals bei seiner Mutter in einem Reihenhaus am Stadtrand von Kempten.

Bevor Dieter Weindl die Nummer des BAMF wählte, hatte er Adam angerufen und versucht, ihn dazu zu bringen, zu Hause zu bleiben. Adam aber sei hart geblieben, erzählte er, er habe ihm gedroht, wenn er zu aufdringlich werde, dann verscherze er es sich ganz mit ihm.

Als der Berater ihm am Abend erzählte, dass die Behörden davon ausgingen, dass Adam sich in Nordrhein-Westfalen eine Verbindung nach Syrien aufgebaut habe, machte Weindl sich auf den Weg zu Adam nach Kempten. Er hatte die Hoffnung, ihm den Personalausweis wegnehmen zu können, um so zu verhindern, dass sein Sohn in den Krieg zog.

Adam war beim Gebet, als Dieter Weindl um kurz nach 22 Uhr bei seiner Ex-Frau eintraf. Im Haus lebte auch noch seine Tochter; sein älterer Sohn, Adams Bruder, war schon ausgezogen.

Um 22 Uhr 31 telefonierte Hermann Ziegler mit der Familie. Frau Weindl erzählte ihm, dass ihr älterer Sohn seinen jüngeren Bruder Adam etwa vier Wochen zuvor beim Verfassungsschutz gemeldet habe. Für mich ein Zeichen dafür, wie verzweifelt die Familie gewesen sein muss, dass man den eigenen Bruder beim Verfassungsschutz meldete.

»Mein großer Sohn würde ihm in die Beine schießen, wenn er hier wäre«, sagte Mutter Weindl.

Elf Minuten dauerte das Gespräch, dann legten sie auf, weil Adam nach Hause kam.

Sechsunddreißig Minuten später rief sie Ziegler zurück und sagte: »Adam ist weg!« Er habe einen Anruf auf seinem Handy bekommen und sei dann mit zwei Koffern zum Bahnhof gegangen. Sie fassten sich kurz, denn jetzt kam es mehr denn je auf Schnelligkeit an.

Ich war gerade auf dem Weg ins Bett, als mein Telefon klingelte – Hermann war dran und gab mir stichwortartig die Fakten durch. Wir informierten den Lagedienst der Bundespolizei.

Eine Zeit des bangen Wartens begann, und weitere Telefonate während dieser Nacht mit der Familie folgten, bis wir am frühen Morgen die Nachricht bekamen, dass Adam aufgehalten worden sei: Um fünf Uhr morgens war er mit einem siebzehnjährigen Freund am Münchner Flughafen abgefangen worden, im Gepäck zwei Flugtickets in die Türkei; von dort sollte es weiter nach Syrien gehen. Die Beamten nahmen ihm den Personalausweis ab. Adam hatte nun Ausreiseverbot und die Familie ein wenig Zeit zum Aufatmen – aber die sollte nicht lange dauern.

Wie Adam zu diesem Entschluss kam, dass er in den Krieg nach Syrien ziehen müsse, das können wir nur anhand unserer Gespräche mit der Familie und der Recherchen verschiedener Medien nachvollziehen. Mit ihm selbst haben wir nie gesprochen, denn zu dem Zeitpunkt gab es – anders als beim späteren Fall Mehmet – kein Programm, das sich direkt an islamistische

Jugendliche wendet, und das heißt auch, es gab keine Konzepte, wie man sie betreuen und vor allem von ihrem selbstzerstörerischen Vorhaben abbringen könnte. Wir versuchten damals mittels der Unterstützung und Stärkung der Eltern, die Jugendlichen und jungen Männer aufzuhalten.

Dass das nicht immer funktioniert, zeigt Adams Fall leider überdeutlich.

## Ein schüchterner Junge wird zum charismatischen Anführer

Noch drei, vier Jahre zuvor war Adam ein zurückhaltender Jugendlicher gewesen. Das jüngste von drei Geschwistern in einer evangelisch geprägten Familie. Alle drei Kinder tragen biblische Namen, sonntags ging die Familie in die Kirche, nahm an Familienfreizeiten der Gemeinde teil. Als Adam in der sechsten Klasse war, trennten sich seine Eltern.

Die Familie Weindl lebte in Kempten, einer 67 000-Einwohner-Stadt im Allgäu mit Zwiebelturm-Kirchen und Alpenpanorama, etwa hundert Kilometer südwestlich von München gelegen.

2011, als Adam sechzehn Jahre alt war, nahm sein Leben eine Wendung. Es war das letzte Schuljahr an der Realschule, und er musste um seinen Abschluss bangen. Vor allem das Fach Deutsch machte ihm Schwierigkeiten. Im Jahr zuvor hatte er mit dem Boxen angefangen, in einem Verein, der nur wenige hundert Meter von seiner Schule entfernt liegt. Sein Trainer erinnert sich später an einen pummeligen Jugendlichen, der eines Tages auftauchte und der einen solchen Ehrgeiz an den Tag legte, dass von seiner Pummeligkeit wenige

Wochen später nichts mehr zu sehen gewesen sei. Es schien ein bisschen, als wollte Adam seine Kindheit mit Macht hinter sich lassen.

Er rasierte sich die Haare ab und schien selbstbewusster zu sein. Wegen seines schlechten Schulabschlusses musste er ziemlich lange nach einer Lehrstelle suchen. Ein Freund von ihm erzählte der *Allgäuer Zeitung*, dass er in dieser Zeit sehr nachdenklich gewesen sei: »Er hat nach einem Sinn im Leben gesucht.« Adam machte schließlich ein Praktikum in einem Elektronikbetrieb. Seine Chefs schätzten ihn und stellten ihn als Lehrling an.

Beim Boxen hatte er einige türkischstämmige Jugendliche kennengelernt. Sie wurden Freunde. Vater Dieter erzählte uns, dass Adam oft zu ihnen nach Hause eingeladen worden sei. Er sei dort auch zum Essen geblieben, und die Freunde hätten ihn mit in die Moschee genommen.

Eines Tages verkündete der Sohn seinen Eltern dann, dass er zum Islam konvertiert sei. Er habe sich im Internet informiert, und der Islam habe ihn überzeugt. Er habe jetzt einen Sinn im Leben gefunden, lese den Koran. Für Mutter und Vater Weindl kam das völlig überraschend.

In der Moschee, die er besuchte, war er anerkannt und beliebt. Wohlwollend beobachteten die Menschen dort, wie gewissenhaft und intensiv sich der Konvertit Adam mit dem Koran beschäftigte.

Warum genau Adam zum Islam konvertiert ist, dafür hat seine Familie keine Erklärung. Und auch die Journalisten, die später Adams Geschichte rekonstruiert haben, stießen auf niemanden, der eine befriedigende Antwort auf diese Frage geben konnte. Der Boxtrainer nicht und auch die Mitglieder seiner Moschee-Gemeinde nicht.

Aber dass es nicht lange dauerte, bis Adams neuer Glaube eine immer radikalere Ausprägung bekam, das haben alle beobachtet.

Auch dafür hat niemand eine Begründung. Irgendetwas muss passiert sein, dass Adam strenggläubig wurde – viel strenger als seine türkischen Freunde aus dem Boxverein.

Wir gehen davon aus, dass er über das Internet Kontakt zu Radikalen geknüpft hat.

Überraschend viele der aus Deutschland nach Syrien oder in den Irak ausgereisten jungen Menschen sind Konvertiten wie Adam. Nach den Erkenntnissen des Verfassungsschutzes und des Bundeskriminalamts stammen siebzehn Prozent der ausgereisten Islamisten aus einer deutschen Familie ohne Migrationshintergrund und sind zum Islam konvertiert. Die extremistische salafistische Szene spricht junge Menschen aus allen sozialen Schichten an. Unabhängig von ihrer ethnischen oder religiösen Herkunft und auch unabhängig von ihrem Geschlecht wird ihnen eine neue soziale Heimat in Aussicht gestellt. Das Angebot ist eindeutig: Entweder gehörst du ganz dazu oder nicht.

Sein Boxtrainer erinnert sich in einem Interview mit *Spiegel TV*, wie Adam ihm mitteilte, dass er nicht mehr kämpfen wolle. »Nach seinem letzten Kampf im Dezember 2012 ist er zu mir gekommen, hat mir die Handschuhe zurückgegeben und den Kopfschutz und sagte: ›Ich kann nicht mehr boxen.‹« Sein Glaube verbiete ihm das, denn das Gesicht sei von Allah gemacht. Deshalb dürfe es keiner schlagen.

Angesichts der Tatsache, dass in dieser Zeit wohl gleichzeitig der Gedanke in ihm reifte, es sei gut, in Syrien zu kämpfen, klingt diese Aussage fast zynisch.

Der Boxtrainer jedenfalls konnte Adam überreden, wenigstens im Verein zu bleiben. Ein Sandsack sei ja schließlich kein Gesicht.

Adam hat zu dieser Zeit einen Kreis neuer Freunde gefunden. Unter ihnen Serdar Bayrak, mit dem er schon zur Schule gegangen war. Aber damals hatten sie nicht viel miteinander zu tun gehabt. Das hat sich mit dem gemeinsamen Glauben offenbar geändert.

Serdar Bayrak wohnte ebenfalls in Kempten und betrieb eine Internetseite, die für eine strenge Auslegung des Korans warb. Er hat dem Magazin der *Süddeutschen Zeitung* vor seiner Ausreise nach Syrien ein Interview gegeben und darin auch über Adam gesprochen: »Adam hat mich überhaupt erst auf die Idee gebracht, mich dem ›Islamischen Staat‹ anzuschließen«, sagte er. Adam sei es gewesen, der in Kempten eine kleine Gruppe Radikaler um sich geschart habe – als eine Art Anführer. »Wir haben uns Nachrichten angeschaut, ARD und ZDF und so, aber uns war schnell klar: Da wird nur Scheiße berichtet. Da haben wir uns dann im Internet Videos angeguckt. Von Leuten, die in Syrien sind. Wir haben geschaut, welche Gruppierungen islamisch korrekt sind, welche der islamischen Ideologie entsprechen, und für die waren wir dann.«

Der Familie blieb das nicht verborgen. Vater Dieter vermutete schon damals, dass Adam sich einer radikalen Szene angeschlossen hatte. Die Gruppe um Adam konsumierte extremistische Propaganda-Videos und entwickelte zunehmend extremere Positionen. Den »Dschihad«, den »Heiligen Krieg«, wie Adam ihn sah, begann er mehr und mehr als seine unausweichliche Pflicht anzusehen.

Die extremistischen Salafisten verwenden den Begriff »Dschihad« als Synonym für die Aufforderung zum Kampf. Dabei ist das eine Verfälschung dieses Begriffs, der im Koran häufig vorkommt. Irrtümlicherweise wird Dschihad oft mit »Heiliger Krieg« übersetzt. Tatsächlich müsste man ihn mit dem Wort »Anstrengung« übersetzen. Im islamischen Kontext ist damit jegliche Art von erlaubter Anstrengung auf dem Weg Gottes gemeint, Handlungen, die nach dem Willen Gottes ausgeführt werden und die den Gläubigen anstrengen. Als »großer Dschihad« wird also alles bezeichnet, was Muslime tun, um die moralischen Normen und Gebote ihres Glaubens umzusetzen – Barmherzigkeit, Nächstenliebe, Respekt, Bescheidenheit, Ehrlichkeit. Auch das Fasten, Spenden, Beten und der Wissenserwerb sind Teil des Dschihad. Allein der sogenannte kleine Dschihad kann auch als Kampf um Leib und Leben verstanden werden – die Verteidigung des eigenen Lebens oder des Landes im Falle eines Angriffs, oder wenn Unschuldige geschützt werden müssen. Als Grundlage dafür gelten selbstverständlich rechtsstaatliche Mittel.

Extremisten verfälschen den Dschihad-Begriff. Sie legen ihn als Kampf gegen Ungläubige aus und gegen die Demokratie, die sie als »Werk des Teufels« bezeichnen. Vor allem aber machen sie diesen Kampf zur zentralen religiösen Pflicht, indem sie fälschlicherweise behaupten, dass der Dschihad zur sechsten Säule des Islams gehöre.

Adam nutzte offenbar jede Chance, andere Jugendliche zu beeinflussen und mitzureißen. Auch in seiner Moschee. Dort grenzte sich die Gruppe von allen ab, die nicht ihre Meinung vertraten, und bezeichnete sie als Ungläubige. Wenn es zu Diskussionen mit den anderen Mitgliedern der Moschee-Gemeinde kam, dann telefonierten sie bisweilen zwischendurch, um sodann, frisch munitioniert mit neuen Argumenten, zurückzukehren. Das hat mir ein Mitglied der Moschee erzählt, und ich konnte das gar nicht fassen. Denn das macht ein Maß an Gehorsamkeit deutlich, das mich erschreckt. Diese Jugendlichen sind teilweise wie ferngesteuert.

Adam vertrat haarsträubende Ansichten über die Anschläge auf das World Trade Center und zeigte unverhohlen seinen Hass gegen Juden und Amerikaner. »Der Adam hat angefangen, die Al-Qaida zu preisen und zu sagen, dass Osama bin Laden die Zwillingstürme zu Recht angegriffen habe, dass die Juden Moslems töten und dass wir sie genauso töten müssen,« erinnerte sich das Moschee-Mitglied.

Serdar Bayrak erzählt: »Wir haben ständig diskutiert. Wir haben die anderen Leute in der Moschee auf ihre Fehler hingewiesen. Aber sie wollten es nicht verstehen. Das war uns auch egal. Im Koran steht, dass man Gegenwehr bekommt. Das hat uns gerade bestätigt, dass es richtig ist, was wir tun.«

Der Vorsteher der Moschee bescheinigte Adam »Führungsqualitäten«. Immerhin habe er sieben Jugendliche islamistisch beeinflusst und mitgezogen.

Wo diejenigen saßen, die die Gruppe in diesen Diskussionen mit immer neuen Koran-Stellen und weiteren Argumenten versorgten, ist nicht ganz klar. In der Moschee erzählte man Journalisten, Adam habe Kontakt zu Salafisten in Ulm und Neu-Ulm gehabt – von dort stammten mehrere Mitglieder der Sauerland-Gruppe, jener 2007 aufgeflogenen Islamisten-Zelle, die Sprengstoffanschläge in Deutschland geplant hatte. In Sicherheitskreisen geht man davon aus, dass er Kontakte zum Ansaar-Netzwerk in Düsseldorf unterhielt. Der Verein »Ansaar International« wird schon länger vom Verfassungsschutz beobachtet. Vorgeblich organisiert er humanitäre Hilfe für Syrien. Bei den Veranstaltungen, die er dafür abhalten lässt, rufen salafistische Prediger zu Spenden auf, wobei große Summen zusammenkommen. Allein 2014 hat der Verein nach eigenen Angaben mehr als

830 000 Euro für Syrien gesammelt. Der Verfassungsschutz in Nordrhein-Westfalen geht davon aus, dass diese Gelder jedoch nicht nur für Medizin und andere Hilfsgüter verwendet werden, sondern auch, um militärische Gegenstände zu kaufen. Zudem hegt die Behörde den Verdacht, dass der Verein junge Männer anspricht und dazu »verführt, nach Syrien auszureisen«, wie Burkhard Freier es formuliert, der Leiter des Landesamtes für Verfassungsschutz in NRW.

Am intensivsten scheinen aber Adams Kontakte nach Dinslaken gewesen zu sein. Dinslaken ist eine 71 000-Einwohner-Stadt in der Nähe von Duisburg. Dort, im Stadtteil Lohberg, existierte eine sehr aktive islamistische Gruppe. Ein gutes Dutzend junger Islamisten ist von da aus nach Syrien ausgereist, um sich der Terrormiliz »Islamischer Staat« anzuschließen. Im Internet haben die jungen Männer Propaganda-Videos veröffentlicht und sind als »Lohberger Brigade« bekannt geworden In Syrien sollen einige aus der Gruppe mit dem mutmaßlichen Drahtzieher der Anschläge von Paris im Herbst 2015, Abdelhamid Abaaoud, in einem Haus gewohnt haben. Viele von ihnen sind Teil des 2012 verbotenen Islamisten-Netzwerks »Millatu Ibrahim« (Gemeinde des Abrahams). 2011 war es von einem gerade aus österreichischer Haft entlassenen Islamisten zusammen mit Denis Cuspert gegründet worden. Ein Personennetzwerk, das sich vor allem über das Internet zu Wort meldete.

Denis Cuspert, von dem schon die Rede war, ist so etwas wie der Popstar der Szene. Er war das Aushängeschild der deutschsprachigen IS-Propaganda – der bekannteste deutsche Kämpfer in den Reihen des sogenannten Islamischen Staates. Cuspert veröffentlichte viele Propaganda-Videos aus Syrien, die auch Adam gesehen haben wird. Im Oktober 2015 ist Denis Cuspert für tot erklärt worden. Wegen seiner herausragenden Bedeutung für die deutsche dschihadistisch-salafistische Szene lohnt es sich, seine Biografie ein bisschen genauer unter die Lupe zu nehmen.

Denis Cuspert hat eine schillernde Vergangenheit. Als er noch Deso Dogg hieß, war er ein Berliner Gangsta-Rapper. »Deso« stand dabei als Abkürzung für »Devil's Son«, Sohn des Teufels. Die Tattoos an Hals und Händen waren auch später noch beredte Zeugen dieser Vergangenheit: »Thug« stand auf seiner linken Hand – »Gangster« –, und auf den Schultern hatte er zwei Pistolen eintätowiert. Er rappte Texte wie: »Niemand kann mich halten, ich werde eure Köpfe spalten«, oder: »Ich geb 'nen Scheiß auf die Politik, den Staat und die Bullen.«

Im Gegensatz zu anderen in der Szene konnte Deso Dogg als Gangsta-Rapper authentisch auftreten – er war mehrmals vorbestraft wegen Raubs, Diebstahls, Körperverletzung, Sachbeschädigung und anderer Delikte und hatte einige Jahre im Gefängnis verbracht. Cuspert besaß Street Credibility. Seine Musik war hart, Gewaltfantasien und Alltags-Rassismus waren seine Themen, er trat in seinen Videos als hypermaskuliner Typ auf, der Checker: »Auf dem Schulhof war ich noch der kleine Nigga-Junge mit kaputter Jeans, dem bösen Blick und der frechen Zunge. Musste zehnmal besser sein, musste zehnmal schneller sein, musste zehnmal härter sein, zehn kleine Negerlein.« Als Kind eines Ghanaers und einer Deutschen hatte er eine dunkle Hautfarbe.

Ab 2007 präsentierte sich Denis Cuspert dann als Muslim. Ob er als Muslim geboren wurde oder wie Adam konvertierte, ist nicht ganz klar. Aber dass er damals zu einem Glauben fand, den er vorher nicht gelebt hatte, und zu der Zeit in einer Sinnkrise steckte, daraus machte er keinen Hehl. In dem Song »Willkommen in meiner Welt« rappte er: »Verrichte mein Gebet jeden Tag, bevor ich rausgeh (...)/Hardcore ist das Leben, das ich früher lebte/Jeder Tag ist ein Test, ich hab die Nase voll von dem ganzen Stress/Ich bin alleine da draußen (...)/Mein Herz ist eiskalt geworden, wie der schlimmste Winter (...)/Es ist fatal, wie das Leben manchmal seine Runden dreht/Zum Bereuen ist's zu spät, wenn der Tod vor mir steht/Darum sitz ich hier im Studio und beichte auf den Track/Bitte, Allah, verzeih mir meine Sünden, zieh mich aus dem Dreck/Ich bin verzweifelt jeden Tag auf der Suche nach dem Paradies/Ich wünschte mir den Tod, denn mein Leben war mies.«

In der salafistischen Szene tauchte er etwa drei Jahre später öffentlich auf. Ein Video zeigt ihn in einem Nebenraum der Al-Nur-Moschee im Berliner Stadtteil Neukölln mit dem salafistischen Konvertiten und Prediger Pierre Vogel, der für Adam ebenfalls ein Vorbild war. Vogel lobt Cuspert im Video dafür, dass er sich von der Musikszene entfernt habe. Nach salafistischem Verständnis ist jede Form der aktiven oder passiven Beschäftigung mit Musik verboten.

Denis Cuspert postete im Frühjahr 2010 dann ein Video, in dem er verkündete, dass er nun Abu Malik heiße. Er lud zu einem Wochenendseminar ein – wiederum in die Berliner Al-Nur-Moschee, einer salafistischen Moschee, die vom Verfassungsschutz beobachtet wird.

Er wurde fortan eine Art Wanderprediger, zog durch Deutschland und erzählte, wie er zum Glauben gefunden habe. Salafistische Prediger saßen an seiner Seite. Cuspert war ein guter Werbeträger, das wurde offenbar früh erkannt. Er war in religiösen Dingen nicht viel gebildeter als das Publikum – eine vielversprechende Identifikationsfigur, auch weil er wieder und wieder von seinem alten Leben erzählte, und wie er in sein neues gefunden habe.

Statt Hip Hop sang er in der Folge Naschids – religiöse Gesänge, die einzige von Salafisten akzeptierte Form der Musik –, und die wurden zunehmend radikaler, bis er unverhohlen zum Dschihad aufrief: Junge Muslime sollten ins pakistanisch-afghanische Grenzgebiet reisen, um dort zu kämpfen.

Nach Ausbruch des syrischen Bürgerkriegs 2011 rief er zum von ihm so genannten »Heiligen Krieg« dort auf. Wer seine Ansichten nicht teilte, den nannte er »Angsthasenprediger«.

Mehrere seiner Naschids wurden verboten – das hatte es vorher noch nicht gegeben. Seine Videos wurden tausendfach angeklickt. Auch Arid Uka, der Attentäter vom Frankfurter Flughafen, der zwei amerikanische Soldaten erschoss, war auf Facebook mit ihm befreundet.

Als das Salafisten-Netzwerk Millatu Ibrahim im Mai 2012 zur Demonstration gegen die rechtspopulistische Organisation Pro NRW in Bonn aufrief, war er einer der Vorbeter. Später kam es dort zu schweren Ausschreitungen. Ein Salafist stach mit einem Messer zwei Polizisten nieder. Millatu Ibrahim wurde daraufhin verboten, ihre Moschee in Solingen geschlossen.

Wenig später reiste Cuspert nach Syrien aus, wohl auch, weil er in Deutschland per Haftbefehl gesucht wurde wegen Straftaten, die er während der Demonstration begangen haben soll. Er wurde Teil der Terrormiliz »Islamischer Staat«, nannte sich Abu Talha al-Almani und schickte seine Videobotschaften nun von dort. Dieses Naschid zum Beispiel: »Ich wünsch mir den Tod und kann ihn nicht erwarten/bewaffnet mit Bomben und Granaten (…)/in die Kaserne der Kreuzzügler, drück ich auf den Knopf, Al-Jannah, Al-Jannah (das Paradies, d. A.)/ich zünd die Bombe inmitten der Menge, drück auf den Knopf (…)/mit einem Lächeln direkt zu meinem Schöpfer, drück auf den Knopf, Al-Jannah, Al-Jannah (...)/denk an deine Pflichten und fürchte Allah, auf den Knopf, Al-Jannah, Al-Jannah.«

In einem seiner jüngeren Videos inszeniert er den IS als Wohltäter für die notleidende muslimische Bevölkerung in Kriegs- und Krisengebieten; in einem anderen sieht man ihm dabei zu, wie er aufs Roheste die Leichen gefallener Gegner schändet. Was sich scheinbar widerspricht, wirkt auf gefährdete Menschen, die oft eine biografische Zerrüttung hinter sich haben, offenbar sehr anziehend.

Denis Cuspert nutzte seine Popularität in der Szene für seine Propaganda. Immer wieder rief er zur Ausreise nach Syrien auf und zur Teilnahme am Dschihad. Er hatte Zugang zu höchsten Führungskreisen des IS, schwor den Treue-Eid auf den selbsternannten Kalifen Abu Bakr al-Baghdadi. Aus dem zwar bekannten, aber wenig erfolgreichen Gangsta-Rapper wurde ein international Aufsehen erregender Dschihad-Propagandist.

Die einzige Reaktion auf ein irgendwie geartetes Versagen, die Denis Cuspert gelernt hat, hieß Gewalt. Deshalb war es auch die einzig logische Konsequenz aus seinem Versagen in der Musikbranche: Wenn er nicht in der Bedeutungslosigkeit versinken wollte, dann musste er zum Star der extremistischen Szene mutieren – zum Gewalt-Popstar quasi. So wurde er das deutsche Gesicht des IS. Wer sich weigere, am Dschihad teilzunehmen, verkündete er, der werde beim Jüngsten Gericht bestraft.

Personen wie der Berliner Rapper stellen ideale Projektionsflächen dar, in denen verschiedenste Lebensthemen zusammenfließen. Denis Cuspert aka Deso Dogg aka Abu Talha al-Almani ist nicht nur idealtypisch einer »von uns«. Seine Entwicklung zum Gotteskrieger begann zu einer Zeit, als er über Rassismus und Diskriminierungs-Erfahrungen rappte, auf die er mit der

Verhärtung zum knallharten »Gangsta« reagierte. Aus dieser Lebensgeschichte bezieht seine Entwicklung ihre innere Kohärenz und Glaubwürdigkeit für gefährdete Personen. Denn in der Denkfigur vom »Gotteskrieger«, in dessen angestrebtem Märtyrertod sie ihre höchste Vollendung finden wird, verschmelzen all die widersprüchlichen Gefühlswelten von Verletzlichkeit, Barmherzigkeit und Menschlichkeit, rohesten Gewaltfantasien und höchster göttlicher Legitimation.

Zu Cusperts dschihadistischem Netzwerk Millatu Ibrahim sollten sich später auch Adam und einer seiner Dinslakener Freunde in aller Öffentlichkeit bekennen. All die Male, die Adam mit dem Zug nach Nordrhein-Westfalen fuhr, wird er wohl in Dinslaken Halt gemacht haben und nicht, wie Vater Dieter dachte, in Dortmund oder Düsseldorf. Im Sommer 2012 – also bevor er seinem Boxtrainer die Handschuhe zurückgab – war er im muslimischen Fastenmonat sogar mehrere Wochen in Dinslaken. Die Gruppe, der er sich angeschlossen hatte, betete in der Arrahma-Moschee. Auch dort kam es zu Streitereien mit dem Imam, der der Gruppe zu liberal war.

In einem Beitrag von *Spiegel TV* erkannte ein Moschee-Mitglied Adam auf einem Foto: »Den kenne ich. Der war im Ramadan hier. Ich habe mit ihm gesprochen, mit ihm diskutiert. Über allgemeine Themen, über den Islam und so. Der war ein bisschen extrem.« Einer von Adams Dinslakener Freunden, Mustafa K., reiste kurze Zeit später nach Syrien aus. Er sollte im Februar 2014 in die Schlagzeilen kommen: Im Internet kursierte ein Bild des ehemaligen Paketzustellers, auf dem er mit zwei abgeschlagenen Köpfen posiert. *Der Spiegel* nannte ihn »das Gesicht des deutschen Terrortourismus«. Ende 2014 soll er in Syrien umgekommen sein.

## Radikalisierung im Zeitraffer

Adams Radikalisierung vollzog sich ab der Jahreswende im Eiltempo. Anfang 2013 verkaufte er Bücher und CDs auf dem Flohmarkt. Während die Menschen an seinem Stand vorbeiflanierten, las er in einem deutschsprachigen Koran. Ein Kemptener interessierte sich für seine Bücher und fragte ihn nach dem Koran. Die beiden kamen ins Gespräch. Im Interview mit der *Allgäuer Zeitung* erinnerte sich der Mann, dass Adam gesagt habe, ins Ausland gehen zu wollen, weshalb er seine Habseligkeiten verkaufe. Er würde auch Korane verschenken. Der Käufer sagte daraufhin im Scherz: »Solange du nur kein Terrorist wirst und Leute umbringst …« Adam sei sehr wütend geworden und habe ihn gefragt: »Sind Sie etwa von der Polizei, oder was?« Adam verkaufte aber nicht nur Bücher. Über eBay bot er seine Computerspiele zum Verkauf, Turnschuhe in Größe 46, Hugo-Boss-Parfüm und später auch den Computer selbst.

Er las stundenlang im Koran, betete viel und hörte sich die Predigten von radikalen Islamisten an. Der salafistische Prediger Pierre Vogel war eines seiner Vorbilder. Der war früher auch Boxer gewesen, Profiboxer sogar, und hatte damit ebenfalls aus Glaubensgründen aufgehört.

Vogel ist – wie Adam – zum Islam konvertiert. Er gehört zu den bekanntesten und charismatischsten Persönlichkeiten des extremistischen Salafismus. Mit seiner direkten und provokanten Art spricht er besonders junge Menschen an, die auf Orientierungssuche sind. Wenn die im Internet nach Informationen über den Islam suchen, landen sie fast unausweichlich auch auf den salafistischen Seiten und bei den Vorträgen von Pierre Vogel. Mit seinen missionarischen Botschaften versuche er, seine Zuhörer zum »wahren Islam« zu führen, wie er sagt.

Trotz der relativ geringen Anzahl von Salafisten in Deutschland kommt man im Internet an der Fülle ihrer Angebote kaum vorbei. Die jugendgemäß inszenierten Beiträge und Predigt-Videos treffen die medialen Gewohnheiten einer jungen Generation. Pierre Vogel und andere setzen dafür unter anderem auch auf Idole wie Denis Cuspert. Viele, die in die Kampfgebiete ausgereist sind, haben den achtunddreißigjährigen Vogel in Gesprächskreisen, auf Kundgebungen oder im Internet kennengelernt, wo er zum Beispiel sagt: »Islam ist eine Religion, die man ernst nehmen muss, und wenn man sie nicht ernst nimmt, muss man sich eine andere Religion suchen, und jede andere Religion führt in die Hölle.« Wenn er zu Kundgebungen aufruft, kommen Hunderte junger Anhänger – ihnen unterbreitet er dort immer auch das Angebot, an Ort und Stelle öffentlich zum Islam zu konvertieren.

Offiziell will Vogel mit dem Terror im Namen des Islams nichts zu tun haben. Nach den Anschlägen von Paris im Herbst 2015 dauerte es nur wenige Stunden, bis er sich im Internet zu Wort meldete: Er distanziere sich von den Attacken, weil sie dem Islam nicht nützen würden, sagte er. Nützlichkeitsgedanken mit Blick auf den »wahren Islam« sind das durchgehende Prinzip Vogels, und er nutzt auch die Anschläge für seine Ideen: »Deshalb bitte ich euch, die ihr mit solchen Anschlägen sympathisiert: Schließt euch unserer Karawane an und lasst solche Anschläge sein.« Seine »Karawane« versteht den Islam nicht als Religion, sondern als göttliches Ordnungs- und Herrschaftssystem, dem man blind zu folgen hat. Demokratische Freiheitsrechte sind mit diesem Herrschafts- und Gehorsamsdenken nicht vereinbar. Es gelten für Vogel – und später dann auch für Adam – keine Gesetze, die von Menschen bestimmt werden.

Egal, welches Problem junge Menschen haben, die Extremisten sagen: »Der Islam ist die Lösung.« Deshalb soll das, was sie den »wahren Islam« nennen, auch nicht nur individueller Glaube sein, sondern verbindliche Verpflichtung für gesellschaftliches und staatliches Handeln.

Teil dieser Szene sein zu wollen kann Ausdruck einer Suche nach Gemeinschaft sein, jugendspezifische Provokation oder Protest. Was jeweils die Attraktivität der dschihadistischen Salafisten ausmacht, ist individuell verschieden, und trotzdem gibt es einige Erklärungsansätze, was diese Szene gerade für junge Menschen so anziehend macht.

Junge Leute erleben dort die Befriedigung elementarer Bedürfnisse: Der extremistische Salafismus gibt den Jugendlichen Identität, Geborgenheit, Gemeinschaft, Orientierung und eine spirituelle Heimat, unabhängig von ethnischen Kategorien. Wenn sie diese Bedürfnisse anderswo nicht befriedigen können, rutschen sie immer tiefer ins Milieu. Dass die salafistische Szene vermeintlich die einzige Wahrheit vertritt, stattet ihre Anhänger auch mit einem überhöhten Selbstwertgefühl aus. Junge Menschen, die sich nie mit den theologischen Grundlagen ihrer Religion auseinandergesetzt haben, oder die, wie Adam, konvertiert sind, bekommen dort scheinbar ein Wissen über den Islam vermittelt, das ihnen vorher nicht zugänglich war. Das neue Wissen soll sie im Diesseits und im Jenseits glücklich machen – aber eben nur, wenn sie sich der richtigen »Karawane« anschließen, wie Pierre Vogel es formuliert. Entweder sie folgen dieser Einladung oder sie sind »Kuffar« – Ungläubige.

In einem unübersichtlichen und komplizierten persönlichen Umfeld und einer komplexen Gesellschaft sind die einfachen Erklärungen der Salafisten besonders attraktiv und entlastend. In den eindeutigen Wertezuschreibungen nach Schwarz-Weiß-

Muster wertet man sich selbst als Gläubiger auf, indem man die Ungläubigen abwertet. Angesichts der klaren Abgrenzung von ihnen rückt die Gemeinschaft der Gläubigen noch näher zusammen, was ein besonderes Gefühl der Geborgenheit hervorruft.

Junge Menschen sind auf der Suche nach Vorbildern. Ganz besonders, wenn die Väter in der Familie nicht anwesend sind. Adam fand Pierre Vogel und dann vor allem auch Denis Cuspert. Dessen Kämpfer-Mentalität schien ihn sehr anzusprechen. Die neuen Autoritäten nehmen ihnen jede eigene Entscheidung ab – sie müssen nicht mehr nachdenken, nur noch folgen. Mit ihrem Absolutheits-Anspruch fordern salafistische Prediger den Gehorsam ihrer Anhänger ein. Der Gläubige wird verpflichtet, ihre Autorität nie anzuzweifeln. Gleichzeitig sprechen sie Themen an, mit denen die Jugendlichen bislang allein blieben: persönliche Enttäuschungen oder Diskriminierungs-Erfahrungen. Sie greifen die Ablehnungs-Erlebnisse auf und verbinden sie mit der angeblich weltweiten Verschwörung gegen Muslime. Diese kollektive Opfer-Identität stärkt einmal mehr die Gemeinschaft, gleichzeitig kann man in ihr aktiv werden und etwas tun, um das vermeintliche Leiden der Muslime in der Welt zu verhindern – es gibt eine Art Mitmach-Faktor, verbunden mit einer Gerechtigkeits-Utopie. Und schließlich ist es für besonders gewaltbereite junge Menschen attraktiv, ihren aufgestauten Hass durch gewaltsame Handlungen zu kompensieren, die sie auch noch religiös legitimieren können.

Adam begann in der Zeit seiner Radikalisierung Arabisch zu lernen. Er nahm Kontakt zu einem Studenten in Ägypten auf, in dessen Facebook-Freundesliste zahlreiche deutsche Salafisten zu finden waren. Immer tiefer geriet er in den Strudel des islamistischen Extremismus. Er hörte auf, in seinem Bett zu schlafen; um sich abzuhärten, schlief er auf einem Teppich in seinem Zimmer. Zweimal in der Woche fastete er.

Vater und Mutter Weindl waren damals zwar schon seit Jahren geschieden, aber Dieter Weindl hatte über all die Zeit immer Kontakt zu seinen Kindern gehabt. Am Wochenende hat er sie regelmäßig besucht.

Ihm und seiner Ex-Frau wurde ihr Sohn in dieser Zeit immer fremder. Auch Adams Schwester drang kaum noch zu ihm durch. Er distanzierte sich zunehmend, sprach eigentlich nur noch über Religion und las haufenweise islamistische Literatur. Zu seinem Vater sagte er in der Zeit einmal: »Ich gehe aus einer bösen in eine heile Welt.«

Im Mai 2013 postete sein Kumpel Serdar Bayrak ein Bild mit Adam und drei weiteren jungen Männern. Darauf ist Adam in der Mitte mit kahlrasiertem Kopf zu sehen, einem Militärparka in Tarnfarben und schwarzer Jogginghose. Sie recken den Zeigefinger der rechten Hand in die Höhe – das Erkennungszeichen der Islamisten: ein Staat, ein Gott.

Im Sommer änderte er in seinem Facebook-Profil seinen Namen. Er war nun nicht mehr Adam, sondern Abdullah Adam al-Almani, »Adam der Deutsche«.

Abu Adam wurde Manager einer radikal salafistischen Internetseite mit Namen »Jugend der Umma«, also Jugend der islamischen Gemeinschaft. Es war eine islamistische Propaganda-Seite, auf der immer wieder auch Videos gepostet wurden. Aus der Moschee-Gemeinde waren er und seine Freunde da längst ausgeschlossen gewesen.

»Er war nicht mehr wiederzuerkennen«, sagte seine Schwester später. Adam lieh sich ab und zu ihren Computer, da er keinen eigenen mehr besaß. Und er nutzte manchmal ihr Handy. Ihr sagte er, dass er zwei Wochen nach Ende des Ramadan

Deutschland verlassen wolle und nur noch auf den entscheidenden Anruf warte.

2013 dauerte der Fastenmonat vom 9. Juli bis zum 7. August. Demnach wäre der geplante Tag der Ausreise der 21. August 2013 gewesen. Der 23. Juli war Adams letzter Arbeitstag in seinem Ausbildungsbetrieb, seine Chefs reagierten auf die Nachricht entgeistert. Sie hatten ihn eigentlich übernehmen wollen.

Die letzten zehn Tage des Ramadan verbrachte Adam in Dinslaken. Am 13. August verabschiedete er sich von seinem Boxtrainer. Der gab ihm noch ein »Pass auf dich auf!« mit auf den Weg.

Da war der Verfassungsschutz längst von der Familie informiert und die Polizei in Kempten auch. Es wurde ein Ermittlungsverfahren gegen Adam eröffnet, er selbst observiert. Die Beamten empfahlen der Familie, sich an die Beratungsstelle des BAMF und damit an uns zu wenden.

Dass Adam am Münchner Flughafen aufgehalten werden konnte, brachte der Familie eine Verschnaufpause. Aber keiner der Weindls vertraute in diesem Moment darauf, dass Adam in Deutschland bleiben würde. Zu klar, zu eindeutig war seine Haltung, zu gut geplant der Aufbruch gewesen – und so las sich auch der Abschiedsbrief, den er seiner Familie geschrieben hatte: »Ich hoffe, dass mein Konto ausreichend gedeckt ist. Wenn nicht, können meine Sachen aus dem Zimmer verpfändet oder verkauft werden.«

Adam hatte die meisten seiner Verträge gekündigt und hinterließ der Familie den Text der 96. Sure des Koran: »Lies im Namen deines Herrn, der erschuf. Er erschuf den Menschen aus einem Blutklumpen. Lies, denn dein Herr ist allgütig, der mit dem Schreibrohr lehrt, lehrt den Menschen, was er nicht wusste.«

Gemeinhin gilt die 96. Sure als Erzählung über die erste Offenbarung, die Mohammed erst zum Propheten machte. Sie ist also der Ursprung von Adams neuem Glauben und zugleich ein Aufruf an seine Familie, es ihm gleichzutun. Das zeigt seine tiefe religiöse Überzeugung, allerdings fehlte ihm offenbar das Wissen über die grundsätzliche Friedfertigkeit der Religion.

Seit dem Intermezzo am Münchner Flughafen trug Adams Personalausweis einen Aufkleber: »Ausweis ist außerhalb Deutschlands nicht mehr gültig – Ausreiseverbot.« Aber dass die Gefahr nicht vorüber war, das wurde der Schwester spätestens drei Tage nach dem Ausreiseversuch klar. Da kam auf ihr Handy, das Adam mal wieder benutzt hatte, eine SMS: »Ruf an! Sonst hat das Konsequenzen für dich.«

Wenn wir in so eine Beratungssituation hineingehen, analysieren wir zuerst, wie die Kommunikation in der Familie verläuft, wer mit dem Gefährdeten noch reden kann. Das ist meist ein hilfloses System, auf das unsere Berater da stoßen, deren Aufgabe es ist, selbst nicht Teil dieser Hilflosigkeit zu werden. Für die Berater muss immer klar sein, wo sich die Tür befindet, die wir öffnen können, was der nächste Schritt ist, den wir tun können.

Da kann es verschiedene Dinge geben, die man ausprobiert. Manchmal ist das Spektrum an Optionen aber auch schon so eng geworden, dass es nur noch wenige Handlungsmöglichkeiten gibt, sodass man sagen muss: Okay – geht nicht anders, wir kommen sonst nicht weiter.

Bei Adam ging es nur darum, wie man den Kontakt aufrechterhalten kann. Wenn das erreicht gewesen wäre, dann hätte man schauen können, ob es noch weitere Schritte gab, die erfolgversprechend hätten sein können.

Die Situation in der Familie Weindl war damals extrem

angespannt. Adam hatte sich schon sehr von den anderen entfremdet. Wie es sich uns darstellte, brach er den Kontakt zur Schwester zum Beispiel immer wieder ab. Adams Mutter wiederum wusste auch nicht mehr weiter, sie war überfordert. Am ehesten schaffte es sein Vater, mit Adam im Gespräch zu bleiben. Wobei auch er nichts Falsches sagen durfte.

Unsere Beratung hatte damit zum Ziel, irgendwie die Kommunikation zwischen den beiden aufrechtzuerhalten. Im Nachhinein wird Dieter Weindl diese Zeit als die mit dem größten Stress in Erinnerung behalten, aber auch als eine Zeit, über die er froh ist, denn es sei eine Phase des unbewussten Abschiednehmens gewesen, wie er uns erzählte. »Wir hatten ihn dadurch etwas länger, denn insgeheim wussten wir, dass er irgendwann weggehen würde, für diese verlängerte Zeit sind wir sehr dankbar.«

Sie dauerte nur zwei Wochen.

## Krieg und Bananencocktails in Syrien

Anfang September war Adam dann endgültig weg. Nach allem, was man weiß, reiste er erst nach Dinslaken und von dort mit dem Zug über Ungarn, Serbien und Bulgarien in die Türkei. Er nahm die Route all der Flüchtlinge in umgekehrter Richtung.

Während Adam sich in Istanbul aufhielt, informierte die Polizei die Familie. Niemand hatte ihn aufhalten können. Trotz der Observierung.

In dieser Zeit postete Adam ein Foto auf seinem Facebook-Account, das ihn mit dem »Gesicht des deutschen Terrortourismus«, Mustafa K. aus Dinslaken, und einem Bonner Islamisten zeigt. Alle drei tragen schwarze T-Shirts mit einem Logo, das dem der Firma Adidas ähnelt. Ein Flugzeug fliegt in den längsten der drei Striche – eine Anspielung auf die Anschläge vom 11. September 2001, darunter steht statt Adidas »alqaida«. Der Bonner Islamist in der Mitte dreht der Kamera den Rücken zu: Die Rückseite des T-Shirts zeigt das Logo von Millatu Ibrahim, jener verbotenen islamistischen Organisation, der auch Denis Cuspert angehörte.

Zu Hause in Kempten sah sein Freund Serdar Bayrak das Bild: »Ja, ich fand das voll cool. Ganz Kempten hat darüber geredet, eigentlich ganz Deutschland. So was hatte sich ja vorher niemand getraut. Ich habe das Bild gesehen und gedacht: Der steht echt dazu.«

Adam wurde für ihn zum Vorbild. Serdar hatte sich zwar von ihm verabschiedet, aber dass Adam tatsächlich bis in die Türkei reiste, das erfuhr er erst, als er eine Woche nach dessen Aufbruch einen Anruf von einer türkischen Nummer bekam. »Ich wollte erst gar nicht rangehen, hab es dann aber doch gemacht. Adam war dran. Da fragte ich: ›Hey, cool, wie hast du denn das gemacht?‹ Er so: ›Egal.‹«

Von Istanbul aus schlug sich Adam dann wohl durch bis nach Syrien. Eine Woche nachdem er das Bild veröffentlicht hatte, schrieb er seiner Familie eine Mail: »Ja, alles gut. Das Päckchen könnt Ihr B. oder T. geben. Ich werde so schnell nicht mehr erscheinen. Ich habe gerade einen leckeren Bananencocktail getrunken, der umgerechnet 70 Cent gekostet hat (0,5 l) haha. Und vielleicht ziehe ich bald in eine Villa ein … so was habt ihr noch nicht gesehen. Sag Mama, sie soll sich keine Sorgen machen. Arabische Tastaturen sind übelster Schit, haha. Ich schau, dass ich mit Gottes Erlaubnis demnächst mal wieder schreiben kann. Bis daaaannnn.«

Die Familie wusste also, dass Adam sich in einem arabischsprachigen Land aufhalten musste, aber nicht genau, in welchem.

Zu diesem Zeitpunkt stand unser Berater Hermann Ziegler in engem Kontakt zum Vater. Mutter und Schwester hatten Adam da schon aufgegeben.

Wir besprachen jede Mail. Es war wichtig, dass der Vater den Kontakt hielt, Adam nicht zu sehr bedrängte oder ihn sogar wütend machte. Der dünne Faden zwischen ihnen musste erhalten bleiben, denn er war die einzige, wenn auch kleine Chance, dass Adam den Weg zurück finden würde.

Als Berater gehen wir der Frage nach, was die Sprachlosigkeit zwischen Vater und Sohn wieder lösen könnte. Vorwürfe und Verurteilungen beenden jeden Gesprächsansatz, gebraucht wird das Gespräch auf gleicher Augenhöhe: Was können die Themen sein? Wie kann der Vater sein Interesse, seine Anteilnahme am Schicksal des Sohnes zeigen, sodass Adam dies auch annehmen kann?

Der Vater begann in dieser Zeit, sich mit dem Koran zu beschäftigen, um ein gemeinsames Thema finden zu können. Er signalisierte Adam, dass er sich mit der Religion auseinandersetzte, und hatte dadurch die Möglichkeit, seinem Sohn Fragen zu stellen. Dieter Weindl gab auch ehrenamtlich Deutschunterricht für Flüchtlinge. Dabei lernte er einen Syrer kennen und konnte so einige Wörter Arabisch lernen. Seinen Sohn überraschte er damit. So »verdiente« er sich Respekt, und die Kommunikation zwischen beiden konnte aufrechterhalten werden.

Derweil stand sein Freund Serdar Bayrak viel öfter in Kontakt mit Adam als der Vater – über Facebook und andere soziale Medien. Im Gegensatz zur Familie wusste er auch, wo Adam sich aufhielt. Er war überzeugt davon, dass es ihm gutging dort in Syrien: »Ja klar. Man lebt da unten gut. Die haben einfach alles: Laptops, Waffen, Knabberzeugs. Voll der Luxus. Ich habe ja die Bilder von Adam gesehen, wie er mit den anderen chillt.« So erzählte er es den Journalisten vom *SZ-Magazin*. Eine Sichtweise, an der die Terrormiliz des »Islamischen Staates« mittels ihrer verschiedenen Propaganda-Kanäle hart arbeitet. Der Krieg soll möglichst »angenehm rüberkommen«, damit viele ihrem Aufruf folgen, mit ihnen zu kämpfen. »Einmal die Woche haben wir uns geschrieben. Irgendwann hab ich ihm dann gesagt, dass ich auch komme. Und er so: ›Ey, cool‹«, berichtete Serdar.

Freundschaften sind immens wichtig bei der Radikalisierung der Islamisten, viel wichtiger als das Internet mit seinen Propaganda-Videos oder die radikalen Prediger. Das bestätigt auch eine Studie des Bundeskriminalamts und anderer Sicherheitsbehörden, die die Radikalisierungsverläufe von Syrien-Ausreisenden untersucht haben. Bei mehr als neunzig Prozent der Ausgereisten sei das soziale Umfeld für die Radikalisierung bedeutsam gewesen.

Serdar Bayrak machte sich auf den Weg in die Türkei, ausgestattet mit Telefonnummern, die er von Adam bekommen hatte. Das waren Kontakte zu Schleusern, die ihn dann nach Syrien bringen sollten.

Adam und sein Vater schickten sich in der Zeit Mails über Organisatorisches und Alltäglichkeiten. Im Oktober schrieb Adam: »Wir haben H-Milch aus Libyen bekommen. Aber die schmeckt nicht gut, nicht so wie die Milch in Deutschland. Nicht mal die Katzen wollen die Milch trinken.« Auch das Essen sei nicht sonderlich gut, viele seiner sogenannten Brüder hätten Magen- und Darmbeschwerden. Adam fragte seinen Vater, ob er den Koran gelesen habe, und wenn ja, welche Suren.

In seinem Dorf gebe es einen Schneider, schrieb er, der ihn immer an ihn – seinen Vater – erinnere. Der trage sein Hemd über der Hose, lade ihn oft ein und diskutiere mit ihm.

Nette E-Mails, fand Dieter Weindl.

Seine Tochter, Adams Schwester, formulierte nicht ganz so »nette« Mails. »Diese radikalen Leute«, schrieb sie, »sagen dir, dass wir deine Feinde sind, weil wir Christen sind ... aber wir sind deine Familie.«

Adam hat das offenbar nicht gefallen. Er erwiderte: »Ja, das stimmt, ihr seid Christen und meine Feinde.«

Zeitgleich mit Adam ist auch Nils D. aus Dinslaken nach Syrien ausgereist – ebenfalls ein Konvertit. Er ist mittlerweile aber wieder zurückgekehrt und hat bei der Bundesanwaltschaft umfassend ausgesagt.

Das Magazin *Focus* hatte Einblick in seine Vernehmungsprotokolle und zitierte daraus Ende 2015 auch Aussagen über Adam: »Im militärischen Trainingslager – ›muaskar‹ genannt – übten deutsche ›Gotteskrieger‹ den Bunkerkampf und den Umgang mit der AK-47.« Auch Adam habe auf Zielscheiben gefeuert, während neben ihm ein Häftling erschossen wurde.

Seine Familie hingegen wusste zu der Zeit noch immer nicht genau, ob er tatsächlich in Syrien war. Auch wenn sie davon ausging, dass er sich dort aufhielt.

Bei einem Gespräch fragte Dieter Weindl uns, welche Strafe Adam erwarte, wenn er irgendwann wieder nach Deutschland zurückkomme. Wir antworteten ihm, dass momentan nur der Verstoß gegen das Ausreiseverbot eine Straftat darstelle. Herr Weindl sagte: »Ach, lassen Sie das ... wenn er etwas getan hat, das bestraft werden muss, dann ist das halt so.«

Seine Mutter wolle ihn gern anrufen, richtete Dieter Weindl

Adam einmal aus. Der aber schrieb zurück, dass es problematisch sei, eine Handy-Karte zu besorgen, und sie deswegen lieber per E-Mail Kontakt halten sollten. Er äußerte außerdem auch Bedenken, ob seine Mutter wirklich mit ihm sprechen wolle.

Adam hatte in Deutschland viele offene Rechnungen hinterlassen. Handy-Rechnungen, Käufe, die Adam über eBay und Amazon getätigt hatte. Er hatte in der Zeit zwischen den beiden Ausreiseversuchen viele verschiedene Handys und Verträge besessen, um der Telefonüberwachung zu entgehen. Zwei davon liefen noch. Sein Vater kündigte sie.

Ende Oktober entdeckte Dieter Weindl zwei weitere Handy-Verträge bei einem anderen Anbieter. Er rief uns am Abend an, um mit uns zu besprechen, wie er Adam darauf ansprechen solle. Er hatte zu dem Zeitpunkt bereits eineinhalb Wochen lang nichts von seinem Sohn gehört und war nervös.

»Ich weiß nicht, ob ich ihm schreiben soll, dass ich einen Teil der Forderungen beglichen habe und ob da noch weitere Dinge kommen. Was können wir erwarten?« Auch wenn solche Dinge Kosten und organisatorischen Aufwand bedeuten, ist es trotzdem positiv, wenn es etwas zu regeln und zu besprechen gibt. Das ist ein guter Grund, um eine Mail zu schreiben und gleichzeitig nicht den Eindruck zu erwecken, dass man den Kontakt nur hält, um jemanden zurückzuholen.

Wir rieten Dieter Weindl dazu, Adam zu fragen, ob sie die Forderungen begleichen sollten. Wenn er darauf nicht antworte, solle Weindl ein paar Tage warten und erneut schreiben, dass sie einige Rechnungen bezahlt hätten. Ein strategisches Vorgehen, um den Kommunikationskanal zwischen den beiden irgendwie offen zu halten.

Dieter Weindl war immer wieder froh über solche konkreten Ratschläge: »Gut, dass ich Sie noch mal angerufen habe.«

Jetzt wolle er erst mal ins Internet gehen und schauen, ob etwas von seinem Sohn gekommen sei …

All diese Berichte über das, was Dieter Weindl in der Zeit tat, wie er mit Adam kommunizierte, sollen nicht darüber hinwegtäuschen, wie verzweifelt er im Grunde war. Oft wusste er nicht weiter: Wie konnte er seinen Sohn retten? Gab es da nicht irgendeinen Weg? Eine Situation, in die alle Eltern kommen, die wir betreuen: Irgendwann wissen sie einfach nicht mehr, was sie noch tun können. Und tatsächlich gibt es zwischen den wenigen Mails auch nichts, was sie konkret unternehmen können – außer zu warten.

Insgesamt fünf Wochen hörten weder der Vater noch Adams Schwester, Mutter oder älterer Bruder etwas von ihm. Bis er im November endlich auf zwei Mails antwortete. Er schrieb seinem Vater, dass er sich keine Sorgen machen müsse. Es sei alles in Ordnung. Er habe ihnen nicht schreiben können, weil er in letzter Zeit keinen Internetzugang gehabt habe. Die Rechnungen solle er nicht begleichen – »Es werden noch mehr kommen … ich möchte nicht, dass du dafür Geld verschwendest.«

Dieter Weindl stellte das vor neue Probleme. Wie er denn jetzt mit den Handy-Verträgen umgehen solle, fragte er uns: »Wie handhaben das denn andere Eltern?«

Gleichzeitig machte der Vater sich über diese Anweisung, keine Rechnungen zu begleichen, große Sorgen: »Das bedeutet für die Zukunft, dass er wahrscheinlich nicht vorhat, nach Deutschland zurückzukommen.«

Und trotzdem war er natürlich auch erleichtert, immerhin bedeutete diese Antwort, dass Adam noch am Leben war. »Wir haben uns gefreut, dass wir nach fünf Wochen Funkstille endlich ein Lebenszeichen von Adam bekommen haben.«

Auch wir rieten ihm, mit den Rechnungen und Mahnungen vorsichtig umzugehen. Schließlich war gar nicht klar, um was für Gegenstände es sich bei seinen Internetkäufen handelte. Es hätte sein können, dass Adam sich Kampfmaterial besorgt hatte, und dann hätte sich der Vater der Beihilfe schuldig machen können, wenn er das bezahlte. Ähnliches gilt für die Handy-Rechnungen – wenn man die bezahlt, besteht die Gefahr, dass man, rechtlich gesehen, eine terroristische Organisation unterstützt.

Wir rieten dem Vater, die Verträge zu kündigen mit der Angabe, dass Adam sich im Ausland befinde.

Im Dezember, kurz vor Weihnachten, kam die letzte Mail von Adam bei seiner Schwester an: »Wie geht's Mama? Ich wollte sie eigentlich anrufen. Will sie das überhaupt?«

Der Anruf sollte nie stattfinden. Am 30. Dezember postete Adam eine Schlagzeile aus der Tageszeitung *Die Welt* auf seinem Facebook-Account: »Immer mehr Salafisten aus Bayern kämpfen in Syrien.«

Das war sein letztes Lebenszeichen.

## Adam als Märtyrer

Am 18. Januar 2014 starb Adam Weindl, ein Samstag. Getötet von Terroristen der Dschabhat al-Nusra-Miliz, sagten die Bundesbehörden. Erschossen von Mitgliedern der Freien Syrischen Armee, schrieben Dschihadisten im Internet und veröffentlichten ein Foto des Toten mit blutüberströmtem Gesicht.

Serdar Bayrak postete es später auf seinem Facebook-Account und schrieb »Inshallah fliegst du gerade als grüner Vogel umher« und setzte einen Smiley dahinter.

Zwei Tage später entdeckte Adams Schwester das Bild auf

Facebook und informierte den Rest der Familie. Dieter Weindl rief bei der Polizei an, und die Beamten sagten ihm, dass es tatsächlich wohl zu achtzig bis neunzig Prozent sein Sohn sei auf dem Bild, das durch die sozialen Netzwerke geisterte.

Am Vormittag des 21. Januar rief Dieter Weindl uns an. Er informierte seinen Berater Hermann Ziegler und bedankte sich für die gute Beratung und Zusammenarbeit – alles klang sehr förmlich und hölzern.

»Wie gehen Sie denn damit jetzt um?«, fragte ihn Hermann.

Er brauchte ein bisschen, um sich zu fassen, und dann sagte er: »Wissen Sie, ich denke, es ist besser, wenn er umkommt, als dass er anderen noch das Leben auslöscht. Aber das Leben geht weiter.«

Das hört sich viel abgeklärter an, als er in dem Moment tatsächlich war.

Hermann Ziegler ist nach dem Telefonat zu ihm gefahren und traf einen extrem verzweifelten Mann an, der sehr wütend war und auf der Suche nach jemandem, dem er die Schuld am Tod Adams geben, den er zur Rechenschaft ziehen konnte.

Er wusste nicht, wohin mit seiner Wut.

Wir sind keine Therapeuten – eigentlich müsste es spezialisierte Therapeuten geben, die mit den Hinterbliebenen arbeiten. Wir betreuen die Angehörigen zwar, aber das ist keine therapeutische Begleitung. Wir halten auch Wochen nach einem solchen Vorfall Kontakt, fragen nach, wie es ihnen geht, ob sie zurück ins Leben finden. Die Angehörigen können sich jederzeit an uns wenden – auch noch Jahre nach dem Tod ihrer Kinder.

Als Hermann Ziegler mich anrief, um mir von Adams Tod zu berichten, war ich wie er selbst sehr betroffen. Einige Zeit später habe ich im Internet ein Video mit einem dschihadistischen Nachruf auf ihn gesehen: Ein Mann erzählt, wie tapfer Adam gekämpft habe. Sieben Mal sei er in den Kampf gegangen, erklärt er, und dass er wieder und wieder von Kugeln verletzt worden sei, sich aber wieder aufgerafft und bis zur letzten Kugel gekämpft habe. Eine Heldengeschichte, deren Wahrheitsgehalt man nicht überprüfen kann.

Man sieht dann, wie eine Leiche – wohl die von Adam – auf einen LKW geladen wird.

Es ist schlimm zu sehen, dass der Tod eines Menschen derart instrumentalisiert wird. Besonders, wenn man sich vorher mit diesem Menschen und seiner Familie so intensiv beschäftigt hat.

Ich musste schlucken, als ich das gesehen habe – das passiert mir nicht sehr oft. Wenn ein Jugendlicher in Syrien stirbt, dann ist das normalerweise ein fast schon abstrakter Vorgang. Hier wurde es aber doch sehr konkret. Unsere eigene emotionale Betroffenheit ist eine Herausforderung für uns selbst. Im Rahmen der Betreuung von Angehörigen darf sie keine Bedeutung haben, ansonsten können wir ihnen keinen emotionalen Halt geben.

Ich aber hatte das Gefühl, es war nicht alles getan worden, um diesen Tod zu verhindern.

Für uns war das ein Wendepunkt.

Über das Elternprogramm hatten wir damals nur diese eine Möglichkeit der Herangehensweise: Wie stabilisieren wir die Beziehung zwischen den Angehörigen und dem islamistischen Jugendlichen? In einigen Fällen hat das auch gut funktioniert.

Bei Jens zum Beispiel, einem Konvertiten, dessen Mutter sich an uns gewandt hatte, weil sie sich wegen der erkennbaren Radikalisierung ihres Sohnes große Sorgen machte. Jens träumte ebenfalls vom Dschihad, er wollte ein richtiger Mann sein und sprach immer wieder davon, nach Syrien ausreisen zu wollen. Auch seine Eltern waren geschieden, und seinen Vater sah Jens nur selten. In den charismatischen Autoritäten der extremistisch-salafistischen Szene fand er so etwas wie einen Vaterersatz. Im Rahmen der Gespräche mit der Mutter erkannten wir das als Problem. Wir initiierten daraufhin zahlreiche Gespräche zwischen Jens und seinem Vater und planten gemeinsame Aktivitäten der beiden. Je mehr sich der Vater im Laufe der Zeit dann seinem Sohn widmete, je näher sie sich kamen, desto mehr distanzierte Jens sich von der extremistisch-salafistischen Szene.

Adams Fall war nun aber offensichtlich einer von jenen, in denen die Arbeit mit den Angehörigen nicht ausreichte. Das können Eltern und Geschwister nicht schaffen. Die Programme, die bis zu dem Zeitpunkt existierten, waren nicht weitreichend genug. Sie funktionierten in diesem Fall nicht, weil Adam schon zu tief in der Szene war. Es schien, als wäre man zum Zuschauen verdammt und würde ohnmächtig Zeuge, wie ein Jugendlicher in den Tod geht.

Für uns war danach klar, dass man auch mit den Gefährdeten selbst arbeiten muss, dass man alles, was möglich ist, versuchen sollte, um sie zu deradikalisieren. Vielleicht hätten wir die Katastrophe verhindern können, wenn wir mit Adam gesprochen hätten, wenn einer unserer muslimischen Mitarbeiter mit ihm über Religion diskutiert hätte, wenn wir ihm auch die unerträglich schlimmen Details über den syrischen Bürgerkrieg hätten näherbringen können – und vor allem wenn wir ihm hätten zuhören können, wenn er die Chance gehabt hätte, jemanden, der emotional nicht so involviert war wie die Familie, ins Vertrauen zu ziehen. Wir hätten zum Beispiel geprüft, ob man von der Moschee aus etwas ausrichten kann, und wir hätten die gesamte Familie früher unterstützen können.

Es hätte durchaus Möglichkeiten gegeben, Adam anzutreffen, mit ihm in Kontakt zu treten. Er ist zu seinem Arbeitsplatz gegangen, er hatte Beziehungen zu anderen Muslimen – das alles sind Zeichen dafür, dass er nicht alle sozialen Kontakte außerhalb der Szene abgebrochen hatte. Er hätte einem geschulten muslimischen Mitarbeiter nicht gleich die Tür vor der Nase zugeschlagen, und dann hätte man mehr Handlungsmöglichkeiten besessen.

In den Programmen, die es damals gab, war das jedoch nicht vorgesehen.

Alle künftigen Programme haben wir dann erweitert. Wie genau die Betreuung funktionieren könnte, das musste dann in der folgenden Zeit erarbeitet werden, niemand hatte das vorher gemacht, es gab wenige Erfahrungen in der direkten Arbeit mit radikalisierten islamistischen Jugendlichen.

Seit dem Tod Adams haben wir mit über hundertdreißig gefährdeten jungen Menschen gearbeitet: Keiner von ihnen ist in dieser Zeit ausgereist.

Wir haben nie richtig klären können, was bei Adam eigentlich vorgefallen ist, dass er diesen Weg eingeschlagen hat. Der Einzige, der das hätte sagen können, wäre Adam selbst gewesen. Weil die Familie aber nicht mehr wirklich mit ihm reden konnte, erfährt man es nun nicht mehr. Jetzt können wir nur noch Hypothesen aufstellen, die nicht verifizierbar sind.

Vielleicht hatte es etwas mit der Scheidung der Eltern zu tun – es gibt kaum Konvertierte ohne Trennungsfamilie. Das ist auffällig. Aber mehr weiß man nicht, und das heißt auch nicht, dass die Scheidung bei Adam entscheidend war.

Vielleicht spielte aber auch eine Rolle, dass er das jüngste von drei Geschwistern war und sich beweisen wollte.

Eventuell hat es damit zu tun, dass es eine Art Rebellion gegen die Familie auf religiöser Ebene war. Adam hatte wenige soziale Kontakte, wenige Freunde, bevor er konvertiert ist, und dann brach auch noch das familiäre System zusammen. Seine Szene, seine neuen Freunde gaben ihm Halt und Geborgenheit.

Anhand seines Lebenslaufs kann man eine Wandlung beobachten, die mich in vielem an Ingo Hasselbach erinnerte, der in der Nachwendezeit zu einer der führenden Figuren des ostdeutschen Rechtsextremismus wurde und später aus der Szene ausstieg.

Als ich Ingo Hasselbach das erste Mal gesehen habe – noch zu DDR-Zeiten –, war er gerade aus dem Jugendwerkhof entlassen worden und zu einer Talkshow im DDR-Fernsehen eingeladen – einer Diskussionsrunde über Rechtsextremismus, in der auch ich saß.

Ganz schön schüchtern und unsicher, habe ich damals gedacht. Er brachte kaum ein Wort heraus.

Ein paar Jahre später war ich dann als Zuschauer bei einer TV-Diskussion und sah ihn dort wieder. Da hatte er Leute um sich, die ihm aufs Wort zu gehorchen schienen. Er kam mir plötzlich viel größer vor. Er war zu jemandem mit viel Ausstrahlung geworden, jemandem, der in seiner Szene Macht hatte. Ein Charismatiker.

Eine ähnliche Entwicklung vermute ich bei Adam Weindl. Plötzlich war er jemand. Er hat andere mitreißen können, man hat auf ihn gehört.

Adam hat sich sein Männlichkeitsbild neu definiert, auch durch das Boxen – vielleicht eine Abgrenzung vom Vater, der eher weich erscheint.

In seiner Welt hat er rechts und links nichts gefunden, woran er sich orientieren konnte, und die neue Szene muss ihm viel Gewinn gebracht haben. Ihm ging es da gut, das wollte er sich nicht nehmen lassen.

Dieter Weindl hatte nach den Tod seines Sohnes das Gefühl, als Vater versagt zu haben. Er hat sich immer wieder die Frage gestellt, was er falsch gemacht haben könnte, wie ihm der eigene Sohn so abhandenkommen konnte, was in der Familie falsch gelaufen ist, in welchen Momenten er hätte anders handeln müssen. Aber nur Adam hätte diese Fragen klären können.

Viele Fragen bleiben so offen, viele Antworten erschließen sich nicht – das muss man aushalten. Die Familie insbesondere, aber auch die Berater und all die Menschen, die er vor seiner Radikalisierung kannte.

Auch wenn es einem schwerfällt.

# Hamid: »Ich hätte für meinen Glauben getötet«

*Fast wäre Hamid im Gefängnis zum Gotteskrieger geworden. Wie traditionelle Konzepte von Ehre zum Einfallstor für den Islamismus werden können und der Glaube einem die Kraft zur Wandlung geben kann.*

Die meisten Gefängnisse sehen ähnlich aus. Auch in dem, in dem Hamid Batal saß, gab es lange Gänge ohne Fenster und viel Beton.

Ich war an diesem Vormittag gekommen, um mit einer neuen Gruppe unser Trainingsprogramm gegen Gewalt zu beginnen. Hamid, der eigentlich anders heißt, war einer der Teilnehmer. Es sollte der Beginn einer langen Beziehung zwischen uns beiden sein.

Wie gewohnt meldete ich mich an der Pforte beim Personal.

»Guten Morgen.«

»Ach, Herr Mücke. Einen Wunderschönen. Wieder im Lande?«

»Zu Ihnen komme ich doch gern in den Knast …«

Small Talk.

Die Mitarbeiter der Anstalt sind freundlich. Ich gehe wirklich gern dorthin, weil die Zusammenarbeit mit ihnen sehr gut funktioniert. Es ist eine Einrichtung, die mit viel Engagement und einem umfangreichen pädagogischen Angebot den jungen Menschen zu helfen versucht. Das finde ich nicht überall vor.

Mit Hamid war es nicht leicht. Die Mitarbeiter der Jugendanstalt hielten Hamid für einen möglichen Dschihadisten, für einen potentiellen Selbstmordattentäter, dessen Motive, an unserem Training teilzunehmen, garantiert keine guten seien. Deshalb hatten sie ihn im Vorjahr auch abgelehnt. Da wollte er schon einmal am Training teilnehmen. Zu gefährlich für die Gruppe, lautete damals die Begründung.

Ich hatte nachgefragt, wie es zu dieser Einschätzung komme, da hieß es: »Er betet fünf Mal am Tag, trägt einen langen Bart und redet nicht mit uns – und er ist wegen Gewalttaten verurteilt worden.« Ich hatte die Entscheidung damals kritisiert, wollte ihn aufnehmen, weil man ja gerade mit solchen Menschen arbeiten muss. Aber die Mitarbeiter befürchteten, er könnte Ärger machen. Vor allem wollten die Beamten unbedingt vermeiden, dass er das Programm dazu nutzte, andere Jugendliche mit seinen extremistischen Gedanken zu beeinflussen.

Nun hatte er wieder einen Antrag gestellt, am Gruppentraining »Verantwortung übernehmen – Abschied von Hass und Gewalt« teilnehmen zu dürfen, und diesmal wurde er ihm genehmigt.

Wenig später saß mir und dem zweiten Trainer dann ein junger Mann gegenüber, der in der Tat einen langen Bart trug. Im ersten Einzelgespräch sagte er nur das Nötigste, und später, in der Gruppensitzung, saß er steif und stumm zwischen den anderen Teilnehmern. Er war sehr verschlossen. Ich konnte seine aufgestaute Wut trotzdem spüren, gerade in dieser Bewegungslosigkeit. Es dauerte eine ganze Weile, bis er nach einigen Sitzungen überhaupt Kontakt zu mir aufnahm.

In einer Pause kam er dann zu mir:

»Soll ich dir einen Judenwitz erzählen?«

»Nein, darüber kann ich nicht lachen.«

»Warum nicht?«

»Ich empfinde das als antisemitisch, als judenfeindlich. Für mich sind alle Menschen gleich. Für deinen Propheten übrigens auch. Er selbst hat eine Jüdin geheiratet. Der Koran akzeptiert alle Menschen, einfach, weil sie Gottes Schöpfung sind.«

Da hat er mich etwas überrascht angeschaut.

Hamid hatte in dem Moment gar nicht vorgehabt zu provozieren, er wollte Kontakt mit mir aufnehmen und dachte, mit einem Deutschen ginge das am besten über einen Judenwitz. Für Hamid gehörte es zu seiner arabischen Identität, Juden zu hassen. Er dachte, ich als Deutscher würde diesen Hass teilen.

Wir kamen darüber ins Gespräch, redeten über die deutsche Geschichte und wie ich zum Nationalsozialismus stehe. Jahre später erzählte Hamid mir, wie verwirrt er in diesem Moment gewesen sei. Er habe nicht verstanden, warum ich so viel über den Islam weiß, aber kein Moslem bin.

Hamid war zu dem Zeitpunkt quasi selbst ein Islam-Anfänger – er hatte erst im Gefängnis begonnen, sich mit dem Glauben zu beschäftigen. Sein afghanischer Zellennachbar, der mit ihm über den Koran hätte sprechen können, war schon lange verlegt worden. Sonst gab es im Knast niemanden, der sich auskannte. Der Seelsorger war Katholik. Die muslimischen Gefangenen gingen zu ihm, auch weil es bei ihm Kuchen gab.

Später sagte Hamid über diese Zeit, dass er großes Glück gehabt habe. Er sei sich im Rückblick sicher, dass er bereit gewesen wäre, für seinen Glauben zu töten. Wenn ein auch nur halbwegs charismatischer Islamist in seinem Gefängnis inhaftiert gewesen wäre, dann wäre er ihm gefolgt. In den Kampf nach Syrien oder sonst wohin …

Bei unserer Arbeit im Gefängnis sind die biografischen

Gespräche genauso ein fester Bestandteil unseres Programms wie draußen. Die erste Sitzung diesbezüglich machen wir noch vor dem ersten Gruppentreffen. Die Jugendlichen und jungen Erwachsenen sollen uns von sich erzählen.

Am Anfang hören wir dann sehr häufig so etwas wie: »Das geht schnell, ich habe nicht viel zu sagen.« Und dann reden sie zwei Stunden lang und sind hinterher verblüfft, was sie alles zu berichten haben.

Anders Hamid: Er hat mehrere Wochen gebraucht, bis er von sich zu erzählen begann.

Die Arbeit an der eigenen Biografie ist ein wichtiger Prozess, denn dadurch lernen die Jugendlichen, mit denen wir arbeiten, wer sie sind und dass ihr Verhalten etwas mit ihrer Geschichte zu tun hat – auch ihr Aufenthalt im Gefängnis.

Als Hamid sein Schweigen endlich gebrochen hatte, erzählte er mir viel von seinem Vater. Wie ungewöhnlich das eigentlich war, das kam mir in dem Moment gar nicht recht zu Bewusstsein. Tatsächlich hatte er noch nie zuvor mit jemandem über seinen Vater gesprochen. Mit seiner Mutter konnte er nicht über die Dinge reden, die ihn belasteten. Er nahm Rücksicht auf sie, weil sie krank war und viel Verantwortung zu tragen hatte. So ist er erzogen worden. Es ist Teil seiner Kultur, dem Vater zu gehorchen und ihn nicht zu hinterfragen, sondern bedingungslos hinter ihm zu stehen.

Die gemeinsamen Zigaretten mit mir, die Gespräche über den Koran, das Nachdenken über verschiedene Aspekte des Islams hatten offenbar eine Tür geöffnet. Er hatte eine Beziehung zu mir aufgebaut, und die ermöglichte es ihm nun, auch über Persönliches mit mir zu reden.

Zu unserer Biografie-Arbeit gehört auch, dass wir mit den Klienten ein Genogramm erstellen – ein Schema, in dem die

Familie und die Beziehung der einzelnen Familienmitglieder zueinander grafisch dargestellt werden.

Hamids Genogramm offenbarte eine große Kluft. Die Familie war tief gespalten.

Später sollte sich zeigen, dass an seinem Genogramm eigentlich fast alles falsch war. Aber das wusste Hamid zu dem Zeitpunkt selbst noch nicht.

## Ein Leben in Unsicherheit

Hamids Familie kommt aus dem Libanon. Im November 1989 war sie nach Deutschland eingereist. Mit Hilfe von Schleusern hatten sie sich von Österreich aus nach Bayern durchgeschlagen, zu Verwandten, die dort lebten. Hamid mit seinen Eltern, zwei älteren Schwestern und einem jüngeren Bruder. Sie beantragten Asyl und kamen in ein Heim nach Braunschweig. Sie galten als Kriegsflüchtlinge. Deshalb wurde ein Asylverfahren eingeleitet, das einige Jahre dauern sollte, denn die Familie hatte angeblich keine Papiere – dass das nicht stimmte, sollte Hamid erst viel später erfahren.

Alles in dieser Zeit war unsicher – die Gegenwart und erst recht die Zukunft. Hamid bekam noch fünf weitere Geschwister. Eine seiner Schwestern litt an Blutkrebs. Sie lebte fast ausschließlich im Krankenhaus, bis sie mit sieben Jahren verstarb. Sein Vater war streng und gewalttätig. Er schlug Hamid und seine Geschwister genauso wie ihre Mutter. Warum, konnte Hamid sich oft nicht erklären. Einmal erzählte er mir: »Ich hab ständig Ohrfeigen bekommen, weil ich ›Anne‹ zu meiner Mutter sagte, das heißt ›Mama‹ auf Türkisch.« Die Familie hatte, bevor sie nach Deutschland kam, eine Weile in der Türkei gelebt. »Meine Eltern wollten mir beibringen, dass ich ›Mama‹ sage – also arabisch rede«, für ihn ergab das damals aber keinen Sinn.

Der Zustand, dass die Familie ohne Papiere kaum frei agieren konnte, nagte an Hamid, das wurde in unseren Gesprächen sehr deutlich: »Ich durfte nie mit auf Klassenfahrten, weil ich keine Papiere hatte. Keinen Pass, keine Geburtsurkunde. Ich durfte die Stadt nicht verlassen und fand keinen Ausbildungsplatz, weil ich keine Papiere besaß. Ich fand das diskriminierend. Immer wieder mussten meine Eltern auf die Ausländerbehörde, und da hieß es stets: ›Nein, nein, nein. Solange die Herkunft nicht geklärt ist, gibt es keine Erlaubnis.‹ Irgendwann, mit sechzehn, bin ich selbst zur Behörde gegangen und habe mich beschwert. Da sagten die: ›Klären Sie, wo Sie herkommen, beschweren Sie sich bei Ihren Eltern.‹«

Am Ende wurde der Asylantrag abgelehnt, weil die Herkunft aus dem Kriegsgebiet nicht nachgewiesen werden konnte. Eine Aufenthaltsduldung erhielt die Familie Batal dann trotzdem, denn ohne Pässe konnte man sie nicht abschieben, und inzwischen lebten sie schon viele Jahre in Deutschland.

All diese Geschichten sprudelten nach und nach aus ihm heraus, wenn wir uns zu unseren Sitzungen trafen. Auch die über seinen Vater, der spielsüchtig war. Mit der Zeit hatte er sich ein Netzwerk von Kontakten aufgebaut und eröffnete mehrere Cafés, in denen illegales Glückspiel betrieben wurde. Hamid musste dort mitarbeiten und hasste es: »Nach der Schule erst ins Café, arbeiten, Kaffee und Tee ausschenken. Anschließend sollte ich mit meiner Mutter in die Moschee. Da bin ich dann aber nicht hin. Der Vater hat mich unterstützt, hat gesagt: ›Schenk lieber Bier aus.‹«

Seine Mutter betete, versuchte, ihre Kinder im Glauben

zu erziehen. Der Vater trank Alkohol und verlor oft die Kontrolle. Er tyrannisierte die ganze Familie. Starke Widersprüche, mit denen Hamid als Kind und Jugendlicher kämpfen musste. Vor allem, weil der Vater offenbar große Probleme hatte, den normalen Alltag zu bewältigen: »Mein Vater war Analphabet. Wenn wir irgendwohin fuhren, fragte er mich: ›Was steht da auf dem Schild?‹ Ich war da noch sehr klein, das Schild konnte ich so schnell nicht lesen. Also habe ich vor Angst gesagt: ›Berlin‹. Obwohl da eigentlich Bremen stand. Als mein Vater bemerkte, dass er völlig falsch gefahren war, hat er mich zusammengeschlagen. Ich habe auch nicht richtig lesen und schreiben gelernt, ich glaube, aus Angst. Meine Eltern haben mich auf eine Schule für Lernbehinderte geschickt. Meine Schwester ging auf eine Hauptschule und war dann diejenige, die für meinen Vater übersetzte. Mich hat er immer den ›Behinderten‹ genannt – auch vor anderen Leuten.«

Hamids Mutter litt sehr unter den Gewaltausbrüchen des Vaters. Gleichzeitig musste sie sich um neun Kinder kümmern. Die Folge: mehrere Nervenzusammenbrüche. Die Ärzte und Behörden interpretierten sie als posttraumatische Belastungsstörung, ausgelöst von den Kriegserlebnissen im Libanon. Als Hamid dreizehn Jahre alt war, flüchtete sie mit allen Kindern ins Frauenhaus. Aber da blieben sie nur kurz, dann kehrten sie zum Vater zurück – wohl auch, weil die Familie von Hamids Mutter Druck ausgeübt hatte. Damals dachte Hamid, weil sie sich um das Ansehen der Familie sorgte.

Hamid sah und hörte, wie Vater Osman Batal seine Frau Ayshe immer wieder belog. Er hatte Affären mit anderen Frauen – Hamid bekam im Café bei der Arbeit vieles mit, von dem er der Mutter nichts erzählte, um sie zu schützen. Einmal sagte er mir: »Ich habe immer gesagt: ›Wenn ich groß bin, haue ich zurück, und ich habe meiner Mutter versprochen, dass wir anders werden.‹«

Ein Versprechen, das er nicht hielt. Wenige Jahre später war er selbst ein Kleinkrimineller – mit sechzehn begann das. Und auch sein Vater kam für ein halbes Jahr ins Gefängnis: Untersuchungshaft wegen illegalen Glücksspiels.

## Die Ehre als Einfallstor für Islamisten

Seine Prügel-Orgien verteidigte der Vater immer mit der Ehre der Familie, die verletzt worden sei. Er predigte allen, dass die Ehre für einen Mann das Wichtigste sei. Und für Hamid als ältesten Sohn galt das ganz besonders. Ihm und den anderen Söhnen brachte er bei, dass die Ehre etwas so Bedeutsames sei, dass man bereit sein müsse, zu töten und zu sterben, um sie zu schützen.

Ein sehr traditionalistisches, archaisches Weltbild zeigt sich da, mit einem Konzept von Ehre, das immer wieder auch mit der islamischen Religion vermischt wird, obwohl Religion und Traditionalismus sich oft widersprechen. Für einen Mann gebe es nichts Schlimmeres als die Verletzung von »Namus«, sagte der Vater.

Der Begriff »Namus« kommt aus dem Arabischen und bedeutet im weitesten Sinne »Familienehre«. Ein in vielen orientalischen Gesellschaften zentraler Wert. Im Kern hängt sie von der sexuellen Unberührtheit der unverheirateten weiblichen Familienmitglieder ab. In der Vorstellung wird sie dann verletzt, wenn die Töchter vor der Heirat ihre Jungfräulichkeit verlieren, aber auch, wenn sie von anderen belästigt werden. Ein Angriff auf ein Familienmitglied – egal ob männlich oder weiblich –

stellt aber ebenso eine Verletzung dar wie die Beschädigung oder Zerstörung von Eigentum der Familie. Dem zu Grunde liegt ein Konzept der klaren Trennung in einen »inneren« – familiären – und einen »äußeren« – öffentlichen – Bereich, die Domäne der Männer. Dazwischen verläuft eine Grenze. Wenn jemand diese überschreitet, beschmutzt er die Ehre des Mannes und muss nach diesem Konzept dafür bestraft werden.

Namus bedeutet also Unterschiedliches für die Männer und Frauen der Familie. Die Frauen sind demnach verpflichtet, ihre Jungfräulichkeit bis zur Ehe zu bewahren und in der Ehe treu zu bleiben. Die Ehre des Mannes ist vom Verhalten der Frau abhängig – davon, dass sie sich korrekt kleidet und sich im Umgang mit fremden Männern korrekt verhält. Als Pflicht des Mannes wird angesehen, dass er die sexuelle Unberührtheit des weiblichen Familienmitglieds überwacht. Es ist sozial anerkannt, gerechtfertigt und sogar gefordert, dass der Mann das Verhalten der Frauen kontrolliert. Denn jede Verletzung eines Familienmitglieds bedroht die persönliche Ehre aller Familienmitglieder.

Dem Vater zu widersprechen oder ihn gar anzuzeigen, das stand für Hamid vollkommen außer Frage. Es würde Namus, die Familienehre, verletzen und »Saygi«, die Achtung und den Respekt – ein zweiter Begriff, der für das Verständnis traditioneller Familien mit muslimischem Hintergrund wichtig ist. Er beschreibt die familiäre Hierarchie. Der Sohn muss dem Vater, die Frau ihrem Ehemann, der jüngere Bruder dem älteren Bruder Achtung erweisen. Das kann zum Beispiel bedeuten, dass der jeweils Höherstehende nicht mit dem Vornamen angesprochen und ihm nicht widersprochen werden darf. In der Öffentlichkeit soll man in dessen Gegenwart schweigen, und man darf in seiner Gegenwart nicht rauchen und trinken.

Im sozialen Umfeld von Hamids Familie ist das entsprechende Auftreten von großer Bedeutung. Die Familie muss durch alles, was sie tut, deutlich machen, dass sie sich an die Regeln von Namus und Saygi hält. Jede Bedrohung oder Verletzung dieser Regeln rechtfertigt unter Umständen Gewalt. So lernte Hamid früh, dass es legitime Gründe für Gewalt gibt, dass sie sogar gefordert ist.

Die Polizei als die Instanz, der in demokratischen Gesellschaften die Gewaltausübung übertragen wird, kommt in diesem Konzept nicht vor.

Was Hamids Vater sagt, ist also Gesetz. Gespräche, Diskussionen oder gar Kritik würden Namus und Saygi verletzen. Demnach war es für Hamid völlig undenkbar, seinen Vater zu hinterfragen. Er hätte in seiner Vorstellung der Familie damit nicht nur intern, sondern auch nach außen hin geschadet.

Anders als häufig angenommen, haben diese traditionalistischen Ehrkonzepte ihren Ursprung nicht etwa im Islam, sondern in archaischen vor-islamischen Stammestraditionen. Sie sind zwar überwiegend in den Gebieten des Nahen Ostens verbreitet, doch man findet diese Wertvorstellungen und die damit verbundenen Gewalttaten bis hin zum Ehrenmord auch in Indien oder unter christlichen Gemeinschaften in derselben Region.

Schon Mohammed, der Begründer des Islams, versuchte, diesen archaischen Vorstellungen entgegenzutreten, und bis heute weisen islamische Gelehrte weltweit darauf hin, dass traditionalistische Wertvorstellungen und der Islam häufig im Widerspruch zueinander stehen. Gewaltverbrechen wie der Ehrenmord lassen sich nicht mit dem Koran oder der islamischen Rechtsprechung, der Scharia, begründen oder verteidigen. Die Scharia sieht für einen selbsternannten Ehrenmörder die Todesstrafe vor.

Auch deswegen erschien mir die Diskussion, die vor einigen Jahren um die angebliche eigene Rechtskultur der Täter geführt wurde, einigermaßen absurd. Eigentlich frage ich mich noch immer, wieso in Deutschland ernsthaft darüber diskutiert wurde, ob man bei der Rechtsprechung zu sogenannten Ehrenmorden wegen der »kulturellen Verwurzelung«, wie es damals hieß, der Täter mildernde Umstände geltend machen könne.

Auch ein Ehrenmord ist ein Mord – im deutschen Strafrecht wie im islamischen Glauben.

Dessen ungeachtet wird der traditionalistische Ehrbegriff »Namus« in muslimischen Communitys häufig mit der Religion begründet. Infolgedessen wird er auch von der nicht-muslimischen Mehrheitsgesellschaft als ein religiös legitimiertes Konzept wahrgenommen. Eine Vermischung von Traditionalismus und Religion, die dem religiös begründeten Extremismus – also dem dschihadistischen Salafismus zum Beispiel – ein Einfallstor bietet. Denn der Ehrbegriff kann mühelos ausgeweitet werden, wenn es zu einem Konflikt zwischen Gläubigen und – in ihren Augen – sogenannten Ungläubigen käme.

Namus wird dann von der familiären auf die religiöse Ehre übertragen. Sie wird entsprechend nicht mehr durch Fremde, außerhalb der Familie Stehende, sondern durch »Ungläubige« verletzt. Das kann eine kritische Äußerung sein oder auch die Infragestellung des Wahrheitsanspruchs der Religion.

Wenn allerdings durch so etwas wie eine Mohammed-Karikatur nicht nur religiöse Gefühle, sondern ein religiöses Ehrgefühl verletzt wird, dann ist es eine logische Konsequenz, dass auch diese Ehre mit Gewalt wiederhergestellt wird. Der Anschlag auf die Redaktion der französischen Satirezeitschrift *Charlie Hebdo* hat das drastisch gezeigt.

Traditionelle Ehrkonzepte bieten auch deshalb ein Einfallstor in den religiös begründeten Extremismus, weil sie oft von anderen Faktoren verstärkt werden. Hamids größtes Feindbild waren die Juden – und Türken mochte er auch nicht. Später sagte er: »Das war auch ein bisschen Neid. Die Türken haben ja immer alles gehabt. Meine türkischen Kumpels durften arbeiten gehen, ich nicht.« Damals aber war er in einem festen Feindbild-Denken verhaftet, vermittelt durch seine Familie, was nicht selten ist. Gleichzeitig fühlte Hamid sich als Araber ausgegrenzt, von der Mehrheitsgesellschaft diskriminiert, was zu einer ablehnenden bis aggressiven Haltung gegenüber dieser Gesellschaft führen kann.

Ist der junge Mensch dann zudem noch in einer persönlichen Krise, wie es bei Hamid der Fall war, dann ergibt sich eine gefährliche Gemengelage. Charismatische Extremisten, die einen Jugendlichen in dieser Situation ansprechen, haben leichtes Spiel – die Radikalisierung erfolgt fast automatisch. Die extremistisch-salafistische Szene weiß sich dieser Umstände zu bedienen, indem sie meist früher auf die Probleme dieser Jugendlichen reagiert als die Gesellschaft und ihre Institutionen.

Auch in unserem Training spielen die traditionellen Ehrkonzepte als Legitimation von Gewalttaten immer wieder eine Rolle.

Ich erinnere mich zum Beispiel an Ismael. Der erzählte in einer Sitzung einmal von der folgenden Situation: Er war als Dreizehnjähriger mit seinem Vater und einer Freundin in einem Café. Ein Mann kam herein, und kurz danach fragte der Vater seinen Sohn: »Kennst du den?«

»Nee.«

»Warum guckt der uns dann so lange an?«

Ismael verstand, wie sein Vater das meinte. Durch einen zu

aufdringlichen Blick hatte der Fremde Namus verletzt, er hatte die Grenze zwischen außen und innen überschritten. Als der Mann das Café verließ, folgte Ismael ihm, zog ihn ins Gebüsch und schlug ihn zusammen. Dann ging er nach Hause und erzählte dem Vater von der Tat. Der klopfte ihm auf die Schulter. Sein Sohn hatte bewiesen, dass er bereit war, die Ehre der Familie mit höchster Aggressivität zu verteidigen.

Ismael erzählte auch, dass er sich dabei unwohl gefühlt habe: »Es ist eigentlich nicht meins«, sagte er in unserer Sitzung. Da war er bereits auf einem neuen Weg, hoffte, nach der Entlassung aus der Haft ein gewaltfreies Leben zu führen.

Ich fragte ihn: »Wenn du diese Situation genau so noch einmal erlebst, wie kommst du dann da raus, ohne deinem Vater den Rücken zukehren zu müssen?«

»Das wird nicht passieren, denn ich werde meinen Vater so zutexten, dass er nicht merkt, ob uns jemand anschaut. Ich weiß, dass ich meinen Vater nicht mehr ändern kann. Aber ich finde Möglichkeiten, meinen Weg zu gehen, ohne meinen Vater verraten zu müssen.«

Als Ismael das sagte, war er siebzehn.

## Hamids Weg in den Knast

Seine Familie gab Hamid angesichts des dort herrschenden Chaos nur wenig Halt. Er versuchte, seine Mutter vor dem Vater zu schützen, doch das war kaum möglich. Zur Schule ging er nur selten, seine Noten waren schlecht, am Ende hat er keinen Abschluss gemacht. Dadurch sah Hamid keine soziale Perspektive mehr. Er schloss sich Freunden an, die so wie er aggressiv waren und mit ihrer Situation nicht mehr klarkamen.

Gemeinsam begingen sie die ersten Straftaten, kamen so an Geld und Anerkennung. Es begann eine kleinkriminelle Karriere. In seiner Akte sind Gewalttaten, Raub- und Drogendelikte vermerkt.

So kam es, wie es kommen musste: Mit neunzehn wurde er verurteilt. Eine sogenannte Einheitsjugendstrafe fasste all seine Delikte zusammen. Seine Mutter weinte im Gerichtssaal. Ein entscheidender Moment für Hamid: Es tat ihm weh, sie so zu sehen, auch, weil er ihr ja versprochen hatte, sich anders zu verhalten als der Vater.

Später erzählte er mir, dass er sich bis zu diesem Richterspruch gar nicht hatte vorstellen können, überhaupt jemals verurteilt zu werden: »Bis dahin hatte ich immer Bewährung bekommen und Auflagen – Arbeitsstunden und so was. Die habe ich dann gemacht und bin nicht in den Knast gekommen. Ich dachte, das würde immer so weitergehen.«

Auch diesmal musste er erst einmal noch nicht ins Gefängnis, weil er Berufung einlegte. Bis die abschließend verhandelt wurde, vergingen drei Jahre.

In dieser Zeit lernte Hamid seine spätere Frau Eva kennen. Sie begegneten sich an einer Tankstelle und verliebten sich wenig später. Evas Familie ist für ihn eine völlig fremde Welt: Sie wohnt in Hamburg, die Eltern kommen aus Polen und sind katholisch. Die Kopaczs legen großen Wert auf Bildung, sind weltoffen. Allerdings fiel es ihnen anfangs nicht leicht zu akzeptieren, dass ihre Tochter mit einem Muslim zusammen ist.

Hamid hat mir viel über seine damalige Freundin, ihre Familie und die Unterschiede zu seiner Familie erzählt: »Ich habe Sachen erlebt, die kannte ich gar nicht. Zum Beispiel Hand in Hand am Hafen langzulaufen. So etwas hatte ich bei meinen Eltern nicht gesehen. Ich fand es komisch, sie völlig normal.

Wir haben auch viel über den Glauben gesprochen. Sie hatte ein sehr schlechtes Bild vom Islam, und es erschien ihr völlig abwegig, mal mit einem Moslem zusammen zu sein. Ich hatte eigentlich selbst keine Ahnung vom Islam, nur vom Hörensagen. Aber lügen, das hatte ich gelernt. Ich behauptete, Muslime schlagen keine Frauen. Ich wusste, dass das nicht stimmt, aber ich fand Lügen ganz normal. Ich sagte ihr nicht, dass mir eine Haftstrafe bevorsteht, sollte die Berufung keinen Erfolg haben.«

Dann wurde die Berufung abgelehnt.

Am 24. April 2007 musste Hamid seine Haftstrafe antreten. Siebenundzwanzig Monate Knast lagen vor ihm, zwei Jahre und drei Monate.

Da musste er Eva notgedrungen von dem Urteil erzählen und war umso erstaunter über ihre Reaktion: »Ich habe ihr gesagt: ›Wir können jetzt getrennte Wege gehen.‹ Sie wollte das aber nicht. Diese Reaktion hatte ich nicht erwartet und deswegen auch nicht geglaubt. Als ich die Haft antrat, dachte ich nur: Dieses neue Leben, das ich mit ihr hatte, ist nun vorbei.«

Es war generell eine schwierige Zeit für ihn, denn kurz vorher war sein Vater verschwunden: Er hatte sich einen gefälschten Pass besorgt und zu Hamid, seiner Mutter und den Geschwistern gesagt, dass er Urlaub in der Türkei mache. Er wolle dort das Grab seines Vaters besuchen, der drei Jahre zuvor gestorben war. Damals konnte er nicht zur Beerdigung, weil er keinen Pass besaß.

Der Vater nahm alles mit, was die Familie besaß, Geld, Schmuck – und kam nie wieder.

In der Türkei verkaufte er ein Haus, das die Familie der Mutter eigentlich ihr überschrieben hatte. Nachdem sich Hamids Mutter von ihm hatte scheiden lassen, heiratete er mit dem Geld bald darauf eine dreißig Jahre jüngere Frau.

Das war für Hamid eine Katastrophe, wie er mir später erzählte: »Ich war, nachdem ich meine Freundin kennengelernt hatte, zum ersten Mal drei Jahre straffrei. Nun war mein Vater weg, meine Mutter allein, und ich musste sie in dieser Situation auch noch im Stich lassen. Ich habe alles gehasst, was mit Menschen zu tun hatte. Ich wollte einfach niemanden mehr sehen.«

Inzwischen war Hamid dreiundzwanzig Jahre alt und somit eigentlich alt genug für den Erwachsenenvollzug. Aber er war ja nach Jugendstrafrecht verurteilt worden. Nur: In der Jugendanstalt wollte man ihn nicht haben. Dort saß einer seiner jüngeren Brüder ein, und der hatte schon viel Ärger gemacht. Er war in Schlägereien verwickelt gewesen, beim Drogenkonsum und -handel erwischt worden. Von der Sorte wollte man nicht noch einen Zweiten haben.

Aber Hamid sträubte sich gegen den Erwachsenenvollzug, auch weil er in der Haft eine Ausbildung machen wollte.

Es hieß dann, er dürfe sich nichts zu Schulden kommen lassen – ein Fehltritt, und er komme in den Erwachsenenvollzug.

Er verriet mir, er habe damals gedacht, dass er nicht einmal im Knast willkommen sei!

Hamid war restlos verzweifelt.

Sein Zellennachbar war ein junger Afghane, der schon fünf Jahre hinter sich hatte. Hamid war nachhaltig von ihm beeindruckt, das hörte man seinen Erzählungen über die Zeit auch später noch an: »Der Afghane war immer fröhlich, hatte so ein Lächeln. Er beteiligte sich ganz pflichtbewusst an allem. Ein kleiner, dünner Mann, aber er war mutig. Ich habe das nicht verstanden – warum hasst der nicht alles? Er sagte, der Glaube und das Gebet würden ihm Halt geben und Geduld. ›Ich habe keine Angst vor den Strafen der Menschen, sondern vor der

Strafe Gottes.‹ Er war der Einzige, der keine Angst vor mir hatte.«

Und sein Zellennachbar hatte deutsche Bücher über den Islam.

Hamid las darin alles über die islamischen Rituale, das Waschen, das Beten. Die beiden sprachen viel über den Glauben, beteten zusammen. »Ich sah in ihm einen Moslem, der fröhlich war und mutig.«

Ein Vorbild. Aber ihre gemeinsame Zeit in der Zelle währte nicht lange.

Nach zwei Monaten wurde der Afghane aus der Haft entlassen und abgeschoben.

Hamid war nun mit seinem neu erlangten Glauben allein.

Er ließ sich einen Bart wachsen und betete fünf Mal am Tag. Das strukturierte seinen Haftalltag und gab ihm Halt. Zudem waren die Regeln, die er befolgte, auch die des Gefängnisses: Kein Alkohol, keine Drogen – und Hamid wollte sich möglichst korrekt verhalten, um so schnell wie möglich wieder rauszukommen.

Aber bei den Vollzugsbeamten kam sein Verhalten nicht gut an. Sie misstrauten ihm. Sich nicht zu schlagen, keine Drogen zu nehmen, das war nicht normal im Knastalltag.

»Wenn ich mich geschlagen oder Drogen genommen hätte, dann hätten sie mich sofort in den Erwachsenenvollzug gesteckt. Also habe ich versucht, keinen Ärger zu machen.«

Dem Personal in der Haftanstalt fiel auf, dass Hamid sich völlig in sich zurückzog, sehr introvertiert war und nicht mit anderen Insassen sprach. Sie deuteten sein Verhalten als Radikalisierung. Möglicherweise glaubten sie, dass Hamid noch gefährlicher war als sein Bruder. Wohl deshalb betraten sie seine Zelle immer zu dritt.

Hamid durfte eine Zeit lang nicht zum Sport, seine Anträge wurden in der Regel abgelehnt.

Wenn Hamid sich an diese Zeit erinnert, muss er eingestehen, dass die Beamten zu Recht Angst hatten: »Ich dachte, ich möchte mich rächen. Die Drohungen der Anstalt, die Verbote, alles hat mich wütend gemacht. Wenn ich damals jemandem begegnet wäre, der nichts Gutes wollte, wäre ich ihm gefolgt. Wenn mir jemand gesagt hätte: ›Du musst für deinen Glauben töten!‹ – dann hätte ich das gemacht.«

So jemanden gab es in dieser Anstalt zu dem Zeitpunkt nicht. Sonst wäre diese Geschichte vielleicht anders verlaufen.

## Der Weg zurück

So wurde Hamid also Teilnehmer unseres Trainings. Ein Programm, das sich an Mehrfach-Gewalttäter richtet, besonders solche, die noch dazu ein ausgeprägtes Vorurteils- und Feindbild-Denken haben.

Innerhalb von sechs Monaten sollte er lernen, sich mit seiner Gewalttat auseinanderzusetzen, dafür die Verantwortung zu übernehmen und schließlich als selbstständiges, eigenverantwortliches Mitglied der Gesellschaft seinen Weg in die Freiheit vorbereiten.

Wir bieten dieses Programm schon seit vielen Jahren an, und es ist mittlerweile vielfach evaluiert worden. Immer mit dem Ergebnis, dass unsere Arbeit erfolgreich ist. 41,5 Prozent der jugendlichen Gewalttäter kommen im Durchschnitt in den ersten vier Jahren nach ihrer Entlassung wieder zurück in Haft, weil sie neue Straftaten begangen haben. Von denjenigen, die unser Programm durchlaufen haben, müssen jedoch nur 13,3 Prozent wegen einer neuerlichen Gewalttat zurück ins Gefängnis. Zwischen 2001 und 2011 haben 681 Inhaftierte an dem Programm teilgenommen, nur zwei Prozent sind vorzeitig ausgestiegen.

Hamid hatte allerdings ganz anderes im Sinn, als er sich für das Programm bewarb: Er wusste, dass man dafür ein Zertifikat bekommt. Und je mehr man davon hat, desto höher die Wahrscheinlichkeit, dass man früher entlassen wird.

Er erinnerte sich so: »Ich dachte mir: Ich setze mich da hin, erzähle möglichst wenig von mir, dann gehe ich mit dem Zertifikat zum Richter, damit der mich rauslässt. Ich habe mir gesagt: Ich werde es euch zeigen! Ich fühlte mich ungerecht behandelt, weil ich ja gerade auf einem guten Weg war, als die Strafe kam. Danach war mir alles egal.«

Diese spezielle Jugendanstalt hat, was die pädagogischen Angebote für die Gefangenen angeht, eine Geschichte, die für einen ganz anderen Ansatz steht als unserer. Denn dort ist die sogenannte Konfrontationspädagogik entwickelt worden.

Auch Hamid hatte schon von dem Vorgehen gehört, dass dort jemand auf einen sogenannten heißen Stuhl gesetzt und dann so lange gereizt wird, bis er ausrastet. Die Reizschwelle wird immer wieder erhöht – ein sehr demütigender Ansatz, weil der Betroffene ständig beleidigt wird.

In unsere erste Sitzung kam Hamid denn auch in der Erwartung, dass genau dies ihm dort blühen würde.

Aber wir arbeiten so nicht.

Ich war sehr neugierig auf diesen angeblichen Dschihadisten, vor dem mich die Anstalt so eindringlich gewarnt hatte. Er strahlte eine so ablehnende Haltung aus, als wir uns das erste Mal gegenübersaßen, dass auch ich das Gefühl hatte, er würde sich jederzeit von einem Extremisten rekrutieren lassen.

In den Wochen danach fielen mir aber mehr und mehr seine sozialen Kompetenzen auf, sein Bedürfnis, Schwächere zu schützen, Verantwortung zu übernehmen. Mir gegenüber trat er sehr respektvoll auf, zeigte sich hilfsbereit.

Hamid sah zwar aus wie ein sehr gläubiger, vielleicht sogar fundamentalistischer Mensch. Tatsächlich wusste er aber nicht viel über seine Religion. Die Texte des Korans waren ihm fremd – kein Wunder, sie sind alt und schwer zugänglich, gerade für jemanden, der die Schule weitgehend gemieden hatte.

Hamid kannte nicht viel mehr als die Rituale, das äußere Erscheinungsbild, das, wie er glaubte, zur Religion gehöre. Er sah nur die Form, nicht den Inhalt.

Das änderte sich im Verlauf des Trainings.

Später einmal hat Hamid einer Reporterin von dieser Zeit erzählt – und was er da gesagt hat, war eine schöne Bestätigung für unsere Arbeit: »Herr Mücke war der einzige Mensch, der mir zugehört hat, der mich nicht sofort verurteilt hat, sondern erst einmal wissen wollte, wer ich bin, und der Ahnung vom Islam hatte.«

Ich habe mich auf Hamid eingelassen, wie ich es mit jedem unserer Teilnehmer tue.

Immer wieder, auch heute noch, verblüfft es mich, was es bedeutet, sich auf jemanden einzulassen.

Wenn ein Rechtsextremist mir erklärt, der Angriff auf Dresden sei Völkermord gewesen, und hinterherschickt: »Warum sonst gab es denn drei Luftangriffe?« – dann frage ich mich das selbst, denn ich weiß es nicht. Warum gab es eigentlich drei Luftangriffe?

Ich beginne nach solchen Gesprächen immer selbst zu lesen und zu recherchieren, um die Dinge zu verstehen und differenzierter zu sehen. In diesem Fall lernte ich, dass der dritte Luftangriff auf Dresden und die Frage, ob er zu rechtfertigen war, in der wissenschaftlichen Forschung dazu heftig diskutiert werden. Aber auch mein rechtsextremer Gesprächspartner lernte etwas: dass man die Ereignisse im Kontext sehen muss. Selbst wenn der dritte Angriff unnötig gewesen sein sollte, Goebbels hatte zuvor eben den totalen Krieg ausgerufen. Die Menschen in seiner Umgebung haben diesen Aspekt immer unterschlagen. Auch die Literatur, die ihm in der rechtsextremen Szene nahegelegt wurde, hält sich mit solchen Details nicht auf.

Ähnlich sieht es bei den Salafisten aus. Die Jugendlichen, die in diesen Szenen rekrutiert werden, kennen keine anderen Quellen als die eigene Propaganda-Literatur.

Auch deswegen ist es eines meiner Prinzipien, meinen Gesprächspartnern andere Literatur mitzubringen. Zu den Gruppentreffen nehme ich immer eine Zeitung mit und frage, wer sie haben möchte. Es ist wichtig, dass die Jugendlichen andere Quellen kennenlernen.

Der Islam spielt häufig eine Rolle bei den Treffen während unseres Anti-Gewalt-Trainings. Immer wieder fällt mir auf, dass die meisten muslimischen Jugendlichen kaum etwas über ihren Glauben wissen. In der Regel kann mir fast niemand antworten, wenn ich frage, was die im Grundgesetz festgeschriebenen Grundrechte sind und wie sie zum Islam passen. Immer wieder überrascht es sie, dass es gar keine Gegensätze gibt zwischen dem Grundgesetz und den Grundsätzen des Islam.

Hamid wollte mehr wissen über seinen Glauben. Ein Satz aus dem Koran beeindruckte ihn ganz besonders: »Wenn du einen Menschen rettest, rettest du die ganze Menschheit.«

Obwohl ihm das Lesen und Schreiben schwerfielen, war er

sehr wissbegierig. Ich besorgte ihm zu den verschiedenen Fragestellungen Texte, er begann zu lesen – und ich mit ihm. Es ging um Wiedergutmachung von Sünden, die Werte des Islams, den Umgang mit Provokation und Ungerechtigkeit, Gewaltfreiheit und gerechtes Handeln – Interpretationen von Koran-Versen. Hamid gab mir die Themen vor, und ich suchte dazu Literatur. Beide lernten wir auch, was die Begriffe »kleiner Dschihad« und »großer Dschihad« bedeuten, Deutungen, die im weiteren Verlauf meiner Arbeit auch mit extremistischen Salafisten immer wieder von Bedeutung sein sollten – mit Mehmet etwa hatte ich das ja ausführlich diskutiert.

Teil unseres Trainings sind auch sogenannte Gewaltsitzungen, in denen die Jugendlichen von ihren Gewalttaten berichten. Auch Hamid musste das tun. Die Jugendlichen entscheiden selbst, welche Geschichten aus ihrer Vergangenheit sie erzählen. Danach wird ihr Bericht wie mit einer Kamera in Zeitlupe minutiös auseinandergenommen. Wir wenden dabei eine Strategie an, die wir intern »Columbo-Technik« nennen. Nach dem Kommissar aus der Fernsehserie, der immer unterschätzt wird und nichts anderes tut, als Fragen zu stellen.

»Habe ich noch nicht verstanden, kannst du es mir genauer erklären?« Durch das ständige Nachfragen und die Aufforderung, mehr zu erzählen, treten allmählich die Widersprüche zutage, in die sich die Jugendlichen verstricken.

Wir Trainer gehen nicht mit vorgefassten Meinungen und Urteilen ins Gespräch, sondern versuchen, die Jugendlichen sich ihrer selbst bewusst werden zu lassen. Drei Stunden dauern diese Sitzungen. Gerade bei Tötungsdelikten und anderen schweren Gewalttaten ist das für die Teilnehmer sehr belastend.

Hamid erzählte davon, wie er einen Busfahrer zusammengeschlagen hat. In seiner Wahrnehmung hatte ihn der Bus fast überfahren. Als der an der Haltestelle hielt, ging er zum Fahrer, seine Freunde folgten ihm.

Der Busfahrer öffnete die Tür.

»Ich steige ein und beleidige ihn: ›Wenn du mich überfahren hättest …‹ Ich beschimpfe seine Mutter. Da sagt der Busfahrer: ›Ihr scheiß Kanaken, geht dahin zurück, wo ihr herkommt.‹ Wir schlagen ihn zusammen. Erst mit den Händen, dann ziehe ich mich an einer der Haltestangen hoch und schwinge mich mit den Füßen in sein Gesicht. Er verliert das Bewusstsein. Überall Blut. Da hauen wir ab, beschaffen uns neue Kleider und gehen in die Berufsschule. Einige Stunden später kommt die Kripo.«

Ich fragte nach: »Wie konnte der Busfahrer so nahe an dich rankommen, fuhr er auf den Bürgersteig?«

»Nein, ich stand auf der Straße.«

»Schon die ganze Zeit?«

»Wir hatten zum Spaß rumgetobt, und so kam ich auf die Straße.«

»Hast du den Bus kommen sehen?«

»Nein, das ging alles so schnell.«

»Wie schnell?«

»Na ja … zwei, drei Sekunden vielleicht.«

»Hat er dich kommen sehen?«

»Weiß nicht.«

»Kann er – so wie du – überrascht gewesen sein, dass du plötzlich vor dem Bus warst?«

»Vielleicht, aber er hatte ja was gegen Ausländer, hat ja Kanake zu mir gesagt.«

»Später hat er es gesagt … Aber konnte er dich in diesem Moment, als du plötzlich – du sagtest: ›etwa zwei Sekunden‹ – vor seinem Bus standst, als Nichtdeutscher erkennen?«

»Weiß nicht, das ging alles sehr schnell, aber er hatte was gegen Ausländer.«

»Warum hat er dann so scharf gebremst?«

Hamid schwieg.

»Was wäre passiert, wenn er nicht scharf gebremst hätte?«

»Ich hätte nicht mehr ausweichen können.«

»Dann wärst du verletzt worden?«

»Ja.«

»Was hast du gedacht und gefühlt, als du zum Busfahrer gingst?«

»Ich war wütend, mein ganzer Hass kam hoch.«

»Welcher Hass?«

»Auf alles, auf den Staat, die Ausländerbehörde, auf meinen Vater, alles.«

»Was wolltest du mit diesem ganzen Hass in dir tun, als du den Busfahrer sahst?«

»Ich wollte ihn nur noch schlagen.«

»Das hast du gedacht, bevor er dich beschimpfte?«

»Ja.«

»Was hättest du gemacht, wenn er nichts zu dir gesagt hätte?«

»Das Gleiche, ich hätte ihn geschlagen.«

»So oder so, du hättest ihn geschlagen, weil – wie du sagst – Hass in dir hochkam?«

»Er steckt einfach in mir ...«

»Und was hat dieser Busfahrer damit zu tun, der dich, wenn er nicht gebremst hätte, überrollt hätte?«

Hamid schwieg wieder.

»Was denkst du heute über den Busfahrer?«

»Hab Mist gebaut.«

Am Beginn der Sitzung war Hamid noch der Meinung, er

sei im Recht gewesen. Er bestand darauf, dass der Busfahrer ihn habe absichtlich anfahren wollen, er fühlte sich diskriminiert. Erst nach diesen langen Gesprächen wurde ihm klar, dass er auf der Straße gestanden hatte und dass der Busfahrer ihn höchstwahrscheinlich nicht mit Absicht streifte.

Im Gegenteil: Auch der Busfahrer muss geschockt gewesen sein. Immerhin hätte er beinahe jemanden überfahren.

Hamids Gewalttat war eine Reaktion auf eine fälschlicherweise wahrgenommene Diskriminierung. Die Situation, die zum Verhalten des Busfahrers führte, blendete er völlig aus, das zeigte sich im Laufe der Sitzung. Durch die Rekonstruktion des Kontextes wurde das Verhalten des Busfahrers plötzlich verständlich.

Auch sein Spruch über die »Kanaken« – Hamid verstand nun, dass er diesen Spruch mit seiner vorangehenden Beleidigung provoziert hatte. Wer einen Anlass sucht, sich zu prügeln, der weiß, was er dafür zu tun hat.

Hamid fing an zu verstehen, dass er viele Situationen erlebt hatte, die nach einem ähnlichen Schema abgelaufen sind.

In den Wochen und Monaten der Trainingsmaßnahme veränderte sich Hamid, und das blieb auch bei den Vollzugsbeamten nicht unbemerkt. Hamid nahm nun nicht nur Kontakt zu seinen Mitgefangenen auf, er versuchte sie auch zu beeinflussen, positiv zu beeinflussen.

»Lasst das mit den Drogen sein«, sagte er einmal zu einer Gruppe von Jugendlichen, ein anderes Mal löste er mit seiner ruhigen, starken und hilfsbereiten Art einen Konflikt und verhinderte eine Schlägerei.

Nachdem er sich im Training geöffnet hatte, öffnete er sich auch im Haftalltag, und die Menschen in seiner Umgebung bemerkten, dass er nicht mehr dem Bild eines potentiellen

Selbstmordattentäters entsprach – vielleicht muss man sagen: keiner mehr war.

Der Leiter des Hauses kam eines Tages zu ihm und sagte: »Wenn du diesen Bart abrasierst, gehe ich mit dir raus.«

Hamid rasierte sich, und der Beamte machte sein Versprechen wahr – erstmals seit er im Gefängnis saß, durfte er gemeinsam mit dem Beamten in der Stadt spazieren gehen.

Als den Mitarbeitern der Anstalt klargeworden war, dass Hamid keine Gefahr mehr darstellte, gestatteten sie ihm auch den Kontakt zu seinem Bruder. Zum ersten Mal trafen sich die beiden Brüder mit der Mutter. Und auch seine Freundin war noch da. Sie hatte die ganze Zeit Kontakt zu ihm gehalten, ihm Pakete und Geld geschickt und ihn besucht.

Der Kontakt zu seinem jüngeren Bruder war Hamid wichtig. Er wollte, dass sein Bruder sein Leben ohne Straftaten und Gewalt organisierte – darüber wollte er mit ihm reden. »Reden ist das eine«, sagte ich damals zu ihm, »was du in Zukunft tust, wie du dein eigenes Leben führen wirst, ist wichtiger. Für deinen Bruder warst du ein Vorbild, und du bist es auch jetzt.«

Aus dem angeblich potentiellen Selbstmordattentäter war eine Art Musterknabe geworden. Und die positiven Reaktionen seines Umfelds auf seinen Wandel bestärkten ihn darin, auf diesem Weg weiterzugehen.

Am Ende wurde ihm ein Teil seiner Strafe erlassen. Er schaffte die »Halbstrafe« – so nennt man das im Gefängnis-Kontext. Ein Anstaltsbeamter sagte damals zu ihm: »Das hat in den letzten zwanzig Jahren keiner hier geschafft.« Sein Richter meinte, die Staatsanwaltschaft sei gegen die vorzeitige Entlassung, die Jugendanstalt würde aber etwas anderes sagen, und er teile die Einschätzung der Anstalt.

Hamid bekam also eine neue Chance.

## Wenn das Leben auf den Kopf gestellt wird – Hamids neue Biografie

Jeder, der an unserem Training teilnimmt, wird auch nach der Entlassung weiter betreut. »Stabilisierungscoaching« nennen wir diese sechs bis zwölf Monate. Der Jugendliche oder junge Erwachsene und sein Betreuer sehen sich in dieser Zeit regelmäßig.

Ich habe Hamid gleich am Beginn dieser Zeit gesagt: »Wenn es schwierig wird, dann ruf an.«

Er wurde in dieser Zeit häufig auf die Probe gestellt. Nicht lange, nachdem er draußen war, stand er an einer Ampel, als drei Männer auf sein Auto sprangen und etwas warfen. Sein Freund, der mit ihm im Auto saß, wollte das auf seine Art regeln – mit den Fäusten. Hamid hielt ihn fest. »Ich habe zu ihm gesagt: ›Pass auf, ich zeige dir, was ich in der Haft gelernt habe. Wir holen die Polizei. Schau einfach zu. Nichts machen.‹« So schilderte er mir den Vorfall später bei einem unserer Treffen.

»Kurze Zeit später lagen die Jungs auf dem Boden, im Griff der Polizei. Das ging überraschend schnell. Der Schaden am Auto wurde mir bezahlt. Mein Freund war schwer enttäuscht. Er will seitdem nichts mehr mit mir zu tun haben.«

Situationen wie diese begegneten Hamid immer wieder. Durch seine neue Art, mit Konflikten umzugehen, machte er sich nicht gerade beliebt in seiner Umgebung. Hamid half in solchen Momenten noch immer der Koran. Aber nun kannte er ihn besser, konnte die Geschichten in ihren Kontext setzen, sie interpretieren.

Hamid war zwar nie in der extremistischen Szene, kannte aber einige Salafisten und war anfällig für ihre Ideologie. Je mehr er sich aber mit seiner Religion beschäftigte, desto weiter entfernte er sich vom Gedankengut des Salafismus.

Wenn es Streit gab und er sauer wurde, dann war es folgende Geschichte aus den Sunna des Propheten Mohammed, an die er dachte: Jemand fragte den Propheten, was zu tun sei, wenn man wütend ist.

Der Prophet antwortete: »Wenn du wütend bist, musst du dich hinsetzen.«

»Und wenn ich dann immer noch wütend bin?«

»Dann musst du dich hinlegen …«

Dies ist ein Appell, sich nicht durch Wutausbrüche steuern zu lassen, sondern in dem Moment der Wut innezuhalten und nachzudenken. Wenn Wut eskaliert, führt das zu Ungerechtigkeiten, der Respekt vor dem anderen Menschen geht verloren, vielleicht wird er sogar verletzt. So wie bei Hamids Angriff auf den Busfahrer. Hamid konnte seine aufgestaute Wut nicht kontrollieren, die Wut kontrollierte ihn, und der Busfahrer wurde zum Opfer einer Gewalttat.

Hamid konnte sich in diesen Situationen immer selbst helfen. Bis zu dem Tag, der sein Leben im wahrsten Sinne des Wortes veränderte. Da rief er bei mir an und sagte: »Thomas, kann ich nach Berlin kommen? Ich muss mit dir reden.«

Er setzte sich in den Zug und kam.

Was er mir zu erzählen hatte, verblüffte mich sehr.

»Ich muss dir etwas sagen.«

»Ja, gern.«

»Meine Mutter war bei der Ausländerbehörde und hat denen erzählt, dass sie damals gezwungen worden sei zu sagen, dass wir Kriegsflüchtlinge seien, dass wir es aber gar nicht sind. Wenn sie die Lüge nicht aufrechterhalten hätte, wäre sie geschlagen worden und vielleicht Schlimmeres. So hab ich jetzt erfahren, dass ich gar nicht aus dem Libanon komme. Ich bin kein Araber.«

»Was bist du dann?«

»Ich bin Türke.«

»Und wie ist das für dich?«

»Eigentlich mag ich die Türken nicht ... mein ganzes Leben ist auf Lügen aufgebaut.«

Hamid hielt inne, er musste schlucken und unterdrückte seine Tränen.

»Was ist dir jetzt wichtig?«

»Ich will mit meiner Mutter, mit meiner Schwester und meinem Bruder zusammenbleiben. Das ist mein Zuhause, egal ob ich Türke oder Araber bin.«

Seine Mutter hatte sich bei der Ausländerbehörde selbst angezeigt und den Beamten gestanden, dass die Familie mitnichten vor dem Krieg im Libanon geflüchtet sei. Nicht direkt zumindest. Als sie in Deutschland eintrafen, kamen sie aus der Türkei. Vater Osman war Türke, Hamid und seine drei Geschwister, die damals dabei waren, sind in der Türkei geboren. Danach rief sie Hamid an und erzählte ihm alles.

Er war geschockt, da er immer geglaubt hatte, er sei Araber, in Beirut geboren und von den Israelis zur Flucht gezwungen.

Das war Teil seiner Identität.

Mit Türken war er als Araber nicht gern zusammen.

Jetzt war er plötzlich selbst einer.

Gleichzeitig konnte er seine Mutter gut verstehen. Er kannte seinen Vater ja, war selbst mit Mutter Ayshe ins Frauenhaus geflüchtet. Jetzt konnte Hamid auch begreifen, warum sie dort nur so kurz geblieben waren und warum die Familie seiner Mutter darauf gedrängt hatte, dass sie wieder nach Hause zum Vater gehen sollten. Es war nicht unbedingt die Sorge um das Ansehen der Familie gewesen, es war die Angst, der Vater könnte alle auffliegen lassen.

Er erzählte mir, was ihm seine Mutter offenbart hatte: »Mein Vater hat ihr immer gedroht: ›Wenn du nicht machst, was ich will, bringe ich euch zurück in die Türkei, und dann töte ich euch.‹« Die Papiere der Familie waren nicht verschwunden, Vater Osman hatte sie versteckt.

Plötzlich war ihm klar, warum sich seine Mutter und der Rest der Großfamilie von ihm so unter Druck setzen ließen. Die Nervenzusammenbrüche seiner Mutter hatten mit Kriegserlebnissen gar nichts zu tun, sie waren Ausdruck ihrer Angst vor dem Vater. Und er konnte sich jetzt auch erklären, warum er Ohrfeigen bekommen hatte, wenn er seine Mutter auf Türkisch mit »Anne« ansprach statt mit dem arabischen »Mama« – die Herkunft der Familie musste verschleiert werden.

Erst jetzt erfuhr er also, wer seine Eltern wirklich waren, welche Geschichte sie hatten. Seine Mutter stammte tatsächlich aus dem Libanon. Als dort in den 1980er Jahren der Krieg ausbrach, ging sie mit ihren Eltern in die Türkei. Als sie dreizehn Jahre alt war, wurde sie mit einem Türken verheiratet – Hamids Vater. Er war arm, die Familie hatte kein Auskommen. So nahmen sie eines Tages einen Kredit auf und wanderten nach Deutschland aus. Noch zwei andere Familien wagten mit ihnen den illegalen Grenzübertritt: eine Tante von Hamid mit Mann und Kindern und ein Freund aus dem Heimatdorf des Vaters mit seiner Familie.

Hamids Vater hatte, auch nachdem er die Familie verließ, nicht aufgehört, ihr zu drohen. »Wenn du nicht machst, was ich dir sage, lege ich die türkischen Pässe deiner Kinder auf den Tisch, und dann werden sie ausgewiesen.«

Obwohl er wusste, dass seine Ex-Frau Ayshe mit den Kindern von Hartz IV lebte, wollte er Geld von ihr für sein neues Leben in der Türkei.

Hamids Mutter war dann irgendwann so verzweifelt gewesen, dass sie die Reißleine zog und reinen Tisch machte. Sie setzte alles aufs Spiel, um sich zu befreien. Und das sollte auch Folgen für ihre Söhne haben. Hamid und seinem Bruder drohte nun die Ausweisung, wegen ihrer Vorstrafen und den falschen Angaben zu ihrer Herkunft. Sein Bruder hatte sechs Jahre bekommen, da war die Ausweisung zwingend. Bei Hamid mit seinen siebenundzwanzig Monaten gab es noch einen kleinen Spielraum.

Aber das war gar nicht unbedingt sein größtes Problem in dem Moment.

Er kämpfte vielmehr damit, dass ihm der Boden unter den Füßen weggezogen worden war. Das Genogramm seiner Familie, das wir gemeinsam in der Haftanstalt erstellt hatten, mussten wir neu schreiben. Auf den ersten Blick nur Papier und Buchstaben, für Hamid aber die Grundlage seines künftigen Lebens.

Er musste sich völlig neu orientieren.

Sein Bruder floh dann nach Belgien. Hamids Geschwister konnten bleiben, weil sie nicht vorbestraft waren und schon so lange in Deutschland lebten. Er selbst schaffte das auch. Er hatte seine Freundin in der Zwischenzeit geheiratet – hatte also eine deutsche Frau. Zudem wurde berücksichtigt, dass er sich während der Haftzeit vorbildlich verhalten hatte und sehr vorzeitig entlassen worden war.

Und nicht zuletzt haben die Behörden anerkannt, dass er zu dem Zeitpunkt eine Ausbildung zum Anti-Gewalt-Trainer absolvierte. Ich hatte mir nämlich, schon als Hamid noch im

Gefängnis war, überlegt, dass er ein sehr guter Co-Trainer sein könnte. Er war in der Lage, kritisch nachzufragen, und hatte eine klare Haltung dahingehend, dass jeder für sein Handeln auch selbst Verantwortung übernehmen muss.

Nach der Haftentlassung bildete ich ihn aus. Ein Co-Trainer unterstützt im Training das Trainerteam. Ein Jugendlicher, der selbst Knasterfahrungen besitzt und daraus gelernt hat, ist wichtig für die Arbeit, denn er zeigt immer wieder auf, dass jeder Mensch sich ändern kann.

Die Befreiung der Mutter war am Ende auch für Hamid eine Befreiung. Jetzt war seine Herkunft geklärt, er durfte in Deutschland bleiben und vor allem: Er bekam einen Pass. Vor kurzem haben wir uns darüber noch einmal unterhalten.

Da sagte er: »Das war wie ein Traum. Ich bin zum Flughafen gefahren und habe mir ein Flugticket gekauft. Ich wollte unbedingt mal in ein Flugzeug steigen. Also bin ich einfach für ein paar Stunden nach Istanbul geflogen. Noch wochenlang danach habe ich immer wieder in meinem Pass geblättert.«

Wir pflegen noch immer einen intensiven Kontakt, weil Hamid mittlerweile nach seiner Co-Trainer-Tätigkeit vollwertiger Trainer in unserer Organisation geworden ist. Er absolvierte die einjährige Ausbildung zum Anti-Gewalt-Trainer.

Das war für ihn eine ganz ungewöhnliche Situation. Die anderen Teilnehmer dort waren Psychologen, Islamwissenschaftler, Jugend- und Sozialarbeiter – Menschen mit Studium. Er war auf einer Sonderschule gewesen. Diese Welt war für ihn völlig neu und schüchterte ihn zu Beginn ziemlich ein. Heute sagt er, er habe sich vorher nie vorstellen können, dass Menschen sich so viele Gedanken über Jugendliche machen.

Hamids Geschichte ist ein Ausnahmefall. Von über neunhundert Jugendlichen, mit denen wir im Laufe der Jahre zusammengearbeitet haben, ist er der einzige, der später selbst Trainer geworden ist. Ein Glücksfall.

Eigentlich geht es bei der Arbeit von Violence Prevention Network nicht darum, die Straftäter zu Trainern zu machen. Unser vorrangiges Ziel ist es, sie als selbstständig und eigenverantwortlich handelnde Menschen zurück ins Leben zu schicken.

Hamid hat zwar kein Studium, aber er hat den anderen Trainern trotzdem etwas voraus: Seine Geschichte macht ihn glaubwürdig. Er hat Street Credibility. Wenn er den Leuten sagt: »Nehmt die professionelle Hilfe an – diese Leute meinen es wirklich ernst mit euch«, dann hat das Gewicht.

Ich höre ihn das oft sagen.

Ein Beispiel aus unserem gemeinsamen Arbeitsalltag kann verdeutlichen, wie wichtig es ist, Menschen wie Hamid als Trainer und Betreuer mit im Boot zu haben.

In unserem Training ist der sogenannte Ehrenmord häufig Thema.

Wir sind in solchen Situationen zu dritt: Hamid, ein Imam und ich.

Da sitzen dann acht Jugendliche, die unisono sagen: »Wenn es sein muss, dann muss es sein.«

Ich frage: »Das verstehe ich nicht. Könnt ihr mir das erklären?«

Sie versuchen es.

Ich frage wieder und wieder nach, weil ich es noch immer nicht verstehe.

Irgendwann fällt dann der Satz: »Das kannst du nicht verstehen, weil es nicht deine Religion ist.«

Das schreckt den Imam auf: »Wie, was hat euer Ehrenmord mit meiner Religion zu tun?«

»Das steht im Koran.«

»Wie – wo im Koran steht das denn?«

Sie wissen es nicht.

Der Imam erzählt dann ausführlich über den Islam und dass er auch beinhalte, dass Mann und Frau gleichberechtigt seien.

Die Jugendlichen sind irritiert.

»Wie, auch wir dürfen nicht vor der Ehe …? Wie, die Frau ist nicht untergeordnet?«

Einmal sagte ein Jugendlicher: »Wenn das so ist, dann bin ich kein Moslem mehr.«

Der Imam erzählt dann, dass der Prophet Mohammed die Befreiung von der Sklaverei durchgesetzt habe, und er erklärt, dass der Islam Unterdrückung nicht akzeptiere.

Die ersten Jugendlichen lenken nun ein, sie finden keine Rechtfertigung mehr für den Ehrenmord. Andere halten an ihrer Position fest und suchen neue Rechtfertigungen: »Egal mit der Religion, meine Familie will es so. In unserer Community ist das eben so.«

Das ist dann Hamids Stichwort: »Ich habe eine ganz ähnliche Geschichte wie ihr, komme aus einer ähnlichen Gegend. Ich habe genauso gedacht wie ihr, und wenn mein Vater gesagt hätte: ›Bring deine Schwester um‹, hätte ich es gemacht. Aber man kann sich verändern. Ich habe damals nicht nachgedacht. Jetzt weiß ich es besser. Kann es nicht sein, dass mein Vater, dass eure Väter einen Fehler gemacht haben? Kann es nicht sein, dass sie von ihren Vätern den Fehler übernommen haben? Und die wiederum von ihren Vätern? Und dass nie jemand fragt, ob einer mal einen Fehler gemacht hat?«

Da werden die Jugendlichen dann meistens sehr nachdenklich.

Mittlerweile betreibt Hamid neben seiner Trainertätigkeit einen Imbiss. Der Laden ist ein Familienbetrieb, in dem die Mutter, die jüngere Schwester und ein Bruder mitarbeiten. Seine Frau arbeitet als Krankenschwester. Er hat mit seiner Familie ein Haus gebaut, in dem nicht nur er und seine Frau leben, sondern auch seine Mutter und einige seiner Geschwister. Er will, dass seine Kinder mit anderen Werten und in anderen Verhältnissen aufwachsen als er.

Aber durch die Familie geht seit dem großen »Wahrheitsschock« ein Riss. Hamid hat mit seinem Vater gebrochen. Zwei seiner Brüder konnten sich zunächst nicht von den traditionalistischen Denkbildern lösen – sie hielten weiter zum Vater, wohl auch, weil sie Angst hatten.

Ganz selten telefoniert Hamid mal mit seinem Vater. Der weint dann viel, er fühlt sich unverstanden. Bevor er Hamids Mutter geheiratet hatte, war er Schäfer gewesen – auch das erfuhr Hamid erst jetzt. Der Vater hatte nichts anderes gekannt als die Natur und die Berge. Heute sagt Hamid: »Er hat die fremde Welt und ihre Verlockungen – die Freiheiten, das Glückspiel, den Alkohol nicht verkraftet.«

Aber auch auf Hamids Seite der Familie gibt es hier und da Probleme. Sein kleiner Bruder war von der Polizei mit einem Gramm Haschisch erwischt worden. Sie hielten ihn für einen Drogendealer. Mehrere Polizeibeamte stürmten daraufhin die Wohnung und sprengten einen Kindergeburtstag. Es stellte sich heraus, dass sie falschlagen. Aber der kleine Bruder fühlte sich dennoch schuldig.

Hamid erzählte mir: »Er hat geglaubt, ich würde ihn nun wie damals unser Vater behandeln. Er wusste, dass ich absolut gegen Drogen war. Ich habe dann zu ihm gesagt: ›Hey, Bruder, hast du irgendwelche Probleme?‹ Mir war nämlich bewusst geworden, dass ich in letzter Zeit nicht viel von ihm mitbekommen hatte. Also habe ich mich entschuldigt: ›Es tut mir leid, dass ich so wenig Zeit für dich habe. Ich habe das Gefühl, wenn wir mehr Zeit miteinander verbringen und ab und zu miteinander reden würden, wäre das gar nicht passiert.‹«

Wenn er so etwas erzählt, merke ich immer wieder, was für ein großes pädagogisches Geschick Hamid hat – ein Naturtalent. Ungefähr vierzig Familienangehörige leben in der Stadt, und Hamid ist so etwas wie der Familientherapeut.

Hamid hilft gern Menschen. Er handelt weiter nach dem religiösen Prinzip: »Wenn du einen Menschen rettest, rettest du die ganze Menschheit, und wenn du einen Menschen tötest, dann tötest du die ganze Menschheit.«

Hamid verspürt keinen Hass mehr in sich. »Wenn Hass in dir ist, kannst du die Menschheit nicht lieben«, sagt er immer.

Sein Ziel ist es nun, jungen Menschen zu helfen, einen Weg jenseits von Hass und Gewalt zu finden. Er erzählt ihnen, wie er seinen Glauben heute lebt, dass er beispielsweise mit seiner Familie unterschiedliche Moscheen besucht, weil er es für wichtig hält, sich mehrere Meinungen anzuhören. Er motiviert die Jugendlichen immer wieder, zu fragen und sich eine eigene Meinung zu bilden. Er erzählt von seiner Religion, dass man das respektieren muss, was Gott geschaffen hat, in all seiner Vielfalt und Unterschiedlichkeit.

Hamid spricht mit jungen Menschen aber nicht nur über Religion, sondern auch über Extremismus und darüber, wie wichtig es ist, sich nicht von denjenigen instrumentalisieren zu lassen, die im Namen der Religion den Islam mit Füßen treten.

Er warnt vor Hasspredigern, die den persönlichen Tiefpunkt eines Menschen für ihre Zwecke ausnutzen wollen.

Auch ihm hätte das passieren können, wenn er sich nicht den richtigen Menschen zugewandt hätte.

Er redet mit ihnen dann über Traditionalismus und Ehrenmord, dass er ein solches Verhalten selbst früher richtig fand, es aber nun ablehnt, nachdem er darüber nachgedacht hat; dass Gewalt generell niemals durch den Islam gerechtfertigt werden kann. Er erzählt über sein Leben, und dass er sich heute nicht mehr als Ausländer fühlt. Er macht ihnen Mut, dass sie mit eigenen Anstrengungen Ziele erreichen können, die vorher nicht vorstellbar waren. Aber vor allem redet er darüber, dass man selbst nachdenken, sich »einen eigenen Kopf machen« muss.

Hamids Stärken sind seine Authentizität und sein Lebensweg, denn er kann zeigen, dass man sich vom alten Leben verabschieden kann, dass ein zweites Leben möglich ist, wenn man es will.

Wenn er Menschen trifft, die sich radikalisieren, erzählt er einfach von seinem Leben. Er erkennt sich in deren Geschichten wieder, wenn sie von ihren Vätern erzählen. Und auch wenn es schmerzt, es ist falsch, wenn Väter oder andere Bezugspersonen ihren Hass weitergeben. Er hört den jungen Menschen zu, versteht ihre Verzweiflung, ihren Lebensweg und macht ihnen Mut zur Veränderung.

An einem Punkt war allerdings auch er überfordert – als sich die Geschichte nämlich irgendwie wiederholte und sein Bruder, der mit ihm im Gefängnis war und nun in Belgien lebte, mit den Islamisten sympathisierte.

Die Frau seines Bruders hatte ihm erzählt, dass er sich all diese Internetvideos ansehe, Freunde habe, die nach Syrien ausgereist seien und selbst mit dem Gedanken spiele, das zu tun. Ein Schock für Hamid.

Belgien hat in Europa die höchste Ausreisequote von Freiwilligen, die in Syrien kämpfen wollen. Einige der Attentäter, die im November 2015 in Paris Menschen töten und Angst und Schrecken verbreiteten, kamen aus Belgien.

Hamid rief seinen Bruder an. Wir hatten vorher besprochen, wie man vorgehen kann, und er berichtete mir dann hinterher von dem Gespräch:

»Ich stellte ihm viele Fragen: ›Wirst du in Belgien als Muslim verfolgt oder angegriffen?‹

›Nein.‹

›Würdest du jemanden töten, weil er kein Muslim ist?‹

›Nein.‹

›Hast du jemals von unserer Mutter gehört, dass wir jemanden umbringen sollen?‹

›Nein.‹

›Hatten unsere Eltern je Probleme mit Ungläubigen?‹

›Nein.‹

›Was glaubst du, wer ist Muslim, unsere Mutter oder die, die da Menschen töten? Es gibt doch hier kein Problem, wir dürfen in die Moschee gehen. Warum also willst du nach Syrien? Wenn da Muslime sind, die für ihren Glauben töten, sind das für mich keine Muslime.‹

Da war er ganz durcheinander und sagte: ›Ich weiß jetzt überhaupt nicht mehr, was richtig und was falsch ist.‹«

Hamid konnte ihn letztlich davon abbringen, nach Syrien zu gehen.

Aber wenig später klingelte sein Telefon, und wieder war die Frau seines Bruders dran: Er hatte sie geschlagen, und sie wusste sich nicht mehr zu helfen.

Hamid fuhr sofort hin, aber als er in Belgien bei ihnen ankam, hatten sie sich wieder vertragen.

Seine Frau hatte noch blaue Flecken, aber sie wollte nicht zur Polizei gehen.

Hamid hätte es gemacht.

Er hätte seinen Bruder bei der Polizei angezeigt.

# Silvia und Celine: »Wenn er mich schlägt, ist das nicht so schlimm«

*Silvia und Celine sehnten sich nach der Ehe mit einem Gotteskrieger. Warum immer mehr Frauen in die Kriegsgebiete ausreisen und sich einem frauenfeindlichen System unterordnen.*

Silvia Pfahls Geschichte begann mit einem Schock. Ende 2014, an einem dieser Tage, die nicht mehr nach Herbst riechen und doch noch nicht winterlich sind, starb ihr Vater. Er war noch keine sechzig, hatte gern Sport getrieben. Sie könne kein Detail dieses Tages vergessen, wie sie unserem Berater in einem Gespräch einmal sagte, weder den Geruch, der in der Luft lag, noch diesen Moment der Leere, als sie es erfuhr. Sein Tod kam für alle überraschend. Auch Silvia konnte es nicht fassen – ihr Vater war ihre wichtigste Bezugsperson, die beiden standen sich sehr nah, und sie war gerade erst siebzehn Jahre alt.

Silvia lebte in Wiesbaden, ging noch zur Schule. Ihre Eltern waren geschieden, und sie hatte bei ihrem Vater gewohnt. Die Mutter konnte die Lücke, die der Tod von Vater Peter in Silvias Leben hinterließ, nicht füllen. Sie habe ihr einfach nicht so nahegestanden, erzählte Silvia. Mutter und Tochter unterhielten sich zwar über alltägliche Dinge, aber nie darüber, wie es ihr wirklich ging.

Silvia vermisste die Gespräche mit ihrem Vater, das tat sie noch, als wir sie schon betreuten. Sie brauchte Trost und Halt.

Den suchte sie vor allem bei ihren Freunden – und schließlich im Islam.

Mit ihrer Freundin und Klassenkameradin Rebecca verbrachte sie besonders viel Zeit, und die brachte sie auch auf den Glauben. Rebeccas Vater kam aus Marokko, aber sie ist nicht muslimisch erzogen worden. Es war ihr Freund, der ihr den Islam gewissermaßen beibrachte. Allerdings die extremistisch-salafistische Interpretation. Denn Rebeccas Freund war schon länger in dieser Szene unterwegs.

Silvias Familie ist zwar christlich geprägt, Religion spielt in ihrem Alltag aber eigentlich keine Rolle. Umso mehr in den Gesprächen mit Rebecca – über »Al-Jannah« zum Beispiel:

»Wenn du zu Allah betest und seine Regeln befolgst, dann kommst du dahin, Silvia.«

»Was ist Al-Jannah?«

»Das ist ein Ort, an dem du keinen Schmerz mehr fühlst, da gibt es kein Leid, keine Eifersucht, keinen Streit. Es ist das Paradies.«

Eine Vorstellung vom Jenseits, die Silvia in ihrer Trauer half. Wie sie sich von all den neuen Bekannten, die sie durch Rebecca kennenlernte, überhaupt sehr warmherzig aufgenommen fühlte. Mehr und mehr tauchten beide in die extremistisch-salafistische Szene ein. Sie hätten die zu der Zeit allerdings nie so genannt: Für sie waren diese Menschen Brüder und Schwestern im Glauben. »Das war ein bisschen so, als hätte ich eine neue Familie gefunden«, sagte sie unserem Betreuer später.

Aus ihrem großen Verlust und der Orientierungslosigkeit und Trauer, die daraus resultierten, fand sie dank der klaren Regeln der extremistischen Salafisten heraus: Die fünf Gebete strukturierten ihren Tag; die Lektüre des Korans und der Sunna füllte ihre Freizeit. Dadurch hatte sie keine Zeit mehr für schwere Gedanken und fand einen Weg, ihrem Leben einen neuen Sinn zu geben.

Ein gutes halbes Jahr nach dem Tod ihres Vaters konvertierte Silvia zum Islam. Sie hörte sich die Vorträge der deutschen Prediger im Internet an und diskutierte viel mit Rebecca. Sie begann sich mehr und mehr nach einer Beziehung zu einem echten, starken Muslim zu sehnen – und wer hätte dieses Wunschbild besser verkörpern können als ein Kämpfer, ein »Mudschahedin«. Er sollte die Leerstelle, die der Tod von Silvias Vater hinterlassen hatte, ausfüllen.

Rebecca empfahl Silvia unter anderem eine Internetseite, auf der Selbstmordattentäter mit Sprengstoffgürteln vor der Kamera stehen, Allah preisen und erzählen, wie sehr sie sich auf »Al-Jannah« freuten.

Es handelt sich hierbei um eine der zentralen Webseiten für extremistische Salafisten. Ich habe mich da auch etliche Male durchgeklickt, mir einige der Videos angeschaut, die man dort über Links abrufen kann. »An meine Familie«, sagt da ein Tunesier, der kurz danach in einen mit Sprengstoff gefüllten Jeep steigt, »seid geduldig und standhaft – wir treffen uns im Paradies.« Auf der Seite finden sich auch Bilder mit Sprüchen – aufwendig gestaltet, genau das Richtige für soziale Netzwerke wie Facebook, wo man sie dann mit anderen teilen kann. In den Profilen der Jugendlichen, die wir betreuen, begegnen uns diese Bilder immer wieder. Auf einem sieht man den Rücken eines in goldenes Licht getauchten Kämpfers mit Tuch um den Kopf und Sturmgewehr auf dem Rücken. Im Gold verzierten Rahmen steht: »Der Gesandte Allahs sagte: ›Wer sich um die Familie eines Kämpfers kümmert, der hat am Kampf teilgenommen.‹«

Das ist Werbung der IS-Terrormiliz, um Frauen in die von

ihr eroberten Gebiete zu holen. Der sogenannte Islamische Staat braucht für seinen Staatsaufbau dringend junge Frauen. Über ein weltweites Rekrutierungssystem lockt er Frauen und Mädchen in die Kampfgebiete. Bilder wie diese gehören dazu.

Es gibt ein System von Anwerberinnen, die Jugendliche über Facebook, Twitter und ähnliche soziale Netzwerke kontaktieren und in geschlossene Chat-Gruppen einladen, um dort vermeintlich über Glaubensfragen zu sprechen – tatsächlich drängen sie die Mädchen jedoch mehr und mehr zur Ausreise. Mit den bekannten Argumenten, dass man in Deutschland seinen Glauben nicht richtig leben könne, dass Frauen hier diskriminiert würden, wenn sie sich verschleierten, und nicht zuletzt mit der Aufforderung zur humanitären Hilfe für die leidenden Brüder und Schwestern im syrischen Krieg. Bei den Frauen, die wir betreuen, sehen wir immer wieder, dass es in deren Umkreis mindestens eine dieser Anwerberinnen gibt, die sie nicht vom Haken lassen.

Auch das Bundesamt für Verfassungsschutz beobachtet vermehrt solche Aktivitäten »einzelner Aktivistinnen sowie ganzer Nutzergruppen (…), die ihrerseits versuchen, Mädchen und Frauen für ein Leben unter den Bedingungen des Jihad zu gewinnen«. So steht es in einer Broschüre vom September 2015. Der Verfassungsschutz hat sie eigens zu diesem Phänomen veröffentlicht: *Jihadistinnen und ihre Rolle bei der Anwerbung von Frauen für den »Islamischen Staat« (IS)* heißt sie. Es ist eine öffentliche Warnung der Behörde, wohl auch, weil die Werbung der IS-Terrormiliz ziemlich erfolgreich ist.

Die Rekrutiererinnen, von denen wir wissen, sind in der Regel so gut wie gleich alt oder nur wenig älter als ihre Zielgruppe. Sie leben in Deutschland oder sind selbst gerade nach Syrien oder in den Irak ausgereist. Wie Merve D., die 2013 nach Syrien auswanderte und von dort aus Kontakt zu Neueinsteigerinnen der Szene halten soll, oder Sawda, Tochter türkischer Gastarbeiter, die ebenfalls 2013 mit neunzehn nach Syrien auswanderte und einen deutschen Kämpfer heiratete. Auch sie hat wohl andere Mädchen dazu bewegt, ebenfalls auszuwandern. Und Elif Ö., eine junge Münchnerin, die Anfang 2015 nach Syrien gegangen ist – da war sie gerade einmal sechzehn Jahre alt. Ihr erklärter Wille: Einen »Löwen« zu heiraten – so nennt der IS seine Kämpfer heroisierend.

Auch Elif Ö. hat sich in rasender Geschwindigkeit radikalisiert: Von einem blonden Mädchen mit bauchfreiem Top zu einer Vollverschleierten, die sich nichts dringlicher wünscht, als im Kriegsgebiet einen Haushalt zu führen und Kinder zu gebären, die sie zu Kämpfern oder demütigen Ehefrauen erziehen wird. Kurz nachdem sie in Syrien angekommen ist und geheiratet hat, postet auch Elif die Propaganda-Aufrufe der IS-Terrormiliz und nimmt Kontakt zu alten Schulfreundinnen auf. Auch sie ist also wahrscheinlich zur Anwerberin geworden.

Soziale Netzwerke wie Facebook spielen dabei eine entscheidende Rolle. Junge Frauen wie Elif teilen dort Bilder von Kämpfern, die im Sonnenuntergang ihre Gewehre in den Himmel recken, genauso wie Katzenbilder, Aufrufe, für Syrien zu spenden, Schönheitstipps für Musliminnen und vollverschleierte Comic-Figuren in Rosa mit großen kindlichen Augen und der Sprechblase: »I love Islam.« Sie schreiben in ihr Profilbild, dass sie nicht von Männern kontaktiert werden wollen, geben als Beruf »Dienerin Allahs« an und posten rote Herzen mit dem Namen Allahs vor pinkfarbenem Hintergrund. Das Internet wimmelt von Dschihad-Kitsch. Aber was anfangs so harmlos daherkommt, dient eben vor allem dazu, Frauen anzuwerben.

Tatsächlich ist die Zahl der Mädchen und Frauen, die aus Deutschland in die Kampfgebiete in Syrien und im Irak ausgereist sind, in den vergangenen Jahren rapide gestiegen. Das Bundeskriminalamt und das Bundesamt für Verfassungsschutz gehen davon aus, dass 2014 mehr als jeder Fünfte, der aus Deutschland in die Kampfgebiete gereist ist, eine Frau war, im Jahr davor war es noch knapp jeder Siebte. Nachdem der IS im Juni 2014 sein Kalifat ausgerufen hat, war der Anteil sogar noch höher: Mehr als jeder Dritte der in der zweiten Hälfte des Jahres Ausgereisten war eine Frau oder ein Mädchen. Insgesamt sprechen die Behörden von 142 Mädchen und Frauen, die bis Mitte 2015 ausgereist sind. Auffallend ist, dass unter ihnen besonders viele Konvertitinnen – wie Silvia – sind. Während bei den männlichen Ausreisenden jeder Fünfte zum Islam konvertiert ist, ist es in der Gruppe der Frauen jede Dritte. Die Frauen, die ausreisen, sind im Schnitt jünger als die Männer, und sie sind besser ausgebildet. Unter ihnen gibt es deutlich mehr, die sich in erschreckend kurzer Zeit radikalisiert haben. Bei sechzig Prozent der Ausgereisten liegen zwischen dem Einstieg in die radikale Szene und der Ausreise in die Kampfgebiete weniger als zwölf Monate.

Auch bei unserer Arbeit fällt das vermehrt auf: Uns erreichen viel mehr Anrufe von Eltern, deren Töchter ausgereist sind, als früher. Einige sind dann schon weg, wie die Tochter der Anruferin, die mich mitten in der Nacht angerufen hatte (siehe Prolog). Andere stehen vielleicht kurz vor der Ausreise, wie Silvia.

Vor allem ihre Freundin Rebecca war mehr und mehr überzeugt davon, dass sie beide nach Syrien gehen müssten, um den Kampf des »Islamischen Staates« zu unterstützen. Nur dort entlang führe der sichere Weg ins Paradies, sagte sie über die

Ehe mit einem Kämpfer. Rebecca hatte ihren Kämpfer offenbar schon gefunden – sie heiratete ihren Freund aus der extremistisch-salafistischen Szene. Es klang alles danach, als hätte sie mit ihm schon Pläne geschmiedet. Immer wieder sprach sie über die Ungerechtigkeiten, die in Deutschland an der Tagesordnung seien: »Hier wirst du diskriminiert. Man schaut dich komisch an, wenn du ein Kopftuch trägst. In Syrien wird kein Muslim diskriminiert. Da wirst du respektiert, wenn du gläubig bist. Da halten alle zusammen. Nur da schätzen dich die Menschen.« Rebecca habe sich da richtig in Rage reden können, erzählte uns Silvia später.

Silvia begann, wie Rebecca, einen »Niqab« zu tragen – einen Gesichtsschleier. Freunde, Mitschüler und Lehrer sahen nur noch ihre Augen. Viele Menschen aus ihrem Umfeld quittierten das mit ablehnenden Kommentaren. »Vor allem Mama wollte das gar nicht akzeptieren« – was für Silvia bloß ein weiterer Beleg für die Richtigkeit ihres Tuns war, wie wir später mit ihr analysierten. Die extremistischen Salafisten predigten ja immer wieder genau dies: Die Ungläubigen werden euch ablehnen, aber ihr wisst es besser – ihr habt den rechten Weg gefunden. Auch ihre Freundin Rebecca bestätigte ihr das immer wieder.

Silvia selbst empfand die Vollverschleierung, für die sie sich dann entschied, keineswegs als Einengung. Im Gegenteil: Es gibt in den einschlägigen Foren und in den sozialen Netzwerken eine rege Diskussion dazu, dass der schwarze Mantel und der Gesichtsschleier die Frauen erst stark machten, da diese sie dem Blick und damit auch der Herrschaft der Männer entzögen. In manchen Sprüchen, die grafisch ansprechend aufbereitet als Facebook-Bildchen geteilt werden, erscheint die Verschleierung gar als ein Akt der Befreiung von der Herrschaft der Männer: »Ich trage meinen Hijab/Niqab nicht für meinen Vater! Nicht für meinen Bruder! Für niemanden außer für Allah! Meine Schamhaftigkeit ist für Allah! Ein Gebet im Quran! Für ihn und niemand anderen! Für sein Wohlgefallen! Um Allah näher zu sein.«

Nicht selten stilisieren sich die Frauen in der dschihadistischen Szene in ihren Facebook-Profilen als Ninja-artige Kämpferinnen – starke Frauen. Auf einem dieser häufig geteilten Bilder sieht man eine Vollverschleierte am Strand stehen. Darüber steht: »Viele meinen, ich lege meine Identität ab, wenn ich mich bedecke und sage, dass ich überzeugte Muslima bin. Im Gegenteil: Mein Din (meine Religion, d. A.) gibt mir Persönlichkeit, Wertschätzung, Respekt und eine fette Portion Identität. Ich bin Muslima und liebe es, Muslima zu sein.«

Auch Silvia war stolz auf ihr neues Ich. So ungewöhnlich zu sein, komisch angeschaut zu werden und trotzdem irgendwie über den anderen zu stehen, weil sie sich Allah näher fühlte, das machte sie stark. So hat sie es uns im Nachhinein beschrieben.

Sie ging kaum noch zum Unterricht. In der Gesamtschule jagte ein Problemgespräch das nächste, sodass sie sich auch in der Schule immer seltener gut aufgehoben fühlte.

In dieser Zeit machte ihre Freundin Rebecca ihr Vorhaben wahr: Eines Tages verschwand sie mit ihrem Ehemann. Silvia bekam nach einiger Zeit eine Nachricht von ihr: »Silvia, meine Schwester, wir sind gut angekommen. Komm bald nach.«

## Die »Hidschra« – die Auswanderung der Frauen

Eigentlich ist es im fundamentalistisch ausgelegten Islam Frauen gar nicht erlaubt, ohne »Marahm« – also ohne Ehemann oder männlichen Verwandten – zu reisen. Aber mittlerweile gibt es Fatwahs, also Rechtsgutachten von islamischen Gelehrten, die behaupten, wenn es um den Dschihad gehe, dann dürften sich Frauen auch alleine auf ihre »Hidschra« begeben – ihre Ausreise in die Wege leiten.

»Hidschra« steht eigentlich für den Auszug des Propheten Mohammed aus Mekka und seine Reise nach Medina im Jahr 622. Er wollte der Verfolgung in Mekka entgehen, wo seine Anhänger von Nicht-Muslimen bedroht worden waren. Mit der Hidschra wollte Mohammed seine Glaubensgemeinschaft stärken. Heute verstehen die meisten Muslime den Begriff als Aufforderung zur Schaffung einer besseren Welt. Die Lehren der IS-Terrormiliz haben den Begriff allerdings umgedeutet. In ihrer Lesart sollen Muslime nicht ausziehen, um in Frieden zu leben, sondern um in den Krieg gegen Ungläubige zu ziehen. Ähnlich wie den Begriff »Dschihad«, der in ihrer Deutung nur noch als »Heiliger Krieg« verstanden wird (im zweiten Kapitel über Adam habe ich das genauer erklärt), haben sie auch den Begriff »Hidschra« quasi militarisiert.

Die betroffenen Eltern fragen mich oft, woher die Jugendlichen denn wissen, wie man nach Syrien kommt. Tatsächlich kursiert im Internet eine Art Dschihad-Reiseführer für Ausreisewillige: *Hidschra to the Islamic State* (Hidschra in den Islamischen Staat). Das ist ein englischsprachiges E-Book mit einer Schritt-für-Schritt-Anleitung für die Reise. »Was man packen muss, wo man hinmuss, Reisegeschichten und mehr« preisen die Autoren im Untertitel an – ein bisschen wie *Dschihad für*

*Dummies*: Wie viele Gepäckstücke braucht man, was kommt in welches Gepäckstück, wie ruft man ein Taxi, wo kommt man über die Grenze? Ein ganzes Kapitel widmet sich speziell der Ausreise von Frauen.

»Lass dir von deinen Bekannten in Syrien Telefonnummern von der Grenze geben, bevor du in die Türkei fliegst. Das ist wichtig, da du nicht mutterseelenallein in der Türkei stranden willst, falls du den Kontakt zu deinen Bekannten verlierst. Wahrscheinlich wirst du mehr als eine Nummer bekommen, mindestens zwei. Schreibe sie auf ein Stück Papier, das du sicher aufbewahren solltest. Gib ihnen aber keinen Namen (oder noch besser: Gib ihnen einen falschen Namen). Sichere sie außerdem in deinem Handy (aber nicht als Eintrag unter ›Osama bin Laden‹, okay? Versprochen? Gut).«

Witzeleien, die ich ziemlich unerträglich finde angesichts der Lebensgefahr, die am Ziel dieser Reise wartet.

Der Autor rät weiter, nicht allein per Bus zur Grenze zu reisen, das sei zu gefährlich für Frauen, besser solle man das Flugzeug nehmen. Seine Anweisungen sind sehr detailliert und richten sich offenbar vor allem an junge Frauen.

»Hab auf jeden Fall ein Handy dabei. (Bitte versuche nicht, Hidschra zu machen, wenn deine Eltern das Handy konfisziert haben.) Es ist besser, wenn du ein Android Smartphone nimmst, das nicht an einen Vertrag gebunden ist. Kauf am Flughafen eine SIM-Karte. Aber nimm nicht irgendeine SIM-Karte, kauf eine Turkcell-SIM-Karte. Kauf auf jeden Fall genügend Minuten, um Anrufe zu machen (es ist auch nicht verkehrt, international telefonieren zu können), und genügend Datenvolumen, um im Internet zu surfen (1 GB sollte reichen, in sha Allah).«

Als ich diese Anleitungen zum ersten Mal las, habe ich mich gefragt, ob man die Weiterverbreitung denn nicht verhindern kann. Unser Internetfachmann hat mir dann aber gezeigt, wie viele verschiedene Versionen von diesen Veröffentlichungen im Internet kursieren. Wenn eine der Sharing-Webseiten eine Version löscht, stehen immer noch genügend andere zur Verfügung. Diese Bücher und Pamphlete werden immer neu abgelegt.

In dem Hidschra-Führer wird den jungen Frauen geraten, am Flughafen nicht in Gruppen aufzutreten, am besten auch nicht im selben Flugzeug zu reisen und freundlich zu den Grenzbeamten zu sein. Angesichts der Ratschläge des Buches wird interessanterweise auch deutlich, dass vollverschleierte junge Frauen, die nach Syrien wollen, am Istanbuler Flughafen keine Seltenheit darstellen. Zumindest möchte es den Eindruck vermitteln – man kann bei Publikationen aus dem Umfeld des IS Wahrheit und Propaganda nicht trennen.

»Sei vorsichtig, am Flughafen könnte es viele Leute geben, die dich belästigen. Es ist irgendwie offensichtlich, was du vorhast. Sie können es nur nicht beweisen, dass du die Hidschra zum Islamischen Staat machen willst. Die Leute dort haben Hunderte wie dich gesehen, die den Sprung gewagt haben. Sie werden dir vorschlagen, dich zur Grenze zu bringen oder so. Lehne es einfach ab, ignoriere sie, lass dich nicht auf Diskussionen ein, und ziehe keine Aufmerksamkeit auf dich.«

Schon in diesem Dschihad-Reiseführer wird angedeutet, welche Rolle die Frauen in dem pseudo-islamischen Gottesstaat einnehmen sollen: gehorsame Ehefrauen, die sich um den Haushalt kümmern und wenig Kontakt zur Außenwelt haben. So heißt es in dem Buch: »Folge den Anweisungen, die dir gegeben wurden. Wenn dir gesagt wurde, dass du auf einen Anruf warten sollst, dann wirst du auf einen Anruf warten müssen. (Es ist ganz einfach. Höre. Und gehorche.)«

Ich zitiere auch so ausführlich aus diesem Buch, um zu zeigen: Es ist nicht gerade so, dass sich die Mädchen ein völlig falsches Bild von dem machen, was sie dort erwartet.

Auch aus der Gefährlichkeit des Grenzübertritts wird kein Hehl gemacht.

»Wenn ihr freie Bahn habt, um über die Grenze zu kommen, musst du dich schnell bewegen. Trage deine bequemsten Turnschuhe ever. Es kann gut sein, dass du rennen musst (sehr wahrscheinlich). Wenn du Kinder dabeihast, mach dir keine Sorgen, es wird Brüder geben, die dich begleiten, und die werden dir helfen. In sha Allah (so Gott will, d. A.). Wir raten dir, eine zusätzliche Abaya (Mantelkleid, d. A.) mitzunehmen, da du unter Stacheldraht hindurchklettern musst, wenn du zur eigentlichen Grenze kommst. Falls deine Kleidung reißt, hast du eine Abaya, um deinen Körper zu bedecken.«

Tatsächlich sind mehr als die Hälfte der Frauen aus Deutschland mit Kindern in das Territorium des sogenannten Islamischen Staates gereist. Das Bundeskriminalamt und der Verfassungsschutz gehen in ihrer Studie von zweiundsechzig Prozent aus. Der Dschihad-Reiseführer schreibt, die Frauen würden höchstwahrscheinlich schnell ins IS-Territorium gebracht, meistens in die Stadt Rakka. Dort gebe es extra ein Haus für die unverheirateten Schwestern – und das ist die Mehrzahl derjenigen, die aus Deutschland ausgereist sind. Zumindest lässt sich das aus den Zahlen der Sicherheitsbehörden schließen. Demnach gilt es nur bei sechzehn Prozent der Ausgereisten als sicher, dass sie entweder mit ihrem Ehemann ausgereist oder ihrem Ehemann hinterhergereist sind. Auf der anderen Seite lässt sich für neunzehn Prozent der Ausgereisten eindeutig bestätigen, dass sie nach Syrien oder in den Irak wollten, um dort zu heiraten.

Im Internet gibt es mittlerweile richtiggehende Heiratsbörsen. Da posten die ausgereisten Islamisten über verschiedene Netzwerke, welche Art von Frau sie suchen. In einigen Fällen wird der Kontakt zwischen Mann und Frau schon geknüpft, bevor sie ausreisen. So war es auch im Fall von Celine, einem weiteren Mädchen, das wir betreuen. Auch ihre Geschichte möchte ich hier neben der von Silvia genauer erzählen.

## Vom Mobbing-Opfer zur Islamistin

Celine Smith betreuen wir erst seit einigen Monaten. Sie ist siebzehn Jahre alt und geht ebenfalls noch zur Schule. Nach eigener Auskunft ist sie fest mit einem vierundzwanzigjährigen Tunesier liiert, der zwar in Tunesien lebe, dem sie aber fest versprochen sei, wie sie sagt, und den sie unbedingt heiraten möchte. Mit ihm chattet sie jeden Tag, er liest ihr dann stundenlang Koran-Zitate vor, und weil sie ihrer Mutter nicht nur von dieser Beziehung erzählt, sondern ihr auch mitgeteilt hat, dass sie nach Syrien gehen wolle, um dort mit ihm zusammenzuleben, hat sich Margarete Smith erst an das Bundesamt für Migration und Flüchtlinge und dann an uns gewandt.

Zwei Jahre schon ist das Verhältnis von Mutter und Tochter gestört, obwohl sie davor eigentlich sehr innig miteinander verbunden waren. Celines Eltern sind wie die Eltern von Silvia ebenfalls geschieden. Seit der Scheidung wohnt Celine mit ihrer Mutter und ihrer Großmutter in einem Haus in der Nähe von Konstanz. Ihr Vater kommt regelmäßig zu Besuch.

Es dauerte sehr lange, bis Celines Mutter erfuhr, warum sie plötzlich nicht mehr so richtig an ihre Tochter herankam: Celine war an ihrer alten Schule auf grausame Art und Weise gemobbt und misshandelt worden. Mitschüler hatten sie geschlagen und gequält, sie haben ihr unter anderem die Haare ausgerissen und sie mit einem Seil an einem Baum festgebunden. Celine selbst hat nie etwas darüber gesagt – weder ihrer Mutter noch der Schulleitung. Es waren Eltern anderer Schüler, die der Mutter schließlich von den Vorfällen berichteten.

Margarete Smith hat uns gleich zu Beginn der Beratung davon erzählt, denn für sie sind die Demütigungen die einzig plausible Erklärung dafür, dass Celine plötzlich Halt und Geborgenheit im muslimischen Glauben suchte. Im Frühjahr 2014, da war sie fünfzehn, konvertierte Celine sogar zum Islam und trat aus der katholischen Kirche aus. Um ihre Tochter nicht zu verlieren, akzeptierte die Mutter das. Sie kochte zum Beispiel ohne Schweinefleisch. So ähnlich hätten wir ihr das zu dem Zeitpunkt wahrscheinlich auch geraten: nicht in die Opposition gehen, lieber versuchen, die neue Religion erst mal anzunehmen.

Lediglich in der Öffentlichkeit ein Kopftuch zu tragen, das sollte die Tochter nicht – zu Hause war es immerhin erlaubt. Für Celine war das jedoch nicht hinnehmbar, ab diesem Zeitpunkt stritten sie viel. Die Kleidungsfrage ist für das Mädchen sehr wichtig – auch in unseren Gesprächen mit ihr geht es oft darum.

Als Celine eine IS-Fahne auf ihrem Facebook-Profil postete, wandte Margarete Smith sich über eine Hotline an uns und nahm ihrer Tochter den Pass weg. Celine lernte da schon Arabisch und las seit einiger Zeit sehr intensiv im Koran. Sie hatte in der Zwischenzeit die Schule gewechselt – aber auch dort will sie mittlerweile nicht mehr hingehen, weil sie im Unterricht kein Kopftuch tragen darf.

Als unser Mitarbeiter Celine zum ersten Mal traf, trug sie den Niqab – also die Vollverschleierung, bei der nur noch die Augen sichtbar sind. Sie erzählte, dass sie die meisten Dinge über den

Islam aus Videos der deutschen Salafisten-Prediger Pierre Vogel und Sven Lau wisse. Celine hat nicht viele Freunde – ihre Radikalisierung scheint vorwiegend über das Internet gelaufen zu sein. Sie berichtete uns von dem ihr zugesprochenen künftigen Ehemann, den sie über das Internet kennengelernt habe, und wir bekamen im Gespräch den Eindruck, dass sie wirklich sehr entschlossen zu sein schien, ihn zu heiraten.

Bei einem der Treffen schlug unser Mitarbeiter Celine ein Rollenspiel vor. Er wollte herausfinden, wie ernst es ihr mit dem Wunsch war, nach Syrien zu gehen.

»Celine, stell dir bitte folgende Situation vor«, begann er das Gespräch. »Ihr habt tatsächlich geheiratet und lebt in Tunesien oder in Syrien – das ist in diesem Fall egal. Jetzt stell dir vor, dein Mann droht dir Gewalt an, oder er schlägt vielleicht sogar zu. Gibt dir eine Ohrfeige, weil du dich in seinen Augen nicht richtig verhalten hast. Wie würdest du darauf reagieren?«

»Das fände ich nicht so schlimm«, antwortete Celine. »Ich würde dann nach anderen Eigenschaften an ihm suchen, die mir mehr gefallen. Die würde ich dann für mich hervorheben, und die schlechten Eigenschaften würde ich versuchen zu ignorieren.«

»Aber dann unterwirfst du dich doch deinem Mann, wenn du es zulässt, dass er dich schlägt«

»Ich unterwerfe mich meiner Religion.«

»Im Islam ist es aber anders. Denn im Koran steht, Sure 49: ›O Ihr Menschen, Wir haben euch von einem männlichen und weiblichen Wesen erschaffen, und Wir haben euch zu Verbänden und Stämmen gemacht, damit ihr einander kennenlernt.‹ Kannst du dir vorstellen, was damit gemeint ist?«

»Gott hat Mann und Frau erschaffen.«

»Ja, und er hat die Menschen unterschiedlich geschaffen.

Aber nicht, um sie auszugrenzen oder zu diskriminieren. Die Vielfalt soll dazu führen, dass Menschen sich füreinander interessieren, sich kennenlernen. Du findest im Koran zahlreiche Stellen, wo steht, dass Mann und Frau dieselben Rechte und Pflichten haben. Wir können sie uns gern anschauen, wenn dich diese Frage interessiert. Du findest keine Stelle, wo sie ungleich behandelt werden. Und im Islam sind Gewaltfreiheit und Respekt vor jedem Leben wichtige Merkmale – jemanden zu schlagen, das widerspricht dem.«

Unser Mitarbeiter erklärte ihr ausführlich die Grundlagen des Islam, diskutierte mit ihr die wichtigsten Inhalte des Glaubens und Aspekte des religiösen Alltags – ohne allerdings ihre Sicht auf den Glauben zu sehr zu kritisieren. Wir wollten nicht, dass sie sich abgelehnt fühlt, sondern versuchten behutsam, sie für andere Sichtweisen zu interessieren.

Wir hielten sie nach dieser ersten Begegnung für stark ausreisegefährdet, auch weil sie selbst sagte, dass sie entsprechende Kontakte in der Szene habe, die das organisieren könnten.

## Leben im Krieg

Was für ein Leben Celine und die anderen Frauen in Syrien erwarten würde, das beschreiben diejenigen, die schon da sind, in den schönsten Farben. So berichten sie zum Beispiel von dem frischen Obst, das es in rauen Mengen gebe, etwa den schmackhaften Melonen.

Eine Frau, die anonym unter dem Namen »Muhajira« (die Auswanderin) einen Blog im Internet schreibt, veröffentlicht regelmäßig Rezepte wie »Deutsch-syrische Käsespätzle« oder »Syrischer Brownie während der russischen Invasion« und schreibt dazu: »Schmecken tut er am besten bei hohen Verlusten seitens der Russen.« Die Hähnchenbrust würde umgerechnet nur 1,93 Euro das Kilo kosten und gehöre damit schon zu den teuren Lebensmitteln.

Ihren Twitter-Account hat sie stolz folgendermaßen untertitelt: »Ausgewandert für Allah, Mutter von kleinen Muhajirin, Ehefrau eines Mujahids.« Das Territorium des »Islamischen Staates« ist für sie das gelobte Land: »Im Land der Kuffar unterliegst du deren Gesetzesbüchern und machst, was dein Chef dir in der Arbeit sagt, wenn du nicht grad irgendwelche Hartz-IV-Formulare ausfüllst und mit den Ämtern kämpfen musst. Hier aber herrschen unsere Gesetze, Allahs Scharia. Man arbeitet nicht für Hans-Peter in der Fabrik oder im Büro zwischen 7 und 16 Uhr, um dann noch seine Gebete in den kleinen Pausen in Hektik (manchmal an dreckigen und ungeeigneten Plätzen) zu verrichten. Hier arbeitest du 24 Stunden konzentriert für Allah. Allahs Religion ist hier keine Nebensache, sondern Mittelpunkt deines Alltags.«

Diesen Alltag skizziert »Muhajira« eher mit einer Prise Abenteuerlust – und benennt die wirkliche Gefahr natürlich nicht –, wenn sie beispielsweise beschreibt, wie sie während eines Bombenangriffs auf Rakka das Haus verlassen müssen oder wie ihr Mann sie eines Tages abholte:

»›Mach dich bereit. Wir gehen mit den Geschwistern an einen schönen Ort und essen dort Falafel und Kebab‹, sagte mein Ehemann. Schnell alles zusammengepackt, fuhren wir zu einem Fluss. Wir Frauen konnten unten sitzen und die Männer oben. So waren wir von den Männern abgeschirmt. Das Essen war sehr lecker. Salat gab es dazu. Frisches kaltes Quellwasser ebenfalls. Plötzlich hörten wir Schüsse. Unsere Männer visierten auf der anderen Flussseite einen orangefarbenen Gegenstand an und versuchten, diesen mit ihren Sturmgewehren zu treffen. Das war eine Prise Spaß zum leckeren Essen und ein wunderschönes Gefühl zu sehen, wie der eigene Mann schießt mit seinem Gewehr. Einfach ein richtiger Mann. Ja Subhan Allah, ein Mujahid ist er, ein Soldat Allahs und nicht ein Blauhelm oder deutscher Soldat.«

Es ist nicht klar, wer diesen Blog schreibt, ob es überhaupt eine Frau ist. Klar ist aber, dass es garantiert nicht ohne Wissen der IS-Terrormiliz geschieht. Ihre Außendarstellung kontrolliert sie sehr genau, und so ist der Blog wohl eher als Teil der Propaganda zu sehen denn als authentischer Alltagsbericht.

Ebenso verhält es sich mit dem englischsprachigen E-Book *The Islamic State*, in dem fast paradiesische Zustände angepriesen werden. Wie auch der Quasi-Reiseführer *Hidschra to the Islamic State* wird es über Links in Internetforen weitergereicht. In dem Buch sind Bilder von vollverschleierten Frauen zu sehen, die in der Stadt Mossul vor einer Universität stehen und stolz ihre Diplom-Urkunden zeigen. Als Zeichen für die gute Ausbildung, die Frauen dort bekämen. Eine Ausbildung, die sie selbstredend nicht zu selbstständigen Frauen erziehen soll, sondern zu guten Müttern und Ehefrauen. Und von denen braucht der IS mehr.

Unter den »Zehn Fakten über den islamischen Staat, die jeder wissen sollte«, werden all die sozialstaatlichen Leistungen gepriesen, die es angeblich dort gibt:

»Wir zahlen hier keine Rente. Häuser werden umsonst abgegeben. Wir zahlen weder Strom noch Wasserrechnungen. Wir werden mit einer monatlichen Essensration ausgestattet. Spaghetti, Pasta, Lebensmittel in Dosen, Reis, Eier und so weiter. Ein monatliches Einkommen kommt nicht nur jedem Ehemann und seiner Frau beziehungsweise seinen Frauen zu, sondern auch jedem Kind. Medizinische Untersuchungen und Medizin sind umsonst – der Islamische Staat zahlt das für dich. Du kannst auch ohne Arabisch zu sprechen überleben. Du findest fast jede Nationalität und jede Hautfarbe hier. Für jedes frisch vermählte Paar gibt es 700 US Dollar als Hochzeitsgeschenk. Du zahlst keine Steuern (wenn du ein Muslim bist). Keiner arbeitet während der Gebetszeiten. Du kannst Leute sehen, die ihre Läden geöffnet lassen und dann beten. Die Anzahl der Misch-Ehen und bi-nationalen Kinder ist so hoch. Es ist einfach schön, Zeuge dieser Brüderlichkeit ohne Rassismus zu sein.«

Hier sollen nicht nur Kämpfer überzeugt werden, sondern eben auch diejenigen, die bereit sein könnten, deren Ehefrauen zu werden. Solche und ähnliche Propaganda-Materialien schickt Silvias Freundin Rebecca ihr regelmäßig zu.

An anderer Stelle heißt es: »Der Islamische Staat versorgt seine Bürger – anders als kapitalistische westliche Staaten – mit den lebensnotwendigen Gütern. (...) Die Menschen in al-Raqqa können in ein Restaurant gehen und bekommen drei Mahlzeiten am Tag umsonst.«

Eine Propaganda-Offensive, die auch über den Kurznachrichtendienst Twitter geführt wird: »Wer stellt eine bessere Versorgung für deine Frau und dein Kind zu Verfügung? Das Kalifat oder Finnland?« Das fragt dort ein User namens Abu Ramaysah, um die erwartbare Antwort zu geben, dass es natürlich der »Islamische Staat« sei, der für ein Kind und eine Frau hundertfünfzig Euro zahle. Da wird ein Wohlfahrtsstaat suggeriert, der einen den Krieg, der dort tobt, fast vergessen lässt.

Dieses Bild versuchen wir ins Wanken zu bringen, wenn wir mit Frauen wie Silvia und Celine arbeiten. Wir zeigen ihnen zum Beispiel die Bilder von Anti-IS-Aktivisten. Die berichten nämlich ganz andere Dinge – aus der selbsternannten Hauptstadt des »Islamischen Staates« zum Beispiel. »Raqqa is being slaughtered silently« ist so eine Widerstandsgruppe, die über Plakate und Graffiti versucht, der IS-Propaganda etwas entgegenzusetzen, und die vom IS unabhängige Informationen aus der Stadt schmuggelt. So filmten Mitglieder etwa lange Schlangen, in denen Kinder stundenlang mit Eimern anstanden, um sauberes Wasser zu erhalten. Strom gebe es nur drei Stunden am Tag, berichteten sie, und dass das einzige Krankenhaus der Stadt habe schließen müssen.

Die Aktivisten begeben sich selbst in Lebensgefahr, um diese Bilder und Filme aus der Stadt zu bringen. Einige aus der Gruppe hat der IS bereits umgebracht, andere sind geflohen, weil sie und ihre Familien bedroht wurden. Aber einige harren aus. Im Gegensatz zur Bloggerin »Muhajira« stellen sie in aller Drastik den Schrecken der Bombardements dar. Aus verschiedenen Quellen weiß ich, dass auch die deutschen Auswanderinnen keineswegs mehr ein Leben in Rosarot führen. Während draußen der Krieg tobt, verbarrikadieren sie sich, einige der Ehemänner sind in den Kämpfen getötet worden. Ich habe gehört, dass eines der Mädchen schwanger sei. Eine ziemlich trostlose Situation.

Mittlerweile machen außerdem Nachrichten die Runde, dass der »Islamische Staat« all die finanziellen Anreize stark zusammenkürzen musste. Die Sanktionen und Luftangriffe scheinen Wirkung zu zeigen. Kostenlose Energy-Drinks und Schokoriegel seien gestrichen, Obst und Gemüse würden in Rakka immer teurer und müssten mittlerweile in Dollar bezahlt werden, berichteten Flüchtlinge einer Nachrichtenagentur.

Aber das sind Informationen, die Celine und die anderen Mädchen, die so ticken wie sie, kaum erreichen. Sie verlassen sich auf ihre vermeintlichen Heilsbringer – und die schweigen natürlich dazu.

Ob wir es schaffen, Celine von ihrem Plan abzubringen, das

muss an diesem Punkt offenbleiben, denn sie ist einer unserer jüngsten Fälle – sie ist momentan in intensiver Betreuung, und wir hoffen, dass wir bald zu ihr durchdringen können.

Celine ist ein wirklich schwieriger Fall, denn eigentlich müsste sie dringend psychologisch betreut werden. Aber Psychotherapeuten und andere »helfende Institutionen« lehnt sie ab. Nur einen muslimischen Berater kann sie annehmen. Ihm erzählte sie sogar von ihren Mobbing-Erlebnissen und sprach mit ihm über das Verhältnis zu ihrer Mutter. Wohl auch, weil er über die religiöse Ansprache Kontakt zu ihr findet. Aber selbst er stößt immer wieder an seine Grenzen und braucht meine Unterstützung, um nicht frustriert aufzugeben.

Die Berater sind in einem schwierigen Arbeitsfeld tätig. Sie wissen, dass von ihrer Tätigkeit Leben und Tod abhängen können. Daher ist es wichtig, dass sie jeden Schritt und jedes auftretende Problem mit mir besprechen können. Das kann entlasten und den emotionalen Druck verringern. Wir versuchen gemeinsam, neue Wege zu finden, die sich aus der Beratungssituation bisher nicht ergeben haben.

Ich telefoniere oft mit Celines Betreuer, um zu beratschlagen, was er zum Beispiel tun kann, um sie von ihrem Rechner und damit von den salafistischen Internetforen wegzubekommen. Aber immer, wenn er denkt, er sei einen Schritt weitergekommen mit ihr, holt sie sich die Gegenmeinung aus dem Internet ein, und beim nächsten Treffen fangen sie wieder von vorne an. Wir überlegen dann gemeinsam, ob er sie zu ihrem Hobby Reiten bewegen und wie mit der Bekleidung beim Reiten umgegangen werden könnte.

Das Wichtigste ist aber, die Berater zu stärken, ihnen zu sagen, was sie bisher schon geleistet hätten, und ihnen Mut zu machen, nicht aufzugeben.

Vor allem in diesen aussichtlos erscheinenden Phasen unserer Arbeit ist es wichtig, dass der Betreuer alles versucht, um dranzubleiben und nicht den Kontakt zur Klientin zu verlieren. Denn solange jenseits der extremistischen Szene noch andere soziale Kontakte bestehen, gibt es eine Möglichkeit zum Ausstieg. Brechen diese Kontakte jedoch auch noch ab, ist die Gefahr einer Ausreise sehr groß, weil einen hier dann gar nichts mehr hält.

Für Celine war ihre Scheinwelt im Internet unangreifbar. Außer zur Mutter und zu unserem Berater hatte sie keine direkten sozialen Kontakte mehr. Nur noch solche in sozialen Netzwerken und in ihrer visionären Welt der Propagandafilme. Das änderte sich, als das häusliche Internet eine Zeitlang nicht mehr funktionierte, da brach für sie für einen Moment ihre Welt zusammen. Danach wendete sich das Blatt – sie öffnete sich ihrer Mutter und unserem Berater. In den Gesprächen ist sie mittlerweile ruhiger geworden, hält inne, hört mehr zu und sucht nicht mehr ständig die Konfrontation.

Im Moment sind wir auf der Suche nach einer neuen Schule für Celine. Es wäre dann die dritte in kurzer Zeit. Die Schule, an der sie so grauenhaft gemobbt wurde, musste sie wegen ihrer schlechten Noten verlassen. Um sich zu schützen, hat sie sich einen religiösen Schutzmantel zugelegt, sie hat sich mit dem Kopftuch verhüllt.

Aber ihre jetzige Schule akzeptiert das Kopftuch nicht. Wir haben zwar versucht, mit dem Leiter zu verhandeln, dass er für Celine eine Ausnahme macht. Aber er lehnte das leider ab.

Eines unserer wichtigsten Ziele ist es, Celines Selbstwertgefühl zu stärken. Es wäre daher fatal, wenn man sie dazu zwingen würde, ohne Kopftuch zur Schule zu gehen. Unserer Einschätzung nach würde sie sich dann als genau das Opfer von

Diskriminierung sehen, das ihre Islamisten-Vorbilder immer an die Wand malen.

## Unfreiheit und Unterdrückung erscheinen attraktiv

Celine und Silvia verbindet, dass sie sich in krisenhaften Situationen befinden und dass sie genau in dieser Zeit in Kontakt zur extremistisch-salafistischen Szene gekommen sind. Nicht durch Zufall. Die dschihadistischen Salafisten nutzen genau solche biografischen Brüche für ihre Zwecke, das sehen wir in unseren Beratungen sehr oft. Wenn jemand nicht weiterweiß, ist es umso erfolgversprechender, wenn man einfache Lösungen anzubieten hat. Nach dem Motto: »Allah ist der Einzige, der dir jetzt helfen kann, und wir bringen dir bei, wie man ihn korrekt verehrt. Das Einzige, was dir jetzt helfen kann, ist ein Leben für den Islam.«

Für ein solches Leben sind Frauen wie Silvias Freundin Rebecca offenbar bereit, alle Freiheiten und alle Rechte, die ihnen in Deutschland zustehen, über Bord zu werfen. Ein Leben in Unfreiheit und Unterdrückung erscheint auf einmal attraktiv, weil sie es gar nicht als unfrei empfinden. »Nun bin ich hier«, schreibt Bloggerin »Muhajira«, »auf dem Boden des Dschihad, dem Boden der Ehre, in Syrien. (...) Endlich darf ich frei sein, meinen Niqab tragen, so, wie ich will, ohne Spott zu sehen und zu hören.« Ein Motiv, dem man immer wieder begegnet – auch in den Facebook-Einträgen der bekehrten Frauen, wo zu lesen ist, dass der »Islamische Staat« der einzige Ort sei, wo eine Frau so leben könne, wie sie möchte. Ich bin jedes Mal wieder erstaunt, wie gut diese Gehirnwäsche funktioniert, dass man sich in einem freiheitlich-demokratischen System unterdrückt fühlt, in einer Gewaltherrschaft jedoch nicht.

Die Frau darf im sogenannten Islamischen Staat kaum noch das Haus verlassen, schon gar nicht ohne Verschleierung. Sie muss akzeptieren, dass ihr Mann noch mehr Ehefrauen neben ihr hat, dass er sie umfänglich kontrolliert und dass er von ihr erwartet, dass sie seine sexuellen Bedürfnisse befriedigt. Nur ist das den meisten Frauen, die nach Syrien gehen, vorher so nicht klar.

»Al-Khansaa«, die Frauengruppe des »Islamischen Staates«, hat ein Pamphlet veröffentlicht, in dem sie den vermeintlichen Alltag für Frauen dort darstellt. Es ist eine Art Werbeprospekt, um weibliche Mitglieder zum Kommen zu bewegen, die vielleicht noch zögern. Die Quilliam-Stiftung in London, die zum Thema Radikalisierung forscht, hat das Handbuch Anfang 2015 auf Englisch übersetzt, damit es unter anderem der Extremismus-Forschung zugänglich gemacht wird. Die Stiftung merkt zu Recht an, dass sich das Papier offensichtlich nicht an Musliminnen in westlichen Staaten richte, da es sonst von vornherein schon auf Englisch erschienen wäre. Zielgruppe seien wohl eher arabische Frauen in den Golfstaaten.

Celine und Silvia werden diesen Text deshalb wohl nicht gelesen haben. Ich habe ihn jedoch sehr interessiert studiert, weil er ein klares Bild der Rollenverteilung im »Islamischen Staat« zeichnet. Einzelne Abschnitte daraus lassen sich gut in unseren Beratungen nutzen, um den Mädchen und Frauen vor Augen zu führen, was sie erwarten würde.

»Die zentrale These dieses Papiers ist, dass Frauen wie Männer geschaffen wurden, um die Erde zu bevölkern. Aber, wie Gott es wollte, war *sie* aus Adam erschaffen worden und für Adam. Darüber hinaus erließ ihr Schöpfer, dass es keine größere Verantwortung für sie gab als die, ihrem Mann eine Ehefrau zu sein. (…) Das Problem heute ist, dass Frauen aus einem wichtigen Grund ihre fundamentale Rolle nicht mehr erfüllen – die Rolle, die sich im Einklang mit ihrer tiefsten Natur befindet. Denn Frauen bekommen nicht das wahrhafte Bild von Männern präsentiert, da es immer mehr entmannte Männer gibt, die ihre Verantwortung gegenüber der muslimischen Gemeinschaft, der Religion und dem Volk nicht schultern können; noch nicht einmal die gegenüber ihren Häusern und ihren Söhnen, die nun von den Ehefrauen unterstützt werden. Dieser Gedanke ist vielen Frauen leider noch nicht gekommen. Dieser Umstand hat Frauen von ihrer wahrhaften Rolle entfremdet, ohne dass sie es bemerken.«

Es war also nicht die Modernisierung und nicht die Emanzipation der Frau – Ursache der Gleichberechtigung, die diese Frauen ablehnen, ist die Schwäche der Männer. Noch nicht einmal ihre eigene Emanzipation wird den Frauen zugerechnet.

Im Folgenden geht es den Verfasserinnen dann darum, ihre Geschlechtsgenossinnen zurück auf den rechten Weg zu führen.

»Während der Islam dem Mann die Herrschaft gibt, verleiht er den Frauen die Ehre der Umsetzung und Ausführung. Dies ist ein Gleichgewicht, auf das man sich bei der Schaffung der Menschheit geeinigt hat und an das wir uns gewöhnt haben – ein Anführer, der kontrolliert und dazu in der Lage ist, und andere, die sich von ihm führen lassen, die ihm gehorchen und seine Wünsche ausführen. (…) Es ist die fundamentale Rolle der Frau und ihr angestammter Platz. Es ist der harmonische Weg für sie zu leben, und so soll sie sich zwischen ihren Söhnen und in ihrem Volk verhalten, um die nächste Generation aufzuziehen, zu erziehen, zu schützen und zu behüten. (…)

Die Großartigkeit ihrer Position, der Grund ihrer Existenz ist die göttliche Pflicht der Mutterschaft.«

Um diese Aufgabe erfüllen zu können, müssen die Frauen gebildet sein, schreiben die Verfasserinnen weiter. »Wir sagen: ›Bleibt zu Hause‹, aber wir unterstützen in keinster Weise Analphabetentum, Rückständigkeit oder Ignoranz.« Auch für Frauen sei Bildung wichtig, heißt es, auch sie sollten in Arabisch, Mathematik, Religion und Stricken unterwiesen werden. Das Haus verlassen sollen Frauen demnach aber nur, um der Gemeinschaft zu dienen. Das Lernen gehört dazu, eine Arbeit aber nur in absoluten Ausnahmefällen: »Einen Job zu haben, ist eine Aufgabe, die für die Männer reserviert ist – dafür wurde ihm ein Körper und ein Gehirn gegeben.« Nur Ärztinnen und Lehrerinnen dürften ihrem Beruf nachgehen. Kämpfen dürften Frauen nur in absoluten Ausnahmefällen – dann nämlich, wenn nicht genügend Männer da seien, um das Land zu verteidigen. Ob sie in den Krieg zögen, dürften sie nicht selbst entscheiden. Ein Islam-Gelehrter müsse es erlauben.

Die Facebook-Bilder der Ausgereisten, die wir zu sehen bekommen, suggerieren da manchmal etwas anderes. Die schon früher erwähnte Sawda zum Beispiel veröffentlichte ein Bild mit Gewehr auf ihrem Facebook-Profil. Immer wieder kursieren in den sozialen Medien auch Bilder einer Frauenbrigade, die angeblich für die IS-Terromiliz kämpft. BKA und Verfassungsschutz gehen davon aus, dass etwa jede fünfte Ausreisende auch das Ziel hat, an Kampfhandlungen teilzunehmen. Tatsächlich gehen die Behörden zwar davon aus, dass sich mittlerweile zwanzig Deutsche im Namen des »Islamischen Staates« als Selbstmordattentäter in die Luft gesprengt haben, unter ihnen war aber keine einzige Frau. Während mehr als jeder zweite männliche Ausgereiste gekämpft hat, stellen die Sicherheitsbehörden das nur für drei Frauen fest – das sind zwei Prozent der aus Deutschland Ausgereisten.

In den verschiedenen Publikationen der IS-Terrormiliz wird ähnlich wie oben immer wieder darauf hingewiesen, dass es nicht die Aufgabe der Frauen sei zu kämpfen. Wir gehen deshalb davon aus, dass Frauen, die in die Kampfgebiete gehen, dort nicht an die Front geschickt werden.

Scheinbar im Widerspruch dazu steht allerdings der Fall der beiden Deutschen Valentina S. und Merve D. Die beiden sind 2013 und 2014 ausgewandert und seitdem vom Radar der Behörden verschwunden – bis sie im Herbst 2015 auf einer Fahndungsliste des türkischen Geheimdienstes wieder auftauchten, weil sie ein Selbstmordattentat geplant haben sollen. Türkische Medien hatten die Liste veröffentlicht. Valentina und Merve sind darauf zwei von insgesamt einundzwanzig Personen, nach denen die türkischen Behörden mit Foto und Namen suchten. Sie vermuten, dass beide etwas mit dem Attentat auf das kurdische Kulturzentrum von Suruç zu tun haben, bei dem im Juli 2015 vierunddreißig Menschen ums Leben kamen. Mehr ist darüber aber nicht bekannt. Auch nicht, in welcher Weise sie das Attentat unterstützt haben sollen.

Ein weiterer Aspekt des Lebens auf dem Territorium des sogenannten Islamischen Staates, der für deutsche Frauen gelinde gesagt ungewohnt sein dürfte, ist die Vielehe. Die Ehe mit mehreren Frauen ist dort genauso erlaubt wie die mit Kindern: »Es wird als legitim betrachtet, wenn ein Mädchen mit neun Jahren heiratet. Die meisten reinen Mädchen werden aber mit 16 oder 17 verheiratet, wenn sie noch jung und aktiv sind«, heißt es dazu im Pamphlet der Al-Khansaa-Frauen. Männer sollten möglichst bis zwanzig verheiratet sein, um möglichst schnell eine neue Generation von Kämpfern zu produzieren.

Die Vielehe wird auch in dem Hochglanz-Online-Magazin des IS mit dem Titel *Dabiq* immer wieder zur Sprache gebracht. Im Artikel »Zwei, Drei oder Vier« verteidigt eine Autorin das Konzept. Sie gibt ihren Leserinnen Argumente an die Hand, wie sie sich vor anderen verteidigen können, wenn ihr Mann mit weiteren Frauen verheiratet ist: »Also sag ihnen: ›Auch wenn ich die perfekteste Frau wäre und die beste, wenn es um einen Vergleich von Charakter, Schönheit, Wissen und Benehmen geht –, der Schöpfer der Gesetze hat für mich keine Ausnahme unter den Frauen gemacht. Er hat dem Mann das Recht gegeben, eine zweite, dritte oder vierte Frau zu heiraten.‹«

Die Verfasserin gibt Tipps und Hinweise, wie man im Gebet und durch die Lektüre des Korans seine Eifersucht überwinden kann. Wenn die Frau geduldig auf die Belohnung Allahs warte, werde sie ein angenehmes Leben führen können.

»Schenke den Frauen ohne Prinzipien keine Aufmerksamkeit, deren einzige Quellen abscheuliche Theaterstücke und Seifenopern sind. (...) Und jede Schwester sollte wissen, dass es für den Mann nicht obligatorisch ist, seine Frau zu konsultieren oder um ihre Erlaubnis zu bitten oder sie zu beschwichtigen, wenn er eine andere Frau heiraten will. Wenn er es tut, dann ist das eine großzügige Geste von seiner Seite und bedeutet, dass er die Kameradschaft zwischen den beiden nicht gefährden will. Also sei zufrieden, meine Schwester, unterwerfe dich Allah mit Gehorsamkeit und beachte sein Gesetz. Und wenn eine Frau dies tut, dann wird der Großzügigste ihre Belohnung im Jenseits erhöhen.«

Der Ehemann besitzt im Verständnis der extremistischen Salafisten ein weitgehendes Züchtigungsrecht – er darf seine Frau schlagen. Das wird mit der notwendigen Disziplinierung und Erziehung begründet. Eheliche Gewalt sollte allerdings nicht in der Öffentlichkeit stattfinden und keine allzu sichtbaren Spuren hinterlassen, wie es in einer Schrift heißt, die bis 2009 öffentlich in salafistischen Shops vertrieben wurde: »Obwohl das Schlagen verboten ist, erlaubt es der Islam in eingeschränkten und begrenzten Gelegenheiten (...). Das Schlagen ist als endgültig letztes Stadium der Schulung, Disziplinierung und Erziehung aufgezählt (...). Die Frau darf nur in absoluter Privatsphäre geschlagen werden.« Nach 2009 verbot die Bundesprüfstelle für jugendgefährdende Medien die Broschüre des Autors Abdul Rahman al-Sheha. Sie wirke verrohend und diskriminiere Frauen, lautete die Begründung.

In dem Pamphlet der Al-Khansaa-Gruppe wird – ähnlich wie im Blog von »Muhajira« – der Krieg nicht ausgeblendet. Aber er wird geschönt und umgedeutet. Bevor die »Soldaten Gottes« in den Irak gekommen seien, hätten sunnitische Frauen um ihr Leben fürchten müssen, sie seien entführt und vergewaltigt worden, heißt es in dem Text. Mit der Errichtung des Kalifats seien diese Zeiten vorbei: »Trotz des tobenden Krieges und des Fortbestands der internationalen Koalition gegen den Islamischen Staat, trotz der Kampfflugzeuge, die am Himmel hin und her fliegen, trotz all der Zerstörung finden wir stetigen Wiederaufbau – gedankt sei Gott. Wir finden Menschen, die inmitten des Krieges in Frieden leben.« Darüber hinaus unterstellen die Autorinnen Muslimen in friedlichen Ländern, dass sie ihr Leben quasi auf dem Rücken der Opfer des Krieges in Syrien und im Irak lebten, denn wenn die Kämpfer des »Islamischen Staates« nicht weitermachen würden, wäre auch ihr Dasein als Muslime bedroht. Ein Bild, das in verschiedenen Varianten immer wieder auftaucht: die vermeintliche Bedrohung der muslimischen Gemeinschaft durch den Westen. So baut sich der Druck auf Frauen wie Celine und Silvia auf, eingreifen zu müssen.

Dass der IS sich gezielt an Frauen wendet, ist wohl so zu begründen, dass er seine Macht in den von ihm eroberten Gebieten konsolidieren will. Dafür braucht er nicht nur Kämpfer, sondern eben auch Familien, die in diesem quasi utopischen Staat leben wollen. Nicht zuletzt, um die Kämpfer zu versorgen und Nachwuchs für den Dschihad zu produzieren. Für männliche Dschihadisten ist es attraktiver auszuwandern, wenn sie wissen, dass sie im »Islamischen Staat« eine Ehefrau bekommen. Für einige mag das sogar einer der Gründe für die Auswanderung sein, wenn sie in ihrem Heimatland bislang kein großes Glück mit Frauen gehabt haben. Es ist außerdem nicht von Nachteil, wenn die testosterongesteuerten Kämpfer durch treusorgende Ehefrauen im Hintergrund zumindest so im Zaum gehalten werden, dass sie im Kriegs-Alltag funktionieren.

## Der Vertrauenslehrer war Silvias Rettung

Auch für Silvia Pfahl gab es eigentlich kaum noch etwas, das sie in Deutschland halten konnte, zumal ihr nun auch noch ein Schulausschluss drohte, weil sie dem Unterricht so häufig fernblieb. Vor allem nachdem ihre Freundin Rebecca bereits in Syrien war, wurde eine Ausreise auch für Silvia immer wahrscheinlicher – wozu Rebecca sie auch mehr und mehr drängte. Es ist das bekannte Muster: Die Mädchen, die in Syrien angekommen sind, versuchen weitere davon zu überzeugen, den gleichen Schritt zu tun.

Rebecca versorgte Silvia von Syrien aus nicht nur mit Links zu E-Books wie den vorher erwähnten, sondern auch mit anderen Propaganda-Materialien. Einmal schickte sie ihr eine Rede von Anwar al-Awlaki. Al-Awlaki ist amerikanischer Staatsbürger, der Al-Qaida im Jemen angeführt hat und den das US-amerikanische Militär im September 2011 mittels einer Drohne tötete. Geblieben sind von ihm zahlreiche Internetvideos, in denen er seine Auffassung von Religion verbreitet – in amerikanischem Englisch, auf der ganzen Welt zu verstehen. Er erklärt darin, warum Muslime niemals Nicht-Muslimen trauen dürfen, warum islamistische Attentäter Helden seien und warum es die heilige Pflicht eines jeden Muslims sei, Amerikaner zu töten. Einundzwanzig Seiten umfasst die deutsche Übersetzung einer Rede von ihm, die Silvia von Rebecca bekommen hat: »Hijra auf dem Wege Allahs« heißt sie. Silvia hat mit einem Füller vermerkt, dass es sich um eine Abschrift einer Rede von Sheik Anwar al-Awlaki handele, in einer ordentlichen Handschrift, die genauso gut mit rosafarbener Tinte hätte geschrieben sein können, so jungmädchenhaft erscheint die Schrift. »Sheik« Anwar al-Awlaki – so nennen ihn seiner Bewunderer.

In der Rede, die Rebecca Silvia geschickt hat, begründet al-Awlaki, warum ein guter Muslim Hidschra machen solle. Eine Stelle hat sie sich angestrichen: »Und der Rizq (der Lebensunterhalt, die Versorgung, d. A.) wird von dort kommen, von wo du nicht rechnest. Wenn du es erwarten würdest, wäre es keine Prüfung mehr, doch die Prüfung ist die, dass du nicht weißt, woher dein Rizq kommen wird, und dann kommt es. Es ist eine Prüfung, ob du dein Vertrauen in Allah, Den Allmächtigen, legst oder nicht.« Soll heißen: Du brauchst nicht unsicher zu sein, dass du nicht versorgt wärst, wenn du auswanderst, Allah wird für dich sorgen.

Direkt anschließend lässt al-Awlaki keinen Zweifel daran, was passiere, wenn man sich nicht zur Hidschra entschließe.

»Was ist also ihr Schicksal? Allah, Der Allmächtige, sagt: ›Ihr Zufluchtsort wird die Hölle sein.‹ Diese Leute lehnten es ab, Hidschra zu machen, ihr Zufluchtsort ist das Höllenfeuer. Sie akzeptierten Erniedrigung im Diesseits, und so wird sie Allah auch in der Akhira (im Jenseits, d. A.) erniedrigen.«

Wenn man sich nun vorstellt, man ist in diesem Glauben verankert, so wie ihn die Extremisten lehren, dann ist das eine sehr angsteinflößende Perspektive, die der Autor einem da eröffnet. Aber er hat natürlich auch eine Lösung parat: »Man sieht die Geschichten der Muhajirin (der Auswanderer, d. A.) heute, und man sieht die Geschichten der Muhajirin gestern, diejenigen, die Hidschra machen, denen segnet Allah ihre Bemühungen, und Er bietet ihnen Schutz vor den Feinden Allahs. Allah sagt auch: ›Und diejenigen, die um Allahs Willen ausgewandert sind, nachdem ihnen Unrecht zugefügt wurde, denen werden Wir ganz gewiss im Diesseits Gutes zuweisen. Aber der Lohn des Jenseits ist wahrlich (noch) größer.‹«

Welchen Zweck diese Auswanderung haben soll, das macht al-Awlaki sehr deutlich, wenn er sagt, dass die Auswanderung und der sogenannte Heilige Krieg untrennbar miteinander verbunden seien. »Solange es einen Feind Allahs zu bekämpfen gibt, musst du Hidschra machen, um zu kämpfen.«

Wenig später schickt Rebecca die neueste Rede des selbsternannten Emirs des »Islamischen Staates«, Abu Bakr al-Baghdadi, die im Dezember 2015 in einer deutschen Übersetzung erschienen war. Darin hebt er nochmals hervor, dass Allah den Muslimen befohlen habe zu kämpfen und dass jeder, der diesem Aufruf folge, ins Paradies komme, egal, ob er den Kampf gewinne oder nicht. »Deshalb dürfen wir die Versammlung der Nationen des Kuffar gegen uns weder fürchten noch uns davon einschüchtern lassen oder deswegen unsere Entschlossenheit zerbrechen lassen, denn wir sind in jedem Fall die Gewinner, durch Allahs Macht und Kraft.«

Die Überzeugung, dass die Kämpfer der IS-Terrormiliz so stark seien, weil sie den Tod nicht fürchten, spielt auch in vielen Propaganda-Videos eine Rolle. Abu Bakr ruft in seiner Rede quasi zur letzten, entscheidenden Schlacht auf: »Die Schlacht heute ist kein bloßer Kreuzzug mehr, vielmehr ist sie der Krieg der Nationen des Kuffar allesamt gegen die Umma des Islams. Noch nie zuvor in der Geschichte unserer Umma kam es vor, dass die gesamte Welt sich gegen sie in einer einzigen Schlacht versammelt hat, wie es heute der Fall ist.«

Jeder Muslim sei von diesem Krieg betroffen und jeder zum Dschihad aufgerufen. »Die Beteiligung an diesem Krieg ist für jeden Muslim verpflichtend, und keiner ist dabei entschuldigt. Wir rufen euch allesamt und überall zum Ausrücken auf«, heißt es abschließend.

Als Silvia diese Worte las, war sie schon in Betreuung von einem unserer Mitarbeiter. Der Vertrauenslehrer ihrer Schule hatte ihre Veränderung aus der Entfernung beobachtet und sah nun den Zeitpunkt gekommen zu handeln. Er machte sich Sorgen um sie und bot ihr ein Gespräch an. Silvia willigte ein und traf sich einige Male mit ihm. Der Lehrer hörte ihr zu und gewann mehr und mehr ihr Vertrauen. Er holte sich unsere Unterstützung, denn ihm war schnell klargeworden, dass Silvia sich so manifest radikalisiert hatte, dass sie nicht so einfach von ihren Ideen abzubringen wäre.

In den Gesprächen mit unseren Beratern hatte Silvia sehr viele Fragen: Könne man wirklich nur beim IS den echten Islam leben? Sei der Gotteskrieg tatsächlich eine religiöse Pflicht, so wie Abu Bakr al-Baghdadi es dargestellt habe? Wie sehe das alltägliche Leben beim IS aus? und so weiter.

Die Argumente und Sichtweisen der extremistischen Szene klingen auf den ersten Blick immer logisch, und Silvia wusste nicht, was sie dem hätte entgegenhalten können. Sie brauchte eine andere Perspektive auf die Dinge, mehr Wissen und Argumente.

»Sie sagen mir, dass es eine religiöse Pflicht ist zu kämpfen, weil Muslime überall verfolgt würden und weil der Islam überall gelten müsse. Und wenn der Islam überall ist, erst dann gibt es Gerechtigkeit und Frieden.«

»Und was macht das mit dir, wenn du das hörst?«

»Ich weiß nicht, es hört sich logisch an, etwas zu tun, wenn andere Muslime verfolgt werden.«

»Aber wie ist es, wenn du hörst, dass der sogenannte Islamische Staat andere Menschen, Muslime und Nicht-Muslime, verfolgt, tötet und foltert oder Frauen zu Sexsklavinnen macht?«

»Sie sagen mir, dass das Propaganda sei. Ich weiß nicht, was wahr ist und was nicht.«

»Wenn es aber wahr wäre?«

»Das will ich nicht.«

»Ich habe den Eindruck, dass du viele Fragen hast, über die du reden möchtest. Und wenn du willst, können wir alle deine Fragen festhalten und ausführlich darüber reden. Aber vorher will ich eines aus meiner Sicht sagen: Es ist keine Propaganda, was über den IS zu hören ist. Er begeht jeden Tag schlimmste Verbrechen gegen die Menschlichkeit. Im Islam gibt es keine Erlaubnis, Kriege zu führen, um die Religion zu verbreiten. Es gibt keinen Gotteskampf. Was der IS tut, verstößt gegen alle Werte und Prinzipien des Islam.«

Die weiteren Gespräche mit uns halfen ihr dabei, Distanz zu ihrer bisherigen Szene und deren Gedankengut zu schaffen.

Und die ist mittlerweile so groß geworden, dass sie ihre Freundin Rebecca zurückholen möchte.

Allerdings ist die Chance für Frauen, sich aus den Fängen des IS wieder zu befreien, noch geringer als für Männer. Von 142 ausgereisten Frauen sind nur 27 zurückgekommen – gerade mal 19 Prozent. Dagegen sind von 535 Männern 208 zurückgekommen – das entspricht 39 Prozent. Die Verfasser der Studie von BKA, Bundesamt für Verfassungsschutz und Hessischem Informations- und Kompetenzzentrum gegen Extremismus vermuten, dass die Rückreise für Männer leichter sei und es zudem sein könne, dass die Motivation zurückzukehren bei Männern höher sei. Dadurch, dass sie häufiger in Kampfhandlungen verwickelt sind, ist bei ihnen auch die Wahrscheinlichkeit einer Traumatisierung höher. Zudem haben Frauen häufiger familiäre Bindungen dort, die sie zurückhalten könnten. Dazu kommt, dass sie ja nur selten das Haus verlassen dürfen und generell seltener mit Aufgaben betraut sind, die in der Öffentlichkeit stattfinden. Selbst wenn sie aus den IS-Gebieten fliehen wollten, haben sie deutlich weniger günstige Gelegenheiten, dies zu tun, als Männer.

Juristisch sind Frauen deutlich schlechter zu belangen als Männer. Allein schon deshalb, weil sie auf eventuell kompromittierenden Fotos ja immer vollverschleiert auftauchen. Sie sind also nicht eindeutig identifizierbar. Paragraf 89a des Strafgesetzbuches – »Vorbereitung einer staatsgefährdenden Straftat« – umfasst zwar sehr vieles. Es reicht zum Beispiel, wenn jemand die Absicht hat, sich dem IS anzuschließen. Die Heirat mit einem IS-Kämpfer aber fällt – zumindest nach Einschätzung von Heribert Prantl, dem Leiter des Ressorts Innenpolitik der *Süddeutschen Zeitung*, der ja selbst als Richter gearbeitet hat – nicht darunter. Kampfhandlungen kann man, wie dargestellt, Frauen nur in den seltensten Fällen nachweisen. Das könnte zumindest strafrechtliche Vorbehalte und Ängste vor einer Rückkehr nach Deutschland abbauen. Allerdings sind vor dem Gesetz natürlich alle gleich, und wenn Frauen Verbrechen nachgewiesen werden können, dann müssen sie selbstverständlich bestraft werden.

## Warum geben Frauen ihr selbstbestimmtes Leben auf?

Bleibt die große Frage, was Frauen dazu bringt, ihr selbstbestimmtes Leben in Deutschland aufzugeben und sich auf ein Leben unter Zwang und Erniedrigung einzulassen.

Darauf gibt es natürlich nicht die eine Antwort, genauso wenig, wie man mit einem Satz beantworten kann, warum sich Jugendliche überhaupt radikalisieren. Es ist abhängig von ihren Lebensumständen, ihrer Psyche und ihrem Charakter.

Für einige Frauen kann es erleichternd sein, die eigene Entscheidungsgewalt abzugeben. Gerade wenn sie bislang mit ihren eigenen Entscheidungen durchgehend gescheitert – und sowohl im beruflichen beziehungsweise schulischen wie im privaten Leben permanent in Sackgassen geraten sind. Angesichts eines Lebensgefühls, das sich aus dem Scheitern ableitet, sind Frauen und Mädchen eher bereit, sich einer männlichen Hierarchie unterzuordnen in der Hoffnung, dass es dann besser wird. Junge Frauen, die sich der extremistischen Szene anschließen, müssen nicht mehr denken. Sie müssen nicht mehr entscheiden, nicht mehr mit der Freiheit und auch nicht mehr mit den eigenen Problemen umgehen. Nur zu gehorchen und zu funktionieren kann in manchen Lebenssituationen eine Erleichterung sein.

Wenn Mädchen und Frauen Gewalt- und Missbrauchserfahrungen gemacht haben, wie Celine zum Beispiel, dann kann es sein, dass sie sich hypermaskuline Männer – in diesem Fall einen islamistischen Kämpfer – suchen, in der Erwartung, von ihm beschützt zu werden. Sie glauben, wenn sie sich einfach nur an die vorgegebenen Regeln halten, würde ihnen nichts mehr passieren.

Dann wiederum gibt es die Frauen, die sich von vornherein ihrem Partner unterordnen und ihm in den Krieg folgen. Die Gründe dafür muss man wohl in ihren Familien suchen. Einige der Frauen kommen aus sehr traditionalistischen Familien. Sie hatten keinen Freiraum für eigene Erfahrungen, keine Möglichkeiten, eigene Entscheidungen zu treffen. Sie sind patriarchalische Strukturen gewohnt und folgen somit ihrem Mann, auch wenn der sich radikalisiert hat. Paradoxerweise kann die Ausreise für Frauen aus solchen Familien – wenn sie den Schritt allein tun – aber auch wie ein Akt der Befreiung wirken. Durch die Ausreise entziehen sie sich ihrem autoritären Vater und der Einflusssphäre ihrer Brüder.

Bei jungen Frauen, die sich in unserer Gesellschaft nicht integriert fühlen und auf ihrem schulischen und beruflichen Weg gescheitert sind, kann der Anschluss an die dschihadistische Szene und die Ausreise aber auch einen Zuwachs an Ansehen bedeuten.

Wer hierzulande nur einen niedrigen Status hat, für den erscheint es attraktiv, plötzlich eine angesehene und bewunderte Person zu sein. In der Szene werden die Ausgereisten wie Popstars behandelt. Sie sind unter ihresgleichen regelrecht berühmt und genießen hohes Ansehen. Erst recht, wenn sie die Frau eines Kämpfers werden. Sollte derjenige an der Front sterben, kann sie den höchsten Status in diesem System erringen –

sie ist dann die Frau eines Märtyrers. Die Extremisten propagieren dieses Bild der hohen gesellschaftlichen Akzeptanz immer und immer wieder.

Nicht zuletzt folgen die Mädchen und jungen Frauen aber auch einer naiv-romantischen Vorstellung: Ein Leben an der Seite eines starken Ritters zu führen, trägt märchenhafte Züge. Dass so ein Märchen zur Wirklichkeit werden könnte, scheint eine große Anziehungskraft auf manche auszuüben: die Einzige zu sein, die Auserwählte eines echten Kämpfers.

Der Realitätsschock kommt später. Die Mädchen und Frauen werden Opfer eines menschen- und frauenverachtenden Systems. Der IS holt sich die Verunsicherten und lässt sie nicht mehr aus seinen Klauen.

Daher brauchen wir eine Präventionsarbeit, die das Selbstwertgefühl bei Mädchen und jungen Frauen stärkt, sie in ihrer eigenständigen Identitätsentwicklung unterstützt. Es bedarf aber auch besonders in Schulen einer Aufklärung über die Terrororganisation IS und andere extremistische Organisationen und deren Rekrutierungs- und Manipulationsstrategien, damit potentielle Opfer nachhaltig vor Anwerbung, Ausreise und der Verheiratung geschützt werden können.

Silvia Pfahl wenigstens hat sich in der Zwischenzeit stabilisiert. Dass sie in naher Zukunft noch ausreisen könnte, ist unserer Einschätzung nach unwahrscheinlich. Sie geht wieder zur Schule und bereitet sich auf das Abitur vor. In ihrer neuen Klasse hat sie neue Freunde gefunden, Jugendliche, die mit der dschihadistisch-salafistischen Szene nichts am Hut haben. Bleibt die Hoffnung, dass auch ihre Freundin Rebecca heil wiederkommt.

## Murat: »Ich chille, gehe kämpfen, mache meinen Job für Allah«

*Vom Dschihad in Syrien in ein deutsches Gefängnis. Wie der IS die Kämpfer an sich bindet, warum Wegsperren die Lage verschlimmert und es sich lohnt, auch mit stark radikalisierten Menschen zu arbeiten.*

An Murat Hoxhas Geschichte kam man im Sommer und Herbst 2014 kaum vorbei. Schon gar nicht, wenn man, wie wir, mit extremistischen Salafisten arbeitet. Er gehörte zu den ersten IS-Rückkehrern, die sich in Deutschland vor einem Gericht verantworten mussten. Die Zeitungen, Radio- und Fernsehnachrichten waren voll mit seiner Geschichte.

Schon vorher war zwar viel über Islamisten berichtet worden, die in die Kriegsgebiete auswanderten, man hörte aber naturgemäß vor allem von denjenigen, die dann in Videos in Erscheinung traten. Das waren die überzeugten Propagandisten. Mit dem Prozess gegen Murat wurde der deutschen Öffentlichkeit hingegen erstmals ein IS-Kämpfer präsentiert, der aus dem Krieg zurückkehrte. Dementsprechend groß war die Aufmerksamkeit. Auch weil mehrere Medien nicht müde wurden zu betonen, dass man nicht genau wisse, warum er sich zur Rückkehr entschlossen, und dass es denkbar sei, dass er einen Anschlag geplant habe.

Wir beobachteten das Geschehen damals aus der Ferne – Murat war da noch nicht in unserer Betreuung, das sollte erst später kommen. So viel sei aber schon gesagt: Nur wenig von dem, was die Medien über ihn berichteten, bestätigte sich später in den Gesprächen mit uns.

Murat kommt aus einer harmonisch funktionierenden Familie. Seine Eltern stammen aus Bosnien, er hat eine ältere Schwester. Religion spielte im Familienalltag keine Rolle – die Hoxhas hatten lediglich einen kulturell-muslimischen Hintergrund. Seine Mutter trug auch kein Kopftuch. Murat selbst war ein aufgeschlossener, toleranter Jugendlicher und spielte in einem jüdischen Verein Fußball. Auf dem Mannschaftsfoto der B-Jugend sieht man ihn im blauen Trikot, mit dem Davidstern auf der Brust. »Er war stolz, mit dem Stern aufzulaufen«, sagte später der Vereinspräsident zu Journalisten vom *Spiegel*.

Freunde beschrieben ihn im Prozess als freundlichen und hilfsbereiten Menschen. Er machte seinen Realschulabschluss, und dann wechselte er auf eine Berufsfachschule für Bautechnik. Dieser Schulwechsel besiegelte sein Schicksal. Denn dort lernte er eine Gruppe von Jugendlichen kennen, für die es nichts Größeres gab, als ihr Leben Allah zu widmen. Eine Clique von fünfzehn Leuten, denen er sich anschloss. 2011 war das, Murat war siebzehn Jahre alt.

Seine neuen Freunde nahmen ihn mit in eine Moschee, die einschlägig bekannt war für ihre radikalen Prediger. Die saudischen Gelehrten wurden nicht müde zu sagen, dass es für einen Muslim nicht erlaubt sei, in einer säkularen Gesellschaft zu leben, womit es also auch nicht dem Islam entspreche, in Deutschland zu bleiben. »Wie könnt ihr in euren warmen Betten schlafen, wenn in Syrien Kinder sterben und Frauen vergewaltigt werden?« – ein Satz den sie in ihren Predigten wieder und wieder unterbrachten.

Es war das erste Mal, dass Murat sich mit seiner Religion

auseinandersetzte. Er wusste zu dem Zeitpunkt noch nicht einmal, dass es im Islam verschiedene Strömungen gibt, dass das, was er dort von den Imamen hörte, also nur eine Auslegung unter vielen war. Die Prediger waren für ihn Autoritäten, er glaubte ihnen.

Zu Hause guckte er sich außerdem die Vorträge von Pierre Vogel im Internet an. Und das verstärkte seinen Eindruck von den unterdrückten Muslimen noch mehr.

Murat verließ in der Folge seinen Fußballverein und widmete sich mehr und mehr der Religion. Seine Clique fiel an der Schule auf. Sie sprachen nicht mit Lehrerinnen. Sie trugen allesamt Kaftan und gehäkelte Gebetsmützen. Und wenn es im Unterricht um Themen ging, die sie vermeintlich nicht mit ihrem Glauben vereinbaren konnten – Sexualkunde zum Beispiel –, dann verließen sie geschlossen das Klassenzimmer.

Ein Jahr dauerte es, bis Murat ernsthaft anfing, darüber nachzudenken auszureisen. »Ich war wütend und fassungslos darüber, was in Syrien passiert und dass keiner den Menschen dort hilft«, sagte er später im Prozess aus – und dass dann langsam der Entschluss gereift sei, »selbst einzugreifen. In meinem Freundeskreis waren wir uns einig, dass man etwas tun muss.«

Der Richter fragte ihn: »Haben Sie das auch in der Familie besprochen?«

»Ab und zu«, antwortete Murat.

»Haben die Ihre Pläne ernst genommen?«

»Nein.«

»Aber Sie haben es ernst gemeint?«

»Ja.«

Murats Familie hatte natürlich mitbekommen, wie »religiös« er geworden war. Sie wusste auch, dass er sich den Salafisten zurechnete. Aber sie kannte diese Gruppierung nicht und ahnte nicht, wie extremistisch und gefährlich diese Szene ist, in deren Hände Murat sich begeben hatte.

Nach einem weiteren Jahr setzte er seine Gedanken dann in die Tat um. Am 23. Mai 2013 stieg er mit sechs seiner Freunde in einen Bus nach Istanbul. Von dort wurden sie in den Südosten der Türkei gebracht. In der Nacht passierten die Männer die Grenze. Auf der anderen Seite wartete ein Auto, das sie in ein Militärcamp der ISIS-Milizen brachte. Den sogenannten Islamischen Staat mit globalem Anspruch hatten die Dschihadisten noch nicht ausgerufen. Sie nannten sich damals »Islamischer Staat im Irak und Großsyrien«, kurz ISIS.

Im Prozess fragte der Richter Murat später: »Wie sind Sie über die syrische Grenze gekommen?«

»Ganz normal eigentlich.«

»Na ja – wenn ich die türkisch-syrische Grenze passieren würde, dann hätte ich erst mal Angst. Sie?«

»Ja, ein bisschen Angst hatte ich auch.«

»Aber junge Männer haben doch Lust auf Abenteuer, oder?«

»Syrien ist kein Abenteuer.«

Es war die Zeit, als die ISIS-Kämpfer aus ihrer Sicht große Erfolge feierten: Im selben Monat hatten sie mehr als fünfhundert Anhänger aus irakischen Gefängnissen befreit – auch aus dem berüchtigten Abu-Ghraib-Gefängnis, das durch die Misshandlungen von Gefangenen durch amerikanische Soldaten rund zehn Jahre zuvor Schlagzeilen gemacht hatte. Es war aber auch die Zeit, in der die Auseinandersetzungen zwischen der bis dahin vornehmlich im Irak agierenden Gruppe unter Abu Bakr al-Baghdadi und der Al-Nusra-Front in Syrien begannen. Al-Baghdadi wollte den syrischen Ableger von Al-Qaida in seine Organisation eingliedern und in beiden Ländern stark präsent sein. Die Al-Nusra-Front wehrte sich dagegen und bekam Unterstützung aus der Al-Qaida-Führung. Al-Baghdadi erkannte die Anweisung der Al-Qaida-Führung nicht an und betrachtete die Al-Nusra-Front weiter als Teil seiner Organisation. Den Führer von Al-Nusra brandmarkte er als Abtrünnigen.

Murat und seine Freunde bekamen davon nichts mit. Sie hätten unterdessen einen »Crash-Kurs« absolviert, wie er im Prozess sagte. Darin lernten sie, mit Sturmgewehren umzugehen und mit Pistolen zu schießen, trainierten Erste-Hilfe-Maßnahmen und mussten jeden Tag zum Drill antreten: Liegestütze, Laufen, Robben. Eine Schnell-Ausbildung zum Kämpfer. Murat hatte dort zum ersten Mal Waffen in der Hand, Wehrdienst bei der Bundeswehr war für ihn in Deutschland nicht infrage gekommen. In diesem Ausbildungslager leistete er dann auch seinen ersten Treue-Eid auf die Gruppe von ausländischen Kämpfern, der er nun angehören sollte.

Man habe ihn dann mit zwanzig anderen Ausländern in die syrische Stadt Hama geschickt. Dort hätten sie etwas außerhalb in einem abgelegenen Haus gelebt, erzählte er im Prozess. »Die Zeit dort gestaltete sich sehr zäh, sehr langweilig, es passierte fast gar nichts«, sagte er vor Gericht aus. Murat war wohl hauptsächlich für Wachdienste eingeteilt und als Sanitäter.

Dreimal – so kam es im Prozess heraus – war er bei Kampfeinsätzen dabei. Aber nie an vorderster Front, wie er erklärte. »Bei der ersten Operation, an der tausend Kämpfer teilgenommen haben, mussten ich und die anderen Europäer ganz hinten stehen. Die Tschetschenen und Araber haben uns nicht viel zugetraut. Die sind nicht davon ausgegangen, dass wir ihnen helfen können.« Murat und die anderen sollten den Rückzug absichern, wussten aber nicht so genau, wie. »Wir konnten letztlich gar nichts machen«, sagte er dem Richter, und: »Ich habe nicht auf Leute geschossen.«

Murat schilderte, dass es in den ISIS-Lagern generell eine Art Zwei-Klassen-Gesellschaft gegeben habe: Die Araber und Tschetschenen, die al-Baghdadi gern an die Front geschickt habe, auf der einen und die Europäer auf der anderen Seite, die für Wachdienste eingesetzt worden seien oder zum Latrinenputzen – manche wurden auch Teil der Propaganda-Abteilung. Wenn es ernst wurde, dann verließ man sich lieber auf die erfahrenen Kämpfer und nicht auf die Neulinge aus dem Westen.

Das hatte Murat sich anders vorgestellt, bevor er aufgebrochen war. In den Heimatländern der potentiellen europäischen Dschihadisten vermittelt der IS ein heroischeres Bild. Er sucht nach »echten Männern«, die wie »Löwen« gegen die Unterdrückung des syrischen Volks kämpfen. In einem Twitter-Eintrag prahlt ein IS-Anhänger: »Die meisten Haushalte haben voll ausgestattete automatische Waffen (...) und die Loser-Amerikaner denken, sie hätten Freiheit: zum Lachen! Im Kalifat kaufst du Handgranaten von Straßenverkäufern. So sollten Männer leben.«

Die Realität war für Murat vor allem von Langeweile geprägt. Er sprach kein Arabisch, und wenn kein Übersetzer im Lager war, dann verstand er nichts von dem, was geredet wurde.

Von Hama aus wurde er dann nach Aleppo verlegt. Von dort existiert die Filmaufnahme einer Kundgebung, die zu Propaganda-Zwecken im Internet verbreitet wurde. Darauf sieht man Kämpfer, die bei einer Art Werbeveranstaltung Kinder und Zivilisten dazu bringen, lauthals ihre Begeisterung für ihren Führer al-Baghdadi zu bekunden. Im Hintergrund ist Murat zu sehen. Er steht gelangweilt an einem Infotisch – er hat auch da kein Wort verstanden.

Coca-Cola war in den Lagern genauso verboten wie das

Daddeln auf der Spielkonsole. Es gab in jedem Lager ein Gericht, das solche Vergehen sofort bestrafte. Dieses strenge Sanktionssystem regte Murat ziemlich auf, wie er dem Gericht und auch uns später erzählte. Wir vermuten, dass sein Unmut darüber auch ein Grund dafür gewesen sein könnte, dass sie ihn nicht in Kampfeinsätze geschickt haben – was sich als Glück für ihn herausstellte.

## »Ihr bringt Schande über die Muslime«

Wenn er mit seiner Schwester in Deutschland telefonierte, dann klang das alles jedoch anders. Er hielt sehr engen Kontakt zu ihr, sie sprachen regelmäßig oder schrieben sich über Chat-Programme. Konversationen, die auch im Gerichtsverfahren eine große Rolle spielten, denn sie wurden allesamt von den Behörden mitgeschnitten. Die Familie hatte sich sofort nach der Abreise Murats an die Polizei gewandt und arbeitete eng mit den Behörden – und später auch mit uns – zusammen.

Seiner Schwester schilderte er sein Leben ziemlich cool: »Ich chille, gehe kämpfen und mache meinen Job für Allah. Ich nehme meine Kalaschnikow und bismillah (in Gottes Namen, d. A.).« Als ein Freund von ihm im Kampf starb, behauptete Murat, dass er ihn beneide. Er schwärmte für Selbstmordattentäter und wünschte sich, dass sie so viele Ungläubige wie möglich mit in den Tod nehmen. Gegenüber seiner Schwester sprach er sogar von Anschlägen auf Großveranstaltungen in Deutschland. »Der Dschihad ist heutzutage eine individuelle Pflicht«, schrieb er und dass er hoffe, eine Ausbildung zum Scharfschützen machen zu können, ja, dass sie beten solle, dass er als Märtyrer sterbe.

Später im Prozess sagte er, diese Aussagen seien geschönt und übertrieben gewesen: »Ich war nicht besonders stolz darauf, immer ganz hinten zu sein.«

Er erzählte seiner Schwester aber auch Begebenheiten, in denen er nicht ganz so heldenhaft dastand.

Dass an einem Tag ein Kommandeur gekommen sei, zum Beispiel, und Freiwillige für den Häuserkampf gesucht habe. Er habe gesagt: »Ich brauche vier Leute, die reingehen und nicht mehr lebend rauskommen.« Murat hatte sich für dieses Himmelfahrtskommando nicht gemeldet.

Außerdem berichtete er ihr von Streitigkeiten und von den nervtötenden Wachdiensten.

In der Zeit in Aleppo legte Murat seinen zweiten Treue-Eid ab: Diesmal schwor er nicht nur seiner Truppe, sondern ISIS-Anführer Abu Bakr al-Baghdadi und seiner gesamten Organisation die Treue. Ein Ritual, das immer ähnlich abläuft: Es werden Bittgebete gesprochen, und man gedenkt der Altvorderen, also der ersten drei Generationen von Muslimen nach dem Tod des Propheten Mohammed. Denn die ISIS-Anhänger sind der Ansicht, dass sie die Mission der Altvorderen und damit auch des Propheten Mohammed fortsetzen. In der Regel ist es ein Imam, der die Verse vorspricht, oder der Führer der jeweiligen Gruppe. Zum Schluss legt man einen Eid ab, schwört Abu Bakr al-Baghdadi ewige Gefolgschaft und gelobt Gehorsam. Al-Baghdadi zementiert so seine politische Führungsmacht, indem er sie religiös auflädt. Keiner in seinem Herrschaftsbereich kann sich diesem Ritual entziehen. Verweigerung ist lebensbedrohlich.

Als die IS-Truppen die Dörfer von Alewiten und Jesiden überfielen, musste jeder der Bewohner diesen Eid leisten; wer es nicht tat, wurde getötet. Genauso lebensbedrohlich kann es auch werden, den Eid zu brechen, den IS also zu verlassen. Wer ihm den Rücken kehrt, gilt als Verräter, und die zu töten ist in der Sicht der Organisation legitim. Auf einer der vielen Grafiken, die deutschsprachige islamistische Internetseiten zur Verbreitung in den sozialen Medien anbieten, wird das auf eine etwas kitschigere Art und Weise angedeutet: Da ist ein Kämpfer mit seinem Gewehr im Anschlag im Wüstensand zu sehen, in sonnengelbes Licht getaucht, und daneben steht: »Der Gesandte Allahs sagte: ›Wer schießen lernt und es dann aufgibt, ist nicht von uns.‹« Dass Murat diesen Treue-Eid abgelegt hat, das sollte ihm später noch einige Probleme bereiten und in unseren Gesprächen viel Raum einnehmen.

Zunächst deutete allerdings nichts darauf hin, dass er es auch nur in Erwägung ziehen würde, seinen Kameraden den Rücken zu kehren. Sosehr ihn seine Familie auch bekniete. Seine zwei Jahre ältere Schwester bat ihn in den regelmäßigen Telefonaten und Chats immer wieder, doch zurückzukommen: »Geh nicht mehr in den Krieg. Komm nach Hause. Deine Brüder werden dich nie so sehr lieben, wie wir dich lieben«, flehte sie in einem der Telefonate. Aber über die Wochen und Monate hinweg war sie keineswegs immer so freundlich zu ihm: »Ihr seid dumme Kinder, verblendete Halbwüchsige, die sich von Verbrechern zu Mördern machen lassen – für fünfzig Euro Sold im Monat, während sich ihre Führer am Krieg eine goldene Nase verdienen. Du und deine Kameraden – ihr bringt Schande über die Muslime in Deutschland und der Welt.«

Ein anderes Mal fragte sie ihn ironisch-sarkastisch: »Bist du schon Krieger des Jahres geworden?«, und machte ihm deutlich, dass ihre Unterstützung nicht ewig andauere. »Sieh zu, dass du schleunigst dort verschwindest und heimkommst –

aber wir werden mit Sicherheit nicht an der Grenze warten, um dir das Händchen zu halten.«

»Ja, aber …«

»Ihr seid keine Krieger, ihr seid Pimpfe. Ihr kämpft in einem Krieg, an dem sich andere dumm und dämlich verdienen.«

»Aber Allah sagt …«

»Halt dein Maul! Und erzähl mir nicht, was im Koran steht. Du weißt nichts vom Islam. Ich hab ihn gelesen – und im Gegensatz zu dir vielleicht auch verstanden.«

Diese Resolutheit hat bei den Prozessbeobachtern bewunderndes Staunen hervorgerufen, als die Gespräche der beiden in der Verhandlung eingespielt wurden. Murats Schwester beschwor und bedrängte ihn ein ums andere Mal, und sie beschimpfte ihn auch immer wieder: »Du bist jung, dumm und naiv! Du bist jetzt neunzehn, mit fünfundzwanzig wirst du das bereuen.«

Eigentlich ist das ja nicht die Kommunikationsstrategie, zu der wir den Angehörigen raten, aber in diesem Fall hat sie am Ende funktioniert – wohl auch, weil Murat eine sehr stabile Bindung zu seiner Familie hatte. Sie hat ihm letztlich das Leben gerettet.

Vorerst wollte er allerdings nichts von einer Rückkehr wissen. »Ich will gar nicht mehr nach Deutschland«, sagte er Mal um Mal: »Merkst du, ich habe keinen Bock, in Deutschland zu leben.« In Syrien stünden die Chancen gut, dass ein islamischer Staat entstehe, und in dem wolle er leben. Er bat die Schwester dann im Gegenteil darum, ihn zu besuchen, da er dort nicht wegkönne. Und er bereitete sie darauf vor, dass er dann wohl eine Waffe tragen werde, das sei normal.

In Aleppo hat Murat geholfen, Straßenkontrollen durchzuführen, und dort beginnt offenbar auch sein Umdenken. Er war keineswegs in der Lage, der notleidenden Bevölkerung so zu helfen, wie er sich das vor seiner Abreise aus Deutschland ausgemalt hatte. Im Prozess sagte er: »Ich habe das kaum noch ausgehalten. Es war zum Verzweifeln, das Schicksal der Menschen zu sehen. Sie müssen Katzen essen, um nicht zu verhungern.« Mehr und mehr bekam er auch von Kämpfen gegen rivalisierende Gruppen wie die Al-Nusra-Front mit. Dass sich Muslime im Kampf gegenseitig töten, verstörte ihn. »Ich wollte nicht gegen andere Muslime kämpfen, die sich gegen das Assad-Regime gestellt haben«, sagte er dem Richter, und auch in den Gesprächen mit uns spielt das oft eine Rolle. Wir glauben, dass er in den Lagern auch Dinge erlebt haben muss, die ihn sehr erschreckten. Noch hat er darüber nicht mit uns gesprochen, aber es gibt einige Hinweise darauf.

Bei einem Videotelefonat mit seiner Schwester fragte er sie dann plötzlich wie aus heiterem Himmel, ob sie in die Türkei kommen könne: »Du hast gesagt, du hilfst mir. Ich will nach Hause.«

»Das war für mich wie ein Schock«, sagte seine Schwester in der Verhandlung, »das kam völlig unerwartet.« Es ist bis heute nicht ganz klar, ob es einen konkreten Vorfall gab, der ihn umgestimmt hat, im Prozess hat er nichts darüber gesagt und auch uns hat er später nichts dergleichen erzählt.

Seine Schwester hat sich dann – entgegen ihrer verbalen Drohungen zuvor – sofort mit ihrem Cousin auf den Weg in die Türkei gemacht. Dort warteten sie in der Grenzstadt Gaziantep. Nach zwei Tagen tauchte Murat auf. Irgendwie hatte er es geschafft zu fliehen. Sie flogen gemeinsam zurück nach Deutschland. Am 2. November 2013 wurde er am Flughafen in Frankfurt am Main festgenommen, genau fünf Monate und zehn Tage nach seiner Abreise in den Krieg.

Einen Tag später wurde der Haftbefehl ausgestellt. Murat blieb in einem Frankfurter Hochsicherheitsgefängnis, bis neun Monate später, im August 2014, der Prozess gegen ihn eröffnet wurde.

## Jüngelchen oder Attentäter – Murat im Blitzlichtgewitter

Alle großen Tageszeitungen schrieben über Murat und den anstehenden Prozess. Warum genau er zurückkam, das war zu dem Zeitpunkt völlig unklar, es gab also viel Raum für Spekulationen. Das Magazin *Focus* etwa wagte sich mit dem Verdacht vor, er könne geschickt worden sein, um einen Anschlag zu verüben.

Murats Familie hatte ihm einen Anwalt besorgt, der sich mit Prozessen gegen Islamisten auskennt: Mutlu Günal. Der Jurist vertrat auch so bekannte extremistische Salafisten wie Sven Lau, der mit der Scharia-Polizei von sich reden machte, oder Abou-Nagie, der die »Lies!«-Aktion mit Blick auf den Koran organisiert. Wie es überhaupt den Eindruck machte, als habe Murat sich nicht völlig von den Dschihad-Extremisten abgewandt.

Genauso wenig erfüllte er aber die Erwartungen der Journalisten. Sie bekamen keinen böse dreinblickenden Hasskrieger vor die Kameralinsen, sondern einen eher verschüchtert wirkenden Zwanzigjährigen, der unsicher lächelte und in Jogginghose und T-Shirt neben seinem Anwalt Platz nahm.

Am ersten Prozesstag sagte der Richter zu ihm: »Wir können Milde walten lassen, wenn Sie mitarbeiten. Wir wollen Ihnen nicht mit aller Gewalt die Zukunft verbauen.« Der Richter bot an, einen Anklagepunkt fallenzulassen, wenn Murat gestehe.

Murat ließ sich anfangs jedoch nicht darauf ein. Dann ließ er seinen Anwalt am dritten Verhandlungstag im Oktober 2014 schließlich aber doch ein Geständnis verlesen: Ja, er habe in Syrien einen Treue-Schwur auf die Flagge des ISIS geleistet, er sei an der Waffe ausgebildet worden, dreimal im Kampfeinsatz gewesen, habe aber niemanden getötet. »Ich habe mich dem Willen von ISIS unterworfen, mich seiner Gewalt unterstellt«, las Anwalt Günal vor, und dass Murat Zweifel gekommen seien, als die Auseinandersetzungen mit anderen Aufständischen zugenommen hätten: »ISIS wollte alle zwingen, sich unterzuordnen. Ich wollte nicht gegen andere Muslime kämpfen, die sich gegen das Assad-Regime stellen. Ich wollte nach Hause, ich wollte weg.«

So formte sich das Bild eines vielleicht etwas dümmlichen Jungen, der regelmäßig von seiner Schwester zusammengestaucht wird und der vormals zu naiv war, um zu ermessen, auf was er sich da eingelassen hatte, als er nach Syrien ausgereist war.

Die *Süddeutsche Zeitung* schrieb: »Sein Geständnis nährt den Eindruck, dass es sich um einen irregeleiteten Berufsschüler handelt, der plötzlich Fantasien entwickelt, den Sunniten in Syrien im Kampf gegen Machthaber Assad beistehen will und nach kurzer Zeit entdecken muss, dass Krieg kein Abenteuerspiel ist, sondern eine widerwärtige und erbarmungslose Angelegenheit.«

Dieses Bild änderte sich allerdings am nächsten Prozesstag. Da stand Murat dem Richter gut zwei Stunden lang Rede und Antwort.

»Wollten Sie auch als Märtyrer sterben?«

»Ich wünsche es mir immer noch.«

»Sie würden also gern als Märtyrer sterben?«

»Das ist mein Wunsch, aber ich werde es nicht schaffen.«

Die Autorin der *Süddeutschen Zeitung* hatte daraufhin Zweifel, ob er wirklich freiwillig zurückgekehrt sei. Die *Frankfurter Rundschau* konstatierte im Anschluss an einen späteren Verhandlungstag, dass der Prozess zunehmend beängstigender werde, wenn Murat erzähle, dass er gern in einer Gesellschaft leben würde, deren Rechtsordnung die Scharia sei. »Aber da kann ich leider nichts machen«. Ja, er würde ein Kalifat auf deutschem Boden begrüßen, sagte er. »Ich meine, da könnten auch Nicht-Muslime leben.«

Der Richter fragte ihn: »Heißen Sie die Gräueltaten des IS gut?«

»Ich sage jetzt lieber nichts mehr«, antwortete Murat nach einer kurzen Tuschelei mit dem Anwalt.

»Ist Kopfabhacken gut?«, hakte der Richter nach.

»Das kommt darauf an, welche Sünde man begangen hat.«

Es ist nicht kolportiert, ob seine Schwester in dem Moment mit dem Kopf geschüttelt hat, aber es ist wahrscheinlich – schließlich hat sie in den Telefonaten ein anderes Verständnis des Islam offenbart. Davon war Murat zu dem Zeitpunkt noch weit entfernt.

Seine Schwester war an jedem Verhandlungstag in dem holzvertäfelten Gerichtssaal, in dem ihr Bruder hinter der schusssicheren Scheibe saß. Auch seine Mutter war am ersten Prozesstag da, mit Tränen in den Augen. Der Vater konnte nicht kommen, er leidet an einer schweren Krankheit. Es ist bewundernswert zu sehen, wie diese Familie zusammengehalten und ihren Sohn und Bruder unterstützt hat, und zwar bedingungslos. Nach dem Motto: Du hast Fehler gemacht, vielleicht machst du immer noch welche, aber wir lieben dich. Das ist für Murat ganz wichtig – diese Sicherheit im Hintergrund zu spüren. Die Familie spielt für einen erfolgreichen Ausstieg eine große Rolle.

Aber nicht nur seine Familie kam regelmäßig zu den Verhandlungen, auch Bernhard Falk, ein bekannter extremistischer Salafist, der es sich zur Aufgabe gemacht hat, seine von ihm so genannten Glaubensbrüder vor Gericht zu begleiten. In seiner Überzeugung sind sie »politische Gefangene« – und er betreibt entsprechend »Gefangenen-Hilfe«. Falk besorgt Anwälte, kümmert sich um die Familie, schreibt den Verurteilten Briefe und besucht sie gegebenenfalls hinter Gittern.

Bernhard Falk ist achtundvierzig Jahre alt und saß bereits selbst zwölfeinhalb Jahre im Gefängnis, weil er als Teil der »Anti-Imperialistischen Zellen« zwischen 1992 und 1995 diverse Anschläge verübt hatte. Er konvertierte zum Islam und macht keinen Hehl aus seinen Sympathien für Al-Qaida. Die Anschläge vom 11. September 2001 auf das World Trade Center in New York und das Pentagon in Washington nannte er in einem Interview ein »legitimes Mittel der Weltmassen, um sich zu wehren«. Er saß im Publikum, als gegen Marco G. verhandelt wurde, der 2012 eine selbstgebaute Rohrbombe im Bonner Hauptbahnhof platziert hatte, und er war regelmäßiger Gast beim Prozess gegen Murat K., der bei der Demo von Millatu Ibrahim gegen die rechtspopulistische Gruppierung Pro NRW in Bonn 2012 zwei Polizisten mit einem Messer verletzt hatte.

Nun kam er also auch zur Verhandlung gegen Murat. In seinem Blog schrieb er: »Nicht zuletzt durch die in diesem Jahr sprunghaft angestiegenen Verhaftungen von Muslimen mit Syrien-Bezug macht sich der BRD-Staat die Umma (die muslimische Gemeinschaft) zum Feind. (…) Indem der BRD-Staat diese Muslime einknastet, positioniert er sich an der Seite Assads.« Murat bezeichnete er als bemerkenswerten Neunzehnjährigen: »Wie man auf die Idee kommen kann, einen solchen Menschen zu verhaften und einzuknasten, ist unbegreiflich.«

Bernhard Falk ist nur einer von vielen »Gefangenen-Betreuern« in der salafistischen Szene. Gerade in Hessen gibt es eine sehr aktive Betreuung der Inhaftierten aus der extremistisch-salafistischen Szene. Und auch derjenigen, die sich erst im Gefängnis radikalisieren. Es ist sogar schon vorgekommen, dass Gefangene bei ihrer Entlassung von den Koran-Verteilern der »Lies!«-Aktion abgeholt worden sind. Sie drückten ihnen ein weißes T-Shirt in die Hand und nahmen sie gleich mit zum Infostand in der Innenstadt. Die extremistischen Salafisten sagen in ihren Reden zu ihren Gefolgsleuten immer wieder: Wenn einer von euch ins Gefängnis kommt, dann kümmern wir uns um euch und um eure Familien – ihr seid nicht allein. Diese Menschen setzen alles daran, die Verurteilten weiter an die Szene zu binden, während wir versuchen, sie herauszulösen.

Murat wurde schließlich wegen Mitgliedschaft in einer terroristischen Vereinigung im Ausland zu einer Haftstrafe von drei Jahren und neun Monaten verurteilt. Der Richter blieb unter der Forderung der Bundesanwaltschaft, die vier Jahre und drei Monate gefordert hatte. In seiner Urteilsbegründung sagte er: »Der Angeklagte war nicht für seine Einstellung, sondern für seine Tat zu bestrafen.« Er deutete damit an, dass er die im Prozess geäußerten Ansichten Murats durchaus kritisch beurteile, meinte, er sehe auch weiterhin die Gefahr, dass sich Murat von Hasspredigern verführen lasse, und nahm direkt Bezug auf die Äußerung, dass es bei der Legitimität von Enthauptungen auf die Sünde ankomme, die derjenige begangen habe – diese Ansicht bereite ihm besondere Sorge.

Der zuständige Bundesanwalt kleidete diese Sorge in folgende Worte: »Körperlich ist der Angeklagte aus Syrien zurück. Seine Wertvorstellungen sind aber noch nicht wieder in Deutschland angekommen. An echter Reue habe ich Zweifel.«

Das war die Situation, in der wir Murat kennenlernten. Wir hatten den Prozess zwar verfolgt, die Prozessakten hatte ich mir aber nicht angeschaut.

Das mache ich nie. Ich will möglichst unvoreingenommen in die Begegnung mit dem Betroffenen gehen und möchte seine Geschichte zuerst von ihm selbst hören.

Im Frühjahr 2015 haben wir angefangen, mit ihm zu arbeiten.

## Die Betreuung im Gefängnis: Radikalisierung oder Ausstieg

Das Land Hessen agiert sehr vorbildlich, was die Arbeit mit radikalisierten Jugendlichen betrifft. Im Frühjahr 2013 hat das dortige Innenministerium das »Hessische Informations- und Kompetenzzentrum gegen Extremismus« eingerichtet, das verschiedene Projekte vernetzt und koordiniert. Wir sind seit Sommer 2014 die zuständige Beratungsstelle für die Arbeit mit Gefährdeten und Syrien-Rückkehrern. Daher haben wir uns um Murat gekümmert.

Zwei muslimische Mitarbeiter haben ihn also besucht. Sie haben sich vorgestellt und ihm gesagt, dass sie da seien, um mit ihm über seine Zeit beim IS zu sprechen, über seine Religion oder worüber er sich sonst unterhalten wolle. Sie fragten ihn, ob er bereit sei, mit uns zusammenzuarbeiten, und er sagte ohne Umschweife Ja.

Im Vollzug sehen sich die Betroffenen nach ihrem Prozess

mit einer Phase konfrontiert, in der sie viel Zeit zum Nachdenken haben. Sie leben einen ziemlich monotonen Alltag, sind nicht mehr in ihrem sozialen Umfeld und können auf keine vertraute Person zurückgreifen, um sich auszutauschen. Wenn in dieser Zeit jemand von uns vorbeikommt, um den Insassen ein vertrauliches Gespräch anzubieten, dann sind viele bereit, mit uns zu arbeiten – diese erste Kontaktaufnahme klappt in der Regel gut.

Wichtig ist dann, dass wir es schaffen, dass der Betroffene auch weiterhin mit uns in Kontakt bleiben will. Denn ohne Freiwilligkeit können wir unsere Arbeit nicht leisten. Und es gibt wie gesagt eben oft auch andere, die in dieser Zeit an Menschen wie Murat herantreten – extremistische Salafisten wie Bernhard Falk oder Pierre Vogel etwa, die von außen über Briefe und Besuchsangebote den Kontakt zur Szene sicherstellen, oder andere inhaftierte Dschihadisten.

Die Szene der extremistischen Salafisten hat eine sektenähnliche Struktur – der Gemeinschaftsgedanke spielt eine sehr wichtige Rolle: Die Bedeutung der »Umma«, der Gemeinschaft der Muslime, wird immer wieder betont. Wenn einer von den Überzeugten ins Gefängnis kommt, dann schaut der innerhalb der Subkultur des Knasts, wen er dort für die Gemeinschaft rekrutieren kann. Sie machen im Grunde das Gleiche wie draußen – sie missionieren. Und sie treffen dort auf Menschen, die ohnehin eine große Wut auf den Staat und die Behörden haben, weil die sie ja hinter Gitter gebracht haben.

»Verzweiflungsdynamik« nennen wir das in der Sozialarbeit.

Gerade Jugendknäste sind beliebte Orte für eine Rekrutierung. Junge Inhaftierte fühlen sich oft zu Unrecht verurteilt und suchen nach Rechtfertigungen. Die Haft an sich ist eine große Zäsur, viele glauben nicht, dass ihnen mit dieser Last im Gepäck noch ein erfolgreiches Leben glückt. Die Perspektive, sich als dschihadistischer Kämpfer Ansehen zu verschaffen, kann in einer solchen Situation sehr attraktiv erscheinen. Für Menschen, die dieser Ideologie bereits einmal gefolgt sind, ist es zudem bei weitem einfacher, zum vermeintlich wahren Glauben zurückzukehren, damit Allah ihnen ihre Sünden vergibt, als an ihren Schuldgefühlen, vielleicht kein guter Muslim zu sein, zu arbeiten – oder an den tieferliegenden Denkstrukturen, die zu diesen Gefühlen führen. Es ist also ein bisschen wie bei einer Schwingtür: Sie kann sich in die eine oder in die andere Richtung öffnen – hin zu einem normalen, selbstbestimmten Leben oder zum Dschihad.

Wie gefährlich in der Haft Radikalisierte werden können, wenn sie dann in die Freiheit entlassen werden, zeigen all die Anschläge, die es in den vergangenen Jahren in Europa gegeben hat. Einer der Attentäter, die 2004 in Madrid vier vollbesetzte Vorortzüge in die Luft sprengten und zweihundert Menschen töteten, hatte sich im Gefängnis radikalisiert, ebenso wie Mohammed Merah, der im März 2012 in den französischen Städten Montauban und Toulouse sieben Menschen erschoss, darunter drei Schüler einer jüdischen Schule. Auch Mehdi Nemmouche, der im Mai 2014 im jüdischen Museum in Brüssel vier Menschen erschoss, war im Gefängnis zum militanten Islamisten geworden. Chérif Kouachi und Amedy Coulibaly, die mit Chérifs Bruder Said im Januar 2015 die Anschläge auf die französische Satirezeitschrift *Charlie Hebdo* und einen jüdischen Supermarkt verübten, hatten sich im Gefängnis kennengelernt und waren dort zu Anhängern eines extremistischen Salafisten geworden, der mit ihnen inhaftiert war. Omar Abdel Hamid El-Hussein tötete im Februar 2015 in Kopenhagen bei einer Diskussion über Meinungsfreiheit und an einer Synagoge zwei

Menschen. Er war zwei Wochen vorher aus der Haft entlassen worden und hatte schon im Gefängnis angekündigt, sich dem IS anschließen zu wollen.

Zwei Dinge sind wichtig, um solche Fälle zu vermeiden: Man muss mit den inhaftierten Gefährdern arbeiten, also mit denjenigen, die bereits tief in der Szene stecken und andere missionieren könnten. Und man muss mit denen arbeiten, die verunsichert sind, nicht wissen, wie es in ihrem Leben weitergehen soll, und dadurch beeinflussbar sind. Bei Gefährdern ist es von entscheidender Bedeutung, sie durch intensive, regelmäßig stattfindende Einzelgespräche dazu zu bringen, ihre Ideologie zu hinterfragen. Für die zweite Gruppe muss man präventive Workshops im Gefängnis anbieten und – wenn es sich um Gefangene mit muslimischem Hintergrund handelt – viel über Religion und Glauben sprechen. Gerade Gewaltstraftäter neigen sonst dazu, diese Ideologie zu nutzen, um ihre Taten im Nachhinein zu legitimieren. Ist das einmal geschehen, sind sie aber kaum noch bereit für Veränderungsprozesse.

## Dem IS untreu werden

In welche Gruppe Murat einzuordnen war, das mussten wir erst noch herausfinden. Er signalisierte aber von Beginn an sehr großes Interesse daran, über religiöse Fragen zu reden. Am liebsten wollte er sich jede Woche mit uns treffen; es wurden dann zweiwöchentliche Verabredungen zu Einzelsitzungen. Sein Engagement speiste sich damals vor allem aus seiner Angst.

»Ich habe den Treue-Eid gebrochen, ich habe dem IS den Rücken gekehrt. Damit habe ich doch eine Sünde begangen, oder?«, fragte er schon beim ersten Treffen.

»Wie kommst du darauf?«, fragte der Berater zurück.

»Der Koran sagt, Lügen sei Sünde – ich habe doch gelogen, indem ich dem IS die Treue schwöre und diesen Schwur dann nicht einhalte. Das ist fast so, als würde ich mein Glaubensbekenntnis widerrufen.«

»Der Treue-Eid des IS lässt sich theologisch gar nicht begründen – denn der IS verstößt sowieso gegen alle islamischen Grundsätze.«

»Bruder, das ist doch gar nicht wahr.«

Murat besaß nach seinem Prozess noch immer ein sehr geschlossenes Weltbild. Aber er hatte trotzdem ein großes Interesse daran, über all diese Dinge zu sprechen, vor allem, nachdem er erfahren hatte, dass unsere beiden Mitarbeiter Islamwissenschaftler sind. Denn er hatte große Sorgen, dass seine Tat dazu führen könnte, dass er in die Hölle kommt. In den Lagern des sogenannten Islamischen Staates wird den Jugendlichen das immer wieder gepredigt: Vielleicht schafft ihr es ja abzuhauen, ohne dass ihr erwischt und als Verräter der gerechten Strafe zugeführt werdet – aber im Jenseits wird eure Tat Konsequenzen haben … Murat hatte eine wahnsinnige Angst davor, dass ihn Gottes Strafe ereilt.

Deshalb stand das Thema bei ihm ganz oben auf der Liste. Gleich beim ersten Treffen haben unsere Mitarbeiter ihm dann ihre Sicht auf den Treue-Eid dargelegt: Tatsächlich gehört es im Islam zu den größten Sünden, einen Eid zu brechen, eine falsche Zeugenaussage zu machen und zu lügen. Aber es gibt Ausnahmen: Es wird von islamischen Gelehrten als legitim erachtet, zu lügen oder einen Eid zu brechen, wenn jemand unterdrückt oder ihm Unrecht angetan wird und er sein Leben, seinen Besitz oder seine Würde retten muss; wenn zerstrittene Menschen, Ehepartner zum Beispiel, miteinander versöhnt werden sollen oder wenn man sich im Krieg befindet und den Feind besiegen muss.

»Du hast dich doch eindeutig in einer lebensgefährlichen Situation befunden, Murat«, sagte unser Berater. »Und du hast mit deiner Schwester gestritten und dich durch die Abkehr vom IS wieder mit ihr versöhnt. Schon allein deswegen brauchst du dir aus religiöser Sicht also keine Sorgen zu machen.«

»Aber im Koran steht, der Prophet habe gesagt, wer sich auch nur eine Handbreit von der Herrschaft des Emir entfernt, der sterbe den Tod eines Ungläubigen – ich komme also trotzdem in die Hölle.«

»Dann müssen wir erst mal darüber sprechen, ob al-Baghdadi, dem du die Treue geschworen hast, sich überhaupt als Emir bezeichnen darf.«

Ähnlich wie bei Mehmet haben die Berater am Anfang mit Murat im Detail besprochen, warum der »Islamische Staat« sich religiös nicht begründen lässt und warum die extremistisch-salafistische Auslegung von Koran und Sunna nicht korrekt ist. Wenn man außerdem den Eid leiste, ohne ihn im Herzen zu bestätigen, erklärten ihm unsere Mitarbeiter, dann besitze er keine Gültigkeit. Man kann das mit dem Glaubensbekenntnis vergleichen: Wenn man das nicht aus innerer Überzeugung heraus aufsagt, dann gilt es im Verständnis des Islam nicht.

Eine der bekanntesten Aussagen des Propheten Mohammed lautet: »Wahrlich, die Taten werden nach ihren Absichten bewertet, und jeder wird gemäß seiner Absicht belohnt.« Murat hat seinen Eid lediglich nachgesprochen – und wie er uns sagte, nicht freiwillig. Wenn dem so war, dann wäre der Schwur sowieso ungültig. Und auch wenn er ihn freiwillig und aus Überzeugung abgeleistet hätte, er könnte ihn aus religiöser Sicht jederzeit widerrufen.

Murat fiel ein Stein vom Herzen: »Ich bin sehr erleichtert, das alles zu hören, wirklich.« Wir konnten ihn damit von einer großen Angst befreien und die Tür öffnen für den weiteren Weg, den wir mit ihm gehen wollten. Er wirkte in den darauffolgenden Gesprächen deutlich entspannter und ausgeglichener.

Ich habe ihn getroffen, als die drei schon zehn Sitzungen lang miteinander in die Tiefen des Korans abgetaucht waren. Murat hat mir die Hand gegeben – ein gutes Zeichen. Auch er war am Anfang übrigens sehr misstrauisch. Aber das hat sich schnell gelegt. Schon nach unserem zweiten Treffen haben wir uns mit einer Umarmung verabschiedet. Wir haben viel darüber gesprochen, wie er sich seine Zukunft vorstelle, wenn er aus dem Gefängnis entlassen werde. Er wolle unbedingt eine Ausbildung machen, sagte er, und wir haben zusammen überlegt, was das sein und was er dafür schon im Gefängnis tun könne. Wenn junge Menschen wie Murat spüren, dass sich jemand ernsthaft für sie interessiert, dann überwinden sie ihr Misstrauen ziemlich schnell. Er wusste ja, dass ich schon vorher im Hintergrund mit seinem Fall beschäftigt war. Seinen beiden Betreuern vertraute er, und ich wurde einfach dazugezählt – er gab mir eine Art »Team-Vertrauensvorschuss«.

Die Deradikalisierung, an der wir mit Murat arbeiteten, ist ein langer Prozess, der viel Zeit braucht. Vor allem, weil er zuweilen sehr kleinteilig sein kann. Mit Murat haben wir zum Beispiel sehr lange über eine einzige Koransure gesprochen. Da gibt es eine Offenbarung, die er kannte und immer wieder zitiert hat, die sinngemäß aussagt: Du musst Juden und Ungläubige töten, wenn du sie siehst. Ein anderer Vers sagt, man dürfe nicht mit Juden befreundet sein. Im Lager wurde ihm eingebläut, dass er keine Cola trinken dürfe, weil die von Juden hergestellt werde.

Wir haben mit ihm herausgearbeitet, in welchem zeithistorischen Kontext diese Koransuren stehen. Der Prophet Mohammed war in der Zeit, als sie verfasst wurden, von einem jüdischen Stamm in einen Krieg hineingezogen worden. Es geht in den Texten also primär darum, einen Gegner in einer kriegerischen Auseinandersetzung zu töten, und darum, dass in einer solchen Situation Freunde der Kriegsgegner eher militärische Geheimnisse ausplaudern könnten. Deswegen hieß es, man solle diese Freundschaften vermeiden. Wir haben mit ihm die historisch belegten biografischen Details aus dem Leben des Propheten Mohammed besprochen und gesehen: Er war mit einer Jüdin verheiratet!

»Das wusste ich nicht«, gab Murat ziemlich erstaunt zu.

Ich fragte ihn: »Das verstehe ich nicht. Murat, kannst du mir erklären, wie man mit jemandem verheiratet sein kann, ohne mit ihm befreundet zu sein?«

»Nein. Das geht nicht.«

»Dann kann Mohammed eigentlich auch nicht gemeint haben, dass man generell nicht mit Juden befreundet sein darf, oder?«

»Stimmt.«

Wenn man die Jugendlichen durch Fragen wie diese zum Nachdenken bringen kann, sind wichtige Schritte getan. Murat kam ins Grübeln. Er verstand mehr und mehr, dass der Islam nicht so einfach zu verstehen ist, wie ihn die extremistischen Salafisten haben glauben lassen.

Ähnlich sind wir bei einer anderen uralten Sure vorgegangen, mit der in der dschihadistischen Szene immer wieder gearbeitet wird. Sie besagt: Nicht nur die Sünde selbst ist strafbar, sondern schon das Nachdenken über die Sünde.

Schon wenn Murat im Lager also nur an Cola gedacht

hätte, solle das strafbar sein. Da wird absoluter Gehorsam bis in die Gedanken hinein gefordert – die Jugendlichen müssen sich nicht nur nach vorgegebenen Regeln verhalten, sondern sie dürfen auch nichts anderes *denken*. Das hat Murat sehr unter Druck gesetzt. Er wollte über diese Regel dringend mit uns sprechen.

Wir konnten ihn ein weiteres Mal beruhigen, denn diese Offenbarung, in der das steht, ist durch mehrere andere Offenbarungen aufgehoben worden. Es gibt also später datierte Aussagen, die dem widersprechen, und dann gelten die späteren. Man sieht an all den Details, die Murat mit uns besprechen wollte, wie viel Angst er hatte: Angst, das Falsche zu denken, Angst vor Strafe, Angst, in die Hölle zu kommen, Angst, sich nicht richtig zu verhalten.

Später hat er gesagt: »Das war eine echte Gehirnwäsche, die die mit mir gemacht haben.«

Wir nahmen dieses geschlossene Weltbild, das ihm vermittelt wurde, nun Stück für Stück wieder auseinander. Wir »defragmentierten« es sozusagen, ordneten es in größere Zusammenhänge ein, stellten Sachverhalte richtig – und sind immer noch dabei.

## »Ich will einfach nur friedlich leben«

Murat ist im Verlauf unserer Treffen ein ums andere Mal klargeworden, wie wenig er eigentlich wusste über seinen eigenen Glauben und auch über die machtpolitischen Gegebenheiten in Syrien und im Irak. Das wollte er unbedingt ändern, und so begann er, viel zu lesen. Wenn wir ihn jetzt besuchen, dann dürfen wir nicht ohne Buch kommen, sonst ist er enttäuscht.

Er hat komplizierte Schriften über die islamische Rechtslehre gelesen, Jürgen Todenhöfers Schilderung seiner Reise in das Territorium des »Islamischen Staates«, Sachbücher der Bundeszentrale für politische Bildung über die Organisation und Entstehungsgeschichte des IS und über die geopolitische Lage im Nahen Osten. Ich habe ihn mal gefragt, warum er all diese Bücher fast wie besessen verschlinge. Seine Antwort: »Nur durch Wissen kann ich mich so schützen, dass andere mich nicht mehr beeinflussen können.«

In den Medien ist er im Rahmen der Berichterstattung über seinen Prozess manchmal als naiver, ja, eher dümmlicher Typ dargestellt worden. Wir haben einen völlig anderen Eindruck.

Murat ist sehr wissbegierig und bestimmt kein Dummkopf. Er wusste nur nicht genug über seinen Glauben. Wenn Murat in der Schule Islamunterricht gehabt hätte, dann wäre all das nicht passiert – da bin ich mir sicher. Und genauso sicher sind wir uns, dass er, wenn er unsere Betreuung und unsere Expertise nicht gehabt hätte, an seinen Schuldgefühlen und an seiner großen Angst, Verrat begangen zu haben, emotional kaputtgegangen wäre. Gerade bei Menschen wie Murat besteht eine große Gefahr der erneuten und verstärkten Radikalisierung. Denn das Versprechen der extremistisch-salafistischen Szene ist ja, dass man quasi geläutert werde, wenn man sich ihnen anschließe, dass einem dann alle Sünden vergeben würden.

Murat allerdings ist mittlerweile ziemlich sauer auf seine ehemaligen »Brüder«. Es ist noch nicht lange her, da ist er bei einem Gruppentraining total wütend geworden: »Die haben mir mein Leben zerstört, die haben meine Familie zerstört«, hat er gesagt.

Im Gefängnis hat er eine Ausbildung zum Maler und Lackierer begonnen. Es ist zwar noch nicht ganz klar, wann er entlassen wird, aber wir haben uns trotzdem schon um einen Betrieb gekümmert, in dem er die Ausbildung gegebenenfalls fortsetzen könnte.

Äußerungen wie in seinem Prozess würde er heute sicherlich nicht mehr wiederholen. Er hat keine Szenekontakte mehr, und er will mit diesen Leuten auch nichts mehr zu tun haben. Umso intensiver ist sein Verhältnis zu uns Beratern, die ihn auch nach der Haft weiter betreuen werden. Seine Familie steht ihm ebenfalls nach wie vor bei. Es ist nie vorhersehbar, welche Ereignisse nach einer Entlassung auftreten können. Aber Murat kennt jetzt Menschen, mit denen er jederzeit reden kann. Religiös ist er mittlerweile so gebildet, dass er in der Lage ist, sich von Extremisten zu distanzieren. Friedfertigkeit und Respekt vor jedem Leben sind wichtige Werte für ihn geworden.

Das Wichtigste wird sein, dass er einen Beruf ausüben kann. Einen Ausbildungsplatz konnten wir bereits ausfindig machen. Hier brauchte Murat unsere Hilfe. Mit seiner bekannten Geschichte konnte er das nicht aus eigener Kraft schaffen. Wir geben ihm auf jeden Fall eine gute Prognose. Murat will den Neuanfang wagen, darauf freut er sich. Er wolle seiner Familie keinen Kummer mehr bereiten, versichert er immer wieder, und fügt hinzu: »Ich möchte einfach nur friedlich und ruhig leben. Keinen Stress mehr haben!«

# Thorsten: »Ich bin ein Nazi-Kämpfer – die müssen weg«

*Blinder Gehorsam gegenüber der Gruppe, Hass auf alles andere. Welche Parallelen sich zwischen Rechtsextremisten und Islamisten erkennen lassen.*

Am Ende dieses Buches möchte ich an den Beginn meiner Arbeit zurückkehren, der Arbeit mit Rechtsextremisten. Denn daraus ist unser Deradikalisierungs-Programm erst entstanden, und aus der jahrelangen Erfahrung in diesem Bereich ziehe ich viele Erkenntnisse, die sich auf die Arbeit mit Islamisten übertragen lassen. Mit Blick auf die Radikalisierungsgeschichte von Rechtsextremisten und Islamisten lassen sich Parallelen erkennen, die einmal mehr zeigen, dass es sich bei dem Phänomen des radikalen Islamismus zuvorderst um einen politischen Extremismus handelt. Religion ist das Vehikel, das extremistische Salafisten nutzen – sie missbrauchen den Islam.

Im Herbst 1988 arbeitete ich als Sozialarbeiter in einem Jugendtreff im Berliner Stadtteil Reinickendorf, in dem vor allem Jugendliche aus der alternativen Szene verkehrten. In der Zeit gab es in dem Viertel im Norden der Stadt ziemlich große Probleme mit einer Gruppe von rechtsextremistischen Skinheads, die dort Angst und Schrecken verbreiteten. Sie skandierten rechtsextreme Parolen, wenn sie zusammen auf der Straße abhingen, schüchterten Passanten ein und markierten die Straßenzüge mit Hakenkreuzen. Die Punks und linken Jugendlichen aus dem Jugendtreff waren ein perfektes Feindbild und bekamen die Aggressionen der rechten Jugendlichen leibhaftig zu spüren, sie wurden wiederholt angegriffen. Ich war entsetzt, als ich die Spuren dieser Gewalt sah: malträtierte Jugendliche, deren Körper übersät waren mit blauen Flecken. Diese Brutalität und dieser Hass gegen Menschen, die anders dachten und anders aussahen, waren mir unbegreiflich.

Eines Abends saßen wir im Jugendtreff zusammen und diskutierten zum wiederholten Mal darüber, wie wir mit dieser Situation umgehen sollten. Die Jugendlichen wollten auf keinen Fall die Polizei einschalten. Aber woher sollte dann Hilfe kommen?

Einer der Jugendlichen hatte eine eigentlich ziemlich naheliegende Idee: Man müsse doch einfach mal versuchen, mit den Skins zu reden. Vielleicht könne man so eine weitere Eskalation vermeiden.

»Man« konnte in diesem Fall nur ich sein, die Jugendlichen selbst wären wahrscheinlich über ein »Hallo« gar nicht hinausgekommen. Die Stimmung war viel zu aufgeheizt. Es handelte sich bei den Skinheads um eine angsteinflößende Truppe.

Die Jugendlichen wünschten sich also, dass ich mit den Skinheads sprechen sollte. Begeistert war ich von dieser Idee nicht. Ich war eigentlich nicht bereit, auf diese Leute zuzugehen. Für mich waren sie brutale Gewalttäter und unbelehrbare Neonazis, die ein völlig geschlossenes Weltbild hatten und sich daran ergötzten, Angst und Schrecken zu verbreiten. Ich war damals Ende zwanzig und hatte – im Nachhinein betrachtet – selbst eine ziemlich festgefahrene Wahrnehmung über rechtsextreme Jugendszenen.

Aber ich wollte trotzdem versuchen, den Wunsch der

Jugendlichen zu erfüllen. Also las ich Fachliteratur, besuchte Tagungen, sprach mit Kollegen und Experten. Es wurde zwar viel über Rechtsextreme gesprochen, aber keiner schien je mit ihnen selbst geredet zu haben. Zu dem Zeitpunkt gab es keinerlei praktische Erfahrungen in der pädagogischen Arbeit mit rechtsradikalen Jugendlichen. Mir wäre es damals auch deutlich leichter gefallen, auf Distanz zu diesen Leuten zu bleiben, deren Haltung ich einfach nur abstoßend fand. Aber aufgeben wollte ich nun nicht mehr.

Also tastete ich mich auf eigene Faust ran und beobachtete die Skinheads eine Weile – eine Clique von etwa dreißig Männern und Frauen. Einfach aus dem Auto auszusteigen, hinzugehen und »Hallo, ihr« zu sagen, schien mir keine gute Idee zu sein.

Ich habe dann schließlich indirekt Kontakt aufgenommen, indem ich einer lokalen Zeitung erzählte, dass die Jugendlichen aus dem Jugendtreff bereit seien, mit den Skinheads zu sprechen. Ich ließ unter dem Artikel meine dienstliche Telefonnummer veröffentlichen, und tatsächlich rief noch am selben Tag einer von ihnen an: »Du kommst heute Abend, 22 Uhr, allein zum Park, dann können wir reden.« Nach dieser Ansage legte er auf.

Das klingt wie aus einem Vorabend-Fernsehkrimi, und so hat es sich auch angefühlt.

Zudem war der Tag ausgerechnet der 20. April, der Geburtstag Adolf Hitlers – der hundertste.

Ich ging hin. Allein. In der Dunkelheit standen vielleicht knapp drei Dutzend Menschen um ein Lagerfeuer. Die meisten in Bomberjacken und Springerstiefeln. Mir war ziemlich mulmig zumute, zumal die Gruppe sich bedrohlich um mich herum aufstellte. Wir hatten im Jugendtreff verabredet, dass die anderen die Polizei rufen sollten, wenn ich nach spätestens zwei Stunden nicht zurückkäme.

Eine ziemlich lange Zeit, schoss es mir da durch den Kopf

Einer aus der Gruppe fragte mich dann: »Warum trägst'n keinen Aufnäher ›Ich bin stolz, Deutscher zu sein‹?«

Ich versuchte, ganz ruhig zu antworten: »Ich sehe keinen Grund, so einen Aufnäher zu tragen. Für mich persönlich ist es nicht wichtig, meine Nationalität nach außen zu zeigen. Wie ist es bei euch? Warum tragt ihr so etwas denn?«

»Weil wir Deutsche sind«

»Bin ich auch. Was ist es noch?«

Ich hatte gar nicht lange darüber nachgedacht und mir auch nicht vorgenommen, zurückzufragen. Erst im Nachhinein ist mir klargeworden, welchen Effekt diese Frage hatte. Sie vermittelte den Eindruck, dass ich ehrliches Interesse an einer Antwort hätte, und das stimmte auch. Ich fragte nicht, um sie in die Enge zu treiben oder weil ich sie verachtete, sondern weil ich wirklich gespannt war, wie sie darauf antworten würden.

Es folgte allerdings nur Gestammel.

Ich fragte weiter, worauf sie denn sonst noch stolz seien.

Sie erzählten mir dann von den Familien, die sie mal haben würden, den Berufen, die sie mal ausüben würden, den Häusern, die sie eines Tages hätten. Nichts als Projektionen und Zukunftsfantasien.

»Und jetzt, hier? Worauf seid ihr stolz?«

Schweigen.

Da standen um die dreißig Jugendliche zwischen fünfzehn und zweiundzwanzig – und da kam nichts!

Aber es war der Auftakt zu einem Gespräch, das mich wahrscheinlich genauso überraschte wie die Mädchen und Jungen um mich herum: Ein Gespräch auf Augenhöhe, in dem jeder seine Meinung vertrat. Dass ich anders dachte als jeder andere in dieser Gruppe und das nicht verschwieg, machte diese Begegnung für die Jugendlichen offenbar interessant.

Zwei Stunden lang unterhielten wir uns. Es war der Beginn einer Zusammenarbeit, die dann mehr als zwei Jahre dauern sollte.

## Demokratie lernen

Die Jugendlichen standen unter dem Einfluss der »Nationalistischen Front« (NF), einer Partei, die 1992 verboten werden sollte wegen ihrer Wesensverwandtschaft mit der NSDAP. Über ihren Versand konnte man Aufkleber und Anstecker mit den Slogans »Ausländer raus« und »Integration ist Völkermord« kaufen, und sie veranstaltete regelmäßig Wehrsportübungen. Mitglieder dieser Partei hatten die Jungen und Mädchen aus dem Park unter ihre Fittiche genommen, ein bisschen wie Streetworker der rechten Szene.

Die Jugendlichen selbst waren sozial isoliert und sahen keine Perspektive in der Gesellschaft um sie herum – sie waren auf der Suche nach einer Identität, und da war jede Form der Ansprache besser als gar keine.

Die NF-Typen waren keineswegs nett – eher angsteinflößend. Dementsprechend hatten die Jugendlichen großen Respekt vor ihnen, aber da es niemanden sonst gab, der sich ihrer annahm, hielten sie ihnen die Treue.

Dank unserer Begegnung am Lagerfeuer gab es nun ein ungleich offeneres Gesprächsangebot für sie, das für die meisten offenkundig verlockender war. Bis auf einen waren alle bereit, sich auf einen Dialog einzulassen.

Ich wollte die Gruppe nicht auseinanderreißen, ihren Zusammenhalt nicht zerstören, sondern sie als Gemeinschaft begleiten, damit dann jeder Einzelne im Schutz der Gruppe beginnen konnte, seine Handlungen und sein Denken zu reflektieren.

Ich brachte sie auch mit den Jugendlichen aus dem Jugendtreff zusammen. Zwei von ihnen hatten sich bereiterklärt, kontinuierlich mitzumachen bei dem Projekt. Wir waren für die Skins nur »die drei vom linken Ufer.«

Wir haben in der Folge sehr viel miteinander gesprochen: über Einstellungen, Lebensgeschichten und Alltagserfahrungen. Die Skinheads kamen fast alle aus prekären Familienverhältnissen, ihre Chancen, es im Leben zu etwas zu bringen, schätzten sie als sehr gering ein. Sie erfuhren kaum Anerkennung, nicht in der Familie und auch nicht von ihren Freunden. Dass sie dazugehören, ein Teil von etwas sind, dieses Gefühl kannten sie nur aus ihrer Gruppe. Da fühlten sie sich stark. Außerhalb der Gruppe waren sie bindungslos und kamen sich abgewertet vor – weil die Ausländer die guten Jobs hätten, der Zusammenhalt des Volkes nicht mehr zähle, die deutsche Heimat keinen Wert mehr besitze: einfache Erklärungen für ihre eigene Situation.

Sie hatten ein diffuses rechtsextremes Weltbild verinnerlicht. Ihre Feindbilder waren klar definiert, und sie neigten dazu, eher zuzuschlagen als zu diskutieren.

Durch unsere Gespräche entstand trotzdem allmählich eine vertrauensvolle Beziehung. Nach einiger Zeit waren vermittelnde Gespräche zwischen den beiden gegnerischen Jugendgruppen möglich, und es gab sogar gemeinsame Aktivitäten. Tatsächlich konnten wir die Gewaltüberfälle in dem Stadtteil beenden, weil beide Seiten sich ohne Angst begegneten und miteinander sprachen, obwohl ihre Weltanschauungen so unterschiedlich waren.

Ganz ähnliche Phänomene wie bei der Skinhead-Gruppe sehen wir bei den Jugendlichen, die sich heute vom extremistischen Islam verführen lassen. Isolation, Orientierungs- und Perspektivlosigkeit treiben diese jungen Menschen in einen Extremismus, den sie selbst als Erlösung missverstehen. Wenn man es schafft, diese Isolation aufzubrechen, eröffnen sich Alternativen und neue Perspektiven.

Aber zu ahnen, dass man vielleicht auf dem Holzweg sein könnte, und sich dann tatsächlich aus der extremistischen Verbohrtheit herauszuwagen, das ist ein großer Schritt, bei dem die Jugendlichen Hilfe brauchen. Damals wie heute müssen wir es schaffen, ihr von Hass und Gewalt geprägtes Leben in ein eigenverantwortliches und gewaltfreies umzuwandeln; ihnen Lust auf demokratische Strukturen und Teilhabe zu machen, obwohl sie einen starken Hang zur Hörigkeit haben und vielleicht sogar eine Gewaltherrschaft gutheißen.

Wir müssen die jungen Menschen so stärken, dass sie in der Lage sind, die Manipulationen der Extremisten zu durchschauen.

Damals machten wir aus der Not eine Tugend. Die Gruppe der Skins wollte sich nicht mehr auf der Straße rumtreiben, hatte aber außer an ihrem Platz im Park keine Möglichkeit, sich zu treffen. Die Jugendeinrichtungen, die es gab, wollten mit ihnen nichts zu tun haben.

Ein wichtiger Aspekt pädagogischer Arbeit ist es, die Handlungsfähigkeit junger Menschen zu stärken, ihre Eigeninitiative zu wecken. Die Gruppe entwickelte dann die Idee, in ihrem Park aus mehreren Bauwagen einen Treff zu bauen. Wir gründeten einen Selbsthilfeverein mit dem pathetischen Namen

»Initiative für ein friedliches Miteinander und zur Verbesserung der Lebenslage von Jugendlichen«. Auch Jugendliche aus dem alternativen Jugendtreff arbeiteten darin mit. Alle zusammen entwarfen Konzepte, Finanzpläne, setzten sich mit Anwohnern auseinander, sprachen mit Politikern. Als schließlich das Kommunalparlament ihrem Vorhaben zustimmte, waren sie ziemlich überrascht, zumal es eine rot-grüne Mehrheit war, die ihr Projekt befürwortete, und die Abgeordneten der Republikaner, von denen sie dachten, dass sie ihnen näherstünden, es ablehnten.

»Und, könnt ihr jetzt sagen, worauf ihr stolz seid?«, fragte ich sie. Aber sie mussten gar nicht antworten, ihre Freude, das Projekt durchbekommen zu haben, sprach für sich.

In den folgenden Monaten kümmerten die Jugendlichen sich um die Stromverlegung, die Fundamente, den Bau von Terrassen, die Einrichtung der Bauwagen und was sonst noch anfiel. Sie wählten einen Rat für ihr selbstverwaltetes Projekt und besprachen alle Entscheidungen im Plenum. Jeder war beteiligt und erlebte hautnah demokratische Abläufe mit.

Ihre rechtsextremistischen Überzeugungen verschwanden indes nicht über Nacht. Viele Gespräche waren nötig, damit die Jugendlichen in der Lage waren, auf Distanz zu gehen.

Ich erinnere mich noch sehr gut an den Jüngsten aus der Gruppe, fünfzehn Jahre war er alt. Mit ihm saß ich wieder und wieder in einem Treppenhaus, arbeitete mit ihm eine Nazi-Kampfschrift durch, die er sich aus den USA bestellt hatte. Und es gab auch Konflikte und Reibereien in der Gruppe, Auseinandersetzungen mit Linksextremen und der Polizei.

Trotzdem hat es funktioniert – zwei Jahre lang. Soweit ich es nachvollziehen kann, blieben alle, die daran beteiligt waren, straffrei. Viele haben Familien gegründet und Arbeit gefunden. Kurz: ein normales Leben geführt, und vor allem haben sie Abstand zum rechtsextremen Milieu gehalten.

Für mich war die Arbeit mit diesen Jugendlichen essentiell für meine spätere Arbeit. Ich lernte, dass die eigene Haltung, die eigenen Vorurteile einem den Zugang zu Menschen versperren können, die man ansonsten noch erreichen könnte. Ich hatte erlebt, wie Menschen sich verändern, wenn ich darauf vertraue, dass ich eine authentische Beziehung zu ihnen eingehen kann, und mich den Problemen zuwende, die hinter ihrer Radikalisierung stehen. Ich lernte, dass es mehr bewirkt, wenn man sich wirklich für das Gegenüber interessiert, als wenn man von vornherein belehren will. Aber ich hatte auch gesehen, wie gefährlich Jugendliche werden können, wenn man sich ihnen nicht zuwendet.

Alles Erkenntnisse, aus denen ich mit meinen späteren Kollegen beim Violence Prevention Network die Notwendigkeit ableitete, nicht nur präventiv mit Jugendlichen zu arbeiten, die zur Gewalt neigen, sondern auch mit denjenigen, die bereits zu Gewalttätern geworden sind. Wir entwickelten unser Anti-Gewalt-Trainingsprogramm, an dem später auch Hamid Batal teilnehmen sollte – der junge Mann, der sich im Gefängnis radikalisiert hatte und mittlerweile als Trainer für uns arbeitet.

## Thorstens Kampf

Zunächst begannen wir unsere Arbeit mit rechtsextremistischen Jugendlichen. Mit Thorsten Bäcker zum Beispiel. Als er an unserem Trainingsprogramm teilnahm, war er einundzwanzig Jahre alt und saß wegen mehrerer Gewalttaten im Gefängnis. Sein Vater war Mitglied der NPD in Brandenburg. Ein typischer Tyrann: Er war streng und schlug auch mal zu. Die Mutter ordnete sich ihm unter.

Thorsten bezeichnete der Vater immer wieder als Versager, vor allem, wenn er sich altersgemäß wie ein Jugendlicher benahm, wenn er einfach mal Quatsch machte zum Beispiel. Mit dreizehn erwischte der Vater ihn beim Kiffen. Er beschimpfte ihn daraufhin als »undeutsch« und schmiss ihn raus. Thorsten zog zu seinen Freunden, Mitglieder einer rechtsextremen Kameradschaft. Sie erzogen ihn quasi, waren seine Familie und boten ihm Schutz und Halt.

Als er vierzehn Jahre alt war, kam einer seiner Freunde zu ihm und sagte: »Zieh dich an, wir müssen mit jemandem was klären.« Thorsten freute sich, er sah den Tag gekommen, an dem er beweisen konnte, dass er richtig dazugehörte.

Mit zwei Kumpels brach er auf. Aber derjenige, mit dem sie was auch immer »klären«, den sie also zusammenschlagen wollten, war nicht zu Hause.

Mit all der aufgestauten Aggression in sich standen sie auf der Straße, als sie dann sahen, wie gegenüber vor dem Supermarkt eine schwarze Familie ihre Einkaufstüten ins Auto lud.

»Guck mal da, die Negerfamilie«, sagte Thorstens Kumpel.

Thorsten rannte zu dem Auto und drosch auf den Mann ein. Die beiden anderen hielten die Frau und das Kind fest.

Thorsten schlug so lange zu, bis der Mann blutend auf dem Boden lag. Dann stieg er auf eine Parkbank, wollte ihm mit seinen Springerstiefeln ins Gesicht springen.

»Es reicht«, sagte sein Kumpel und hielt ihm seinen Arm vor die Brust. Alle drei rannten weg. Thorsten war nun Teil der Kameradschaft, er hatte den Gehorsamkeits-Test bestanden.

Auch mit ihm haben wir eine Sitzung anberaumt, in der

wir diese Situation Minute für Minute miteinander analysiert haben. Genau wie später mit Hamid Batal.

»Es war berauschend«, sagte Thorsten, »ich konnte über Leben und Tod entscheiden.«

Ich widersprach: »Konntest du nicht, du musstest gehorchen, andere haben für dich entschieden.«

»Ich hätte es aber getan, der Mann war mir völlig egal, und die Frau hätte ich auch zusammengeschlagen. Alles Nigger.«

»Und das Kind?«

»Die Frage ist unfair. Es gibt einfach zu viele von denen.«

»Hast du das Kind schreien gehört?«

»Wollte ich nicht.«

»Was meinst du, welche Gefühle hat der kleine Junge gehabt, als er sah, wie jemand das Leben seines Vater bedrohte?«

»Weiß nicht ... Vielleicht Ohnmacht, Wut, Hilflosigkeit, Verzweiflung, unglaubliche Angst. Aber ich habe kein Mitleid mit denen. Darauf wollt ihr doch hinaus? Ich bin ein Nazi-Kämpfer. Die müssen weg.«

»Was meinst du, wie wird der Junge eines Tages mit diesen Gefühlen umgehen?«

»Eines Tages springt er jemandem auf den Kopf.«

Der Satz sprudelte aus ihm heraus, er schien selbst überrascht zu sein. Guckte mir einmal kurz in die Augen und starrte dann minutenlang nur noch auf den Boden.

Auf einmal begriff er, dass sein Hass in seiner eigenen Geschichte wurzelt.

Er hat den Familienvater auf dem Parkplatz beinahe zu Tode geprügelt, aber nicht, weil der »wegmuss«, sondern weil er selbst Opfer von Gewalt geworden war.

Thorsten war schockiert. Die Erinnerung an die Gewalttaten seines Vaters kehrte mit aller Macht zurück.

Durch die Gewalt, die Demütigungen und den Missbrauch, die Jugendliche wie Thorsten in der eigenen Familie erfahren haben, verlieren sie die Verbindung zu ihren eigenen Emotionen. Nur so sind sie in der Lage, selbst immer wieder Gewalt auszuüben. Aber ihre Gefühle lassen sich reaktivieren, zum Beispiel während eines solchen Anti-Gewalt-Trainings.

Es ist Thorsten unangenehm, dass ich ihn immer wieder auf den schreienden Sohn des Opfers hinweise, und es kostet ihn Mühe, seine gefühlskalte Haltung aufrechtzuerhalten.

Als ihm das nicht mehr gelingt, fällt auch die Rolle des hypermaskulinen Nazis, die er eingenommen hat, in sich zusammen.

Empathie lässt sich wieder erlernen.

## Parallelen zwischen Islamismus und Rechtsextremismus

Wenn man sich Biografien von auf den ersten Blick so unterschiedlichen Menschen wie Thorsten Bäcker und Hamid Batal anschaut, dann findet man strukturelle Ähnlichkeiten. Die Väter von Hamid und Thorsten schlugen sie, waren enttäuscht von ihren Söhnen, forderten Männlichkeit, Ehre. Ihre Mütter ordneten sich unter. Gewalt schien für beide ein legitimes Mittel der Auseinandersetzung zu sein. In der jeweiligen Ideologie fanden sie dann die Rechtfertigung für ihre Handlungen. Sie ist bei den jugendlichen Gewalttätern, mit denen wir im Gefängnis arbeiten, unterschiedlich stark verfestigt, aber für alle ist die jeweilige Ideologie ein wichtiger Bestandteil ihrer Lebens- und Gefühlswelt und ihres Handelns. Deshalb gehört es zum Kern unserer Arbeit, diese Rechtfertigungsmuster aufzubrechen

In der biografischen Arbeit mit Hunderten von Jugendlichen, die durch Gewalttaten straffällig geworden sind, zeigt sich, dass der Grund ihres Handelns nahezu immer in der eigenen Opfer-Erfahrung liegt. Indem sie selbst Gewalt ausüben, befreien sich die Täter aus ihrer Opferrolle, von Gefühlen von Ohnmacht, Angst und Hilflosigkeit, die sie selbst empfunden haben.

Der erste Schlag wirkt oft wie eine Erleuchtung. Auf einmal erlebt der Jugendliche das Gegenteil all seiner bisherigen Empfindungen. Auf einmal hat er, in seiner Wahrnehmung, Macht über andere, und diese anderen begegnen ihm mit Anerkennung und Respekt. Gleichzeitig hilft ihm die Gewaltausübung dabei, negative Erlebnisse zu verdrängen.

Um diese Gewalt vor sich zu rechtfertigen, bedarf es eines guten Grundes, einer Legitimation, die den Täter moralisch entlastet, eines Feindbilds, das in seinen Augen der Gesellschaft oder der Gemeinschaft schadet. Ausländer, Homosexuelle, Juden, Araber – jede Gruppe lässt sich mit dem jeweiligen ideologischen Überbau dafür instrumentalisieren. Der Gewalttäter handelt aus seiner Sicht im Sinne einer guten Sache: für einen deutschen Staat nach nationalsozialistischem Vorbild oder für die »Umma«, die muslimische Gemeinschaft, und ihren sogenannten Islamischen Staat.

In unserer Arbeit geht es deswegen nicht nur darum, die Gründe für Gewalttaten in der Biografie der Täter zu suchen, sondern auch darum, diesen ideologischen Überbau ins Wanken zu bringen.

2010 ging es zum Beispiel im Rahmen einer Gruppendiskussion in Sachsen-Anhalt um die sozialen Probleme in Deutschland: Arbeitslosigkeit, Hartz IV, Wirtschaftskriminalität.

»Was sind die Ursachen dafür, was meint ihr?«, fragte unser Trainer.

»Es ist das jüdische Finanzkapital!«, sagte einer der Jungs, »die haben das Geld, die ziehen die Fäden und treiben Deutschland in den Abgrund.«

»Okay. Wo ist denn das Finanzkapital in Deutschland konzentriert?«

»Bei den Banken.«

»Ach so, dann ist also Josef Ackermann von der Deutschen Bank ein Jude?«

»Nein, der nicht.«

Der Trainer geht die großen Banken in Deutschland und ihre Vorstandsvorsitzenden durch. Eine nach der anderen. Immer die gleiche Antwort der Jungs: »Weiß ich nicht, ob der Jude ist.«

Die Jungs sind irritiert. Sie finden keinen Juden in den Vorstandsetagen der Banken.

»Und wie ist es mit einigen führenden Mitgliedern von rechtsextremen Organisationen, die in der Immobilienwirtschaft tätig sind? Sind das auch Juden?«, fragt der Trainer.

»Was soll das? Wollen Sie uns provozieren?«

»Nein. Ich denke nur die Argumentation weiter. Da gibt es welche, die haben viel Geld. Sind vielleicht eine große Nummer in der Immobilienwirtschaft, spekulieren an der Börse. Nutzen ihr Geld für politische Interessen. Müssten die nicht nach eurer Definition eigentlich Juden sein?«

Diese Sitzungen zu den ideologisierten Haltungen der Jugendlichen sind deswegen so wichtig, weil sie es ermöglichen, den Hass von den Feindbildern, gegen die er sich richtet, zu entkoppeln. Dabei darf man nicht vergessen, dass wir in der Regel nicht mit den ideologischen Vordenkern arbeiten, sondern mit den Verführten.

Was den extremistischen Salafismus für Jugendliche attraktiv macht, haben wir auch immer wieder in der Arbeit mit rechtsextremen Tätern gefunden: Die Jugendlichen folgen einem charismatischen Führer, der meistens älter ist und eine Art Vaterfigur darstellt. Auch im rechten Milieu hat die Gemeinschaft eine große Bedeutung, nur wird diese Kameradschaft nicht religiös aufgeladen, sondern rein politisch. Aber auch für sie gilt: nach innen unbedingte Unterstützung und Solidarität, nach außen Feindschaft. Beide lehnen den demokratischen Rechtsstaat radikal ab. Rechte wie extremistische Salafisten ordnen sich einer autoritär organisierten Struktur unter und geloben ihren Führern Gehorsamkeit. Beide streben danach, einem hypermaskulinen Männlichkeitsbild zu entsprechen: dem starken Nazi-Kämpfer oder dem kompromisslosen muslimischen »Löwen«, jeweils gekoppelt mit archaischen Ehrvorstellungen.

Beide Szenen beziehen sich außerdem sehr stark aufeinander.

Gut zu sehen war das bei den gewaltsamen Demonstrationen der Salafisten gegen die rechtspopulistische Organisation Pro NRW 2012 und ganz ähnlich bei den »Hooligans gegen Salafisten«, die 2014 Köln, Hannover und andere Städte unsicher machten. In meinen Augen ist das ein Konfliktfeld, das man im Auge behalten sollte, denn beide Szenen brauchen sich gegenseitig – die jeweils anderen geben der eigenen Szene die Rechtfertigung für ihre Existenz. Dass es Rechtsextreme gibt, beweist für die Salafisten, dass Muslime in diesem Land bedroht sind. Extremistische Salafisten wiederum geben Rechtsextremen einen willkommenen Anlass, um unter dem Banner der vermeintlichen Islamisierung des Abendlandes ihre Ideen in eine breitere Öffentlichkeit zu tragen.

Ich kann nur hoffen, dass sich diese Konflikt-Dynamik nicht weiter zuspitzt. Als ich in meinem letzten Trainingskurs mit jungen inhaftierten Menschen aus der rechten Szene über den Islam diskutierte, wurde die Diskussion sehr hitzig. Viele sagten, wenn sie aus dem Gefängnis entlassen werden, würden sie am liebsten gleich losziehen, um Moscheen anzuzünden. Ihr Hass war deutlich zu spüren. Extremismus-Bekämpfung bedeutet zu verhindern, dass sie das in die Tat umsetzen.

Wir werden viel zu tun haben in der nächsten Zeit.

# Fazit
# Den Extremismus entzaubern

Mich bewegt bei meiner Arbeit mit gefährdeten jungen Menschen immer wieder, dass es – egal wie radikal und unnahbar jemand erscheint – doch möglich ist, sein Vertrauen zu gewinnen. Jugendliche wie Murat oder Celine sind durchaus erreichbar, sie haben die Fähigkeit, sich zu ändern. Sie können einen Lebensweg ohne Hass und Gewalt einschlagen. Um das zu erreichen, müssen sie sich anerkannt und respektiert fühlen. Wir müssen ihnen signalisieren, dass sie zu dieser Gesellschaft dazugehören.

Ein Dialog auf Augenhöhe heißt die Devise. Und das bedeutet, sich für die Fragen der Jugendlichen, ihre Religiosität und ihre Lebensgeschichte zu interessieren. Und es heißt auch zu akzeptieren, dass Religion ganz selbstverständlich ein wichtiger Bestandteil der Identität sein kann – bei Hamid war sie sogar ein Schlüssel zu seiner Abwendung von Gewalt. Es ist weder sinnvoll noch wünschenswert, jungen Menschen ihre Religion, ihren Glauben auszureden, sie irgendwie davon abbringen zu wollen. Es geht um den Respekt vor Religionen, und es geht um eine deutliche Abgrenzung zu menschenverachtenden Einstellungen. Beides ist machbar, wenn wir mit den jungen Menschen im Gespräch bleiben.

Junge Menschen, die aus extremistischen Szenen ausgestiegen sind, erzählen in den Gesprächen mit uns rückblickend, dass sie diese Zeit als verschenkt betrachten. Murat zum Beispiel, der wegen Unterstützung einer terroristischen Vereinigung zu mehreren Jahren Jugendstrafe verurteilt wurde, ist im Nachhinein sehr wütend auf sich, weil er sich von der fundamentalistischen Szene verführen ließ. Heute liest er jede Woche ein Buch – und sucht die Diskussion über den Islam und wie ihn die dschihadistischen Salafisten auslegen. Er sagt: »Sich bilden schützt vor diesen Leuten.« Kein Mensch hat das Bedürfnis, sich manipulieren und missbrauchen zu lassen, aber genau das tut jede extremistische Szene.

Wir können den Gefahren durch Extremismus und Gewalt am besten begegnen, wenn wir dafür Sorge tragen, dass junge Menschen so stark und selbstbewusst sind, dass sie gegen die Verführungen des Extremismus immun werden. Wenn uns das gelingt, entziehen wir den Extremisten die Basis für ihre Handlungen. Für eine demokratische Gesellschaft ist das eine ständige Herausforderung. Die pädagogische Arbeit mit dem einzelnen Jugendlichen allein reicht dafür nicht aus.

Wir müssen auf allen gesellschaftlichen Ebenen etwas tun.

## Die Gesellschaft muss zusammenhalten

Extremisten, egal aus welchem Spektrum sie kommen, setzen dort an, wo es in einer Gesellschaft Bruchstellen gibt. Sie wollen die Gesellschaft spalten. Ging nicht kurz nach den November-Anschlägen in Paris die Diskussion los, ob die gerade neu entdeckte Willkommenskultur auch Terroristen anlocken könnte? Rechtsextremisten und pseudo-religiös motivierte Radikale wie die Salafisten brauchen sich gegenseitig, um weitere Anhänger zu finden.

Für Islamisten hat es positive Auswirkungen, wenn die Islamfeindlichkeit in der Gesellschaft wächst. Wenn im sächsischen Clausnitz muslimische syrische Flüchtlinge stundenlang in einem Bus ausharren müssen, weil ein rassistischer und islamfeindlicher Mob sich davor versammelt hat, ist das für extremistische Salafisten ein Beweis mehr dafür, dass Muslime in dieser Gesellschaft diskriminiert werden. Sie können damit neue Anhänger gewinnen. Sie zeigen mit dem Finger darauf und sagen: »Seht her, Muslime sind in dieser Gesellschaft nicht gewollt.« Und die Rechten sagen: »Wir müssen uns wehren, wir wollen den Islam nicht, er bedroht uns, bringt uns Terroristen und Lebensweisen, die nicht zu uns passen, dabei sind *wir* doch das Volk.«

Wenn diese extremistischen Positionen immer mehr Anhänger in der Gesellschaft finden, droht eine gesellschaftliche Spaltung, und die führt dann wieder zu einer weiteren Zunahme von extremistischen Positionen. In der gesellschaftlichen Mitte wird die Übereinstimmung mit demokratischen Werten geringer. Das zeigt die rasante Zunahme rechtspopulistischer Parteien in allen europäischen Ländern. Durch diese Dynamik, das sich gegenseitige Aufschaukeln, wird ein zunächst randständiges Extremismus-Problem zu einer ernsten Gefahr für die Demokratie.

Islamisten haben zwei Feindbilder: Einerseits den von ihnen als dekadent und ungläubig titulierten Westen als äußeren Feind und andererseits den inneren Feind – diejenigen Muslime, die den Islam als Religion verstehen und kein Problem damit haben, in einer vielfältigen Gesellschaft zu leben. Vielfalt widerspricht der extremistisch-salafistischen Ideologie einer homogenen Gesellschaft unter Gleichen.

Auch Rechtsextremisten wollen keine vielfältige Gesellschaft. Sie nutzen die Angst und Verunsicherung der Bürger, um ihre völkischen und demokratiefeindlichen Haltungen in die gesellschaftliche Mitte zu tragen. In den vergangenen Monaten konnte man das jeden Montagabend auf den Pegida-Demonstrationen beobachten, wo der Islam als vermeintliche Quelle für Terrorismus stilisiert wird und im selben Atemzug der Zusammenhalt des deutschen Volkes beschworen wird, während Politiker und Journalisten diffamiert und bedroht werden. Durch stetige Propaganda, Provokationen und Eskalation soll die Demokratie zu bröseln beginnen. Rechtsextreme bekommen Zulauf, wenn man Religion, Extremismus und Traditionalismus in einen Topf wirft und dem Islam an sich die Schuld gibt für Selbstmordattentate und Kriegsgräuel.

Diese fehlende Differenzierung aber stellt ein großes Hindernis dar für den gesellschaftlichen Zusammenhalt. Die Herausforderung wird sein, den Polarisierungsversuchen der Rechtsextremisten und jener, die ihre radikalisierten Einstellungen pseudo-religiös begründen, entgegenzuwirken. Die extremistischen Szenen sind im Moment besonders aktiv – und das gilt nicht nur für die salafistischen Gruppierungen, sondern auch für die Rechtsextremen.

Die Anzahl rechtsextremistischer Gewalttaten ist besorgniserregend gestiegen. Mit Blick auf Flüchtlingswohnheime gab es 2015 dreizehn Sprengstoffanschläge und fünfundneunzig Brandstiftungen. Gegen Flüchtlinge wurden mehr als tausend Straftaten verübt. Aber auch das Erstarken einer rechtspopulistischen Partei wie der AfD zeigt, dass sich ein Teil der gesellschaftlichen Mitte immer weniger mit demokratischen Werten identifiziert.

Daher dürfen wir auch den Rechtsextremismus und den Rechtspopulismus nicht aus den Augen lassen. Sie lösen das Problem des religiösen Fundamentalismus nicht, sie vergrößern es.

## Zwischen Islam und Extremismus muss unterschieden werden

Der deutlich überwiegende Teil der in Deutschland lebenden Muslime übt seine Religion in Übereinstimmung mit den Menschenrechten und den demokratischen Grundwerten des Landes aus. Viele junge Muslime gehören heute zu einer Generation, die vollständig in Deutschland aufgewachsen ist – eine einheimische Generation muslimischen Glaubens. Gleichzeitig sind sie in der Zeit nach dem 11. September 2001 herangewachsen und erwachsen geworden, also in einer Zeit, in welcher der Islam in öffentlichen Diskursen immer wieder unter den Generalverdacht gestellt wird, die Wurzel von Terror und Extremismus zu sein. Das erschwert muslimischen Mitbürgern die vollständige Integration. Sie haben nicht das Gefühl, voll und ganz zu dieser Gesellschaft zu gehören. Sie fühlen sich ausgegrenzt.

Wenn nicht zwischen Islam und Extremismus differenziert wird und damit der Religion immer wieder negative Merkmale zugeschrieben werden, führt das zu manifesten Vorbehalten in der deutschen Bevölkerung. Eine vorurteilsfreie interreligiöse und interkulturelle Kommunikation wird dadurch erschwert, wenn nicht gar verhindert. Auch das trägt zu sozialer Ausgrenzung bei. In der gesellschaftlichen Diskussion müssen wir zwischen Traditionalismus, Religion und politischem Extremismus unterscheiden.

Wenn einige Muslime andere Lebensweisen abwerten oder Frauen eine untergeordnete Stellung zuweisen, ist das nicht auf den Islam als Religion zurückzuführen, sondern auf die entsprechenden konservativen und traditionellen Kulturvorstellungen, die mit religiösen Gleichheitsgrundsätzen gar nicht vereinbar sind.

Ehrenmord lässt sich genauso wenig mit dem Koran verteidigen wie Gewalt gegen vermeintlich Ungläubige. Im Gegenteil, im Koran heißt es, wenn jemand einen Menschen tötet, tötet er die gesamte Menschheit, wer einen Menschen rettet, rettet die gesamte Menschheit. Die zu Recht geführten gesellschaftlichen Auseinandersetzungen um die Unterdrückung der Frau und überkommene Vorstellungen von Ehre werden trotzdem quasi islamisiert – also der Religion zugeschrieben. Das produziert eine diffuse Angst und führt zu einer generellen Abwehrhaltung.

Extremisten berufen sich zwar auf die Religion, sind aber im Kern anti-religiös und verstoßen gegen alle religiösen Grundsätze. Der IS hat Frauen versklavt. Aber in der Entstehungsgeschichte des Islams ging es gerade darum, die Stellung der Frauen zu verbessern, zu betonen, dass Mann und Frau gleichwertig sind. Frauen waren vor der Zeit des Islams Besitztümer der Männer, sie durften bei lebendigem Leib verbrannt werden, hatten keinerlei Rechte, Sexsklaventum war alltäglich und erlaubt. Mit der Entstehung des Islams wurde dies abgeschafft.

Wenn man sich mit der Entstehungsgeschichte des Islams auseinandersetzt, erkennt man, dass sich die Propaganda des IS fälschlicherweise auf ihn beruft. Es gibt enorme Unterschiede zwischen dem islamischen Glauben und dem politischen Extremismus, der ihn stets zitiert. Daher bedarf es sowohl in der Bildungsarbeit mit jungen Menschen als auch in der gesellschaftlichen Diskussion einer erhöhten Sensibilität für diese Unterschiede gerade in religiösen Fragen.

Pseudo-religiös begründeter politischer Extremismus vertritt ebenso wie Rechtsextremismus im Kern eine Ideologie der Ungleichbehandlung und verfolgt das Ziel einer politischen Herrschaftsübernahme. Die einen missbrauchen eine gefühlte religiöse Berufung als Mittel, um politische Macht durchzusetzen. Die anderen verwenden dafür ein rassistisch begründetes Bild des besseren Menschen oder »Herren-Menschen«.

Die Extremisten beider Couleur werten andere Religionen, Weltanschauungen und Lebensorientierungen ab. Sie lehnen die Religionsfreiheit genauso ab wie die Grundrechte der Demokratie und die Menschenrechte. Sie unterscheiden zwischen »wertem« und »unwertem« Leben, zwischen Anhängern der eigenen Ideologie und Gegnern, also in der Sprache der Islamisten: zwischen »Gläubigen« und »Nichtgläubigen«.

Beide extremistischen Strömungen wollen bestimmen, wer zu einer Gesellschaft gehören darf und wer nicht. Bei den Rechtsextremisten wird die Trennlinie zwischen innen und außen rassistisch begründet, bei den extremistischen Salafisten mit dem vermeintlich richtigen Glauben. Beide streben eine homogene Gesellschaft an. Wer anders ist, hat im Grunde genommen kein Existenzrecht. Solche Ideologien lassen sich nur in einer Diktatur mittels Gewalt aufrechterhalten, weil die Vielfältigkeit des Menschseins verneint wird.

## Der Islam ist ein Teil von Deutschland, das muss sich auch rechtlich widerspiegeln

Ich bin Atheist und Demokrat, und deswegen sage ich, dass der Islam zu Deutschland gehört und gehören muss. Nicht nur weil in Deutschland über vier Millionen Muslime leben, nicht nur, weil es in diesem Land das Grundrecht auf Religionsfreiheit gibt, sondern auch, weil der Islam und die Demokratie sich in keiner Weise widersprechen müssen.

Die meisten Muslime, Christen und Juden in Deutschland verstehen die Werte ihrer Religion in Übereinstimmung mit den Menschenrechten. Der Respekt vor den Menschen und vor jedem Leben ist ein grundlegender Wert ihres religiösen Verständnisses. Sie lehnen es ab, wenn religiöse Textstellen aus dem geschichtlichen Zusammenhang gerissen und politisch missbraucht werden. Wenn wir mit jungen Menschen in der Schule über interreligiöse Toleranz, Demokratie und Menschenrechte sprechen, sind sie meist ziemlich überrascht, wie viele Gemeinsamkeiten es zwischen den Religionen gibt. Ihr Bild war eigentlich ein anderes, dass Christen und Muslime sich nämlich unversöhnlich gegenüberstehen.

Aber nicht nur bei jungen Menschen gibt es wenig Wissen und viel Verunsicherung bezüglich des Islams. Auch die Älteren wissen zu wenig über eine erst einmal fremd erscheinende Religion. Wenn ich Fortbildungen für Lehrer, Sozialarbeiter oder Polizisten zum Thema Islamismus und Extremismus durchführe, haben viele der Teilnehmer ein angsterfülltes Islam-Bild. Zu sehr haben sich die Bilder des 11. September 2001 eingeprägt. Islam wird oft gleichgesetzt mit Zwang zum Glauben, Unterdrückung der Frauen, Gewalt und Terror. Aber meine Teilnehmer sind auch neugierig darauf, mehr zu erfahren über die Entstehungsgeschichte des Islams, sein Menschenbild und seine Wertvorstellungen. Mehr zu wissen schützt vor Vereinfachungen.

Deshalb sollte auch die muslimische Community selbst mehr über ihre Religion vermitteln. Die Sehitlik-Moschee in Berlin zum Beispiel macht das seit vielen Jahren. Regelmäßig bietet die Gemeinde Moschee-Führungen an. Schulklassen, Bundeswehrangehörige, Polizisten, interessierte Bürger nehmen daran teil und stellen ihre kritischen Fragen. Es sind zumeist junge Menschen, die diese Führungen ehrenamtlich anbieten. Sie kennen die Vorbehalte der Besucher, nehmen ihre Ängste ernst und versuchen, ein anderes Bild vom Islam zu vermitteln. Ihre Hoffnung: durch gemeinsame Gespräche Vorurteile abbauen zu können. Sie engagieren sich, weil sie respektvoll mit allen Menschen in dieser Gesellschaft zusammenleben wollen, und sie möchten das Bild ihrer Religion nicht von wenigen Extremisten verzerren lassen.

Ich habe einige Male an diesen Führungen teilgenommen und gesehen, wie respektvoll Muslime mit Nicht-Muslimen reden, diskutieren und streiten können. Immer in dem Geiste, dass jeder Einzelne für den gesellschaftlichen Zusammenhalt Verantwortung trägt. Ich wünsche mir mehr von diesen Gesprächen. Sie unterscheiden sich wohltuend von Fernseh-Talkshows, in denen sich die Streitenden Koran-Versatzstücke an den Kopf werfen und am Ende nur verhärtete und unversöhnliche Positionen übrig bleiben.

Die Religionsfreiheit ist eines der wichtigsten Grundrechte. Religion ist für einige Menschen persönlich sinnstiftend. Ihre Existenz muss in jeder Demokratie geschützt werden. Das heißt aber auch, dass Religionsgemeinschaften ein Mitspracherecht haben müssen und keine Religion benachteiligt werden darf. Die verschiedenen Religionen haben zu Recht den Anspruch, gleich behandelt zu werden.

Die rechtliche Anerkennung des Islams als Religionsgemeinschaft in all ihrer Vielfalt ist deshalb in Deutschland zwingend erforderlich. Denn auch das kann einer dogmatischen, extremistischen Auslegung des Korans nur entgegenwirken – es gibt nicht die eine richtige Interpretation, wie es die Salafisten behaupten. Jedes Mal, wenn wir das den jungen Menschen, mit denen wir arbeiten, vermitteln können, gibt es einen Aha-Effekt. Der Islam ist heterogen, und er hat eine humanistische

Tradition. Es gibt eine Vielzahl an Rechtsschulen und Glaubenstraditionen. In der Zusammenarbeit mit der muslimischen Gemeinschaft und ihren Verbänden sollte diese Vielfalt auch in der rechtlichen Anerkennung berücksichtigt werden. Damit würde die gesellschaftliche Akzeptanz von Muslimen gefördert und unterstrichen werden.

Dem zentralen Argument der Extremisten, Muslime könnten in Deutschland nicht vernünftig leben, würde so der Boden entzogen werden. Gleichzeitig wäre es dann endlich möglich, Islamunterricht, Jugendprojekte und muslimische Seelsorge nicht nur staatlich zu finanzieren, sondern vor allem auch nach demokratischen Richtlinien zu gestalten.

## Radikalisierungsverläufe frühzeitig erkennen

An den Geschichten der jungen Menschen, die ich in diesem Buch erzählt habe, lässt sich ablesen, dass es keine eindeutigen Antworten auf die Frage gibt, warum sich Jugendliche radikalisieren. Jeder Radikalisierungsprozess verläuft ein bisschen anders.

Doch es gibt auch einige Gemeinsamkeiten: In den meisten Fällen lässt sich ein Bruch im Leben dieser jungen Menschen finden. Sei es die Scheidung der Eltern wie bei Adam, der Tod eines nahestehenden Menschen wie bei Silvia, Gewalterfahrungen wie bei Celine oder ein schwerer Konflikt in der Familie wie bei Hamid. Autoritäre Erziehungsformen, konfliktbeladene Familienverhältnisse und Diskriminierungs-Erfahrungen sind weitere Risikofaktoren für eine Radikalisierung. Soziale und familiäre Enttäuschungen und das Gefühl, nicht akzeptiert zu sein, können zu einer erschwerten Identitätsbildung bei Jugendlichen führen.

Wenn der oder die Jugendliche aber keine eigenständige Identität entwickelt, besteht die Gefahr einer Radikalisierung. Sie beziehen sich dann auf das, was man ihnen nicht mehr nehmen kann: Rechte greifen auf ihre Nationalität zurück, sind stolz, Deutsche zu sein; andere beziehen sich auf ihre Männlichkeit, sind stolz, ein Kämpfer zu sein, und wieder andere besinnen sich auf ihre religiösen Wurzeln und sind stolz, zu einer abgeschlossenen Gemeinschaft zu gehören. »Radikalisierung von Restidentitäten« wird dies genannt. Sie produziert das Gefühl, Teil von etwas zu sein, man fühlt sich wichtig und grenzt sich von allem ab, was nicht dazugehört.

Wenn Jugendliche in dieser Phase der Identitätssuche auf ihre religiösen Wurzeln zurückgreifen, haben sie selbst nur wenig Ahnung vom Islam. Schnell kann das dazu führen, dass sie extremistische und traditionalistische Weltbilder unreflektiert übernehmen und dadurch Haltungen herausbilden, die geprägt sind von einer Ablehnung der Demokratie und Befürwortung von Gewalt.

Manchmal öffnet sich die Tür zum Extremismus aber auch einfach während einer alterstypischen Orientierungssuche. Per Zufall kommen die Jugendlichen dann etwa in Kontakt zu Angehörigen der Salafisten-Szene. Wie im Fall von Murat und vielleicht auch Adam, die gerade als sie das altersgemäße Bedürfnis hatten, ihrem Leben einen Sinn zu geben, Freunde in der salafistischen Szene fanden. Sie fühlten sich dort akzeptiert und als Teil einer größeren Gemeinschaft. Das sind die Fälle, die Familie und Freunde ganz besonders ratlos zurücklassen.

Extremistische Salafisten sind für verunsicherte junge Menschen attraktiv, weil diese Szene ihnen Halt und Orientierung gibt. Was sie anzubieten hat, ist verführerisch für die Jugendlichen: Identität, Geborgenheit und Gemeinschaft, unabhängig von nationalen und ethnischen Kategorien. Dazu vermitteln die Extremisten ein vermeintliches Wissen, die Kenntnis des Islams, wie sie ihn auslegen, und das mit einem exklusiven Wahrheitsanspruch: Sie behaupten, die einzige seligmachende Wahrheit erkannt zu haben und zu vertreten. Wer sich ihnen anschließt, gelangt mit dieser Überzeugung zu einem überhöhten Selbstwertgefühl. Ein vielleicht etwas schüchterner, leicht dicklicher junger Mann, der bis dahin eher in der zweiten Reihe zu finden war, ist dann plötzlich wer – wird sogar zu einer Art Anführer, wie im Fall von Adam.

Die extremistischen Salafisten bieten den jungen Menschen außerdem eindeutige Wertezuschreibungen an. So unterscheiden sie klar zwischen »Gläubigen« und »Nichtgläubigen«. Und charismatische Autoritäten wie Pierre Vogel oder Sven Lau geben den Jugendlichen Orientierung, wobei sie ihre Ansagen mit einem umfassenden und erleichternden Gehorsamsanspruch verbinden: »Du musst nicht nachdenken, du musst nur folgen.«

Gleichzeitig kommt ihre Ideologie wie eine Gerechtigkeits-Utopie daher. Sie knüpft an die hoch ideologisierte Vorstellung einer weltweiten Verfolgung von Muslimen an. Und sie fordert dazu auf, die Glaubensbrüder zu unterstützen, um ihr Leiden zu verhindern. Es gibt also eine kollektive Opfer-Identität und einen Mitmach-Faktor. Wer sich ihnen anschließt, kann sich der Aufmerksamkeit in der Öffentlichkeit sicher sein: Es gibt kaum eine Ideologie, mit der man sich im Moment besser von der Erwachsenenwelt und dem Gros der Gesellschaft abgrenzen kann, als den dschihadistischen Salafismus. Er unterstützt also auch die rebellische Attitüde von Jugendlichen. Provokation und Auflehnung mit Häkelmütze und Schleier statt mit Heavy Metal, Irokesenschnitt oder schwarzer Schminke.

Und schließlich bietet diese Szene ihren Angehörigen die Möglichkeit, aufgestauten Hass durch Gewalthandlungen zu kompensieren, die sich mit der fehlinterpretierten Religion legitimieren lassen. Auch deswegen sind junge Gewalttäter in den Gefängnissen so verführbar.

Extremistische Szenen sind für Jugendliche mit Identitätskrisen also besonders attraktiv. Die Gefahren für den Einzelnen in dieser Szene sind groß. Extremisten schrecken nicht davor zurück, Minderjährige als Kindersoldaten und Sexobjekte zu missbrauchen oder – das ist die andere Seite – Brandanschläge auf Flüchtlingswohnheime zu verüben.

Wir müssen also wachsam und achtsam sein, um erste Zeichen einer Radikalisierung bei jungen Männern und Frauen zu erkennen. Je frühzeitiger man auf sie zugeht, desto eher kann man weitere Gefährdungen verhindern. Und wir müssen auch offen für die Probleme junger Menschen sein und sie in Krisen und kritischen Phasen stärken und unterstützen.

## Was Pädagogik und Sozialarbeit leisten können

Viele junge Menschen – ob männlich oder weiblich, mit oder ohne Migrationsgeschichte – sind fasziniert von salafistischen Predigern und ihren Botschaften. Sie unterwerfen sich ohne tieferes Nachdenken rigiden Normen und lehnen Demokratie und letztlich das Erbe der Aufklärung ab. Vor allem, wenn sich die persönlichen Probleme der Jugendlichen so häufen, dass sie damit überfordert sind. Aber auch wenn sie sich einfach nur auf der Suche nach Orientierung befinden, zeigen sie sich anfällig für extremistische Szenen und deren Manipulationsvermögen. Und das ganz besonders, wenn sie wenig Wissen über den

Islam besitzen und der extremistische Salafismus scheinbar ihre emotionalen Bedürfnisse befriedigt. Dabei nutzt er die religiöse Sprache als manipulatives Machtinstrument, verleugnet aber gleichzeitig jegliche religiösen Werte.

Die Pädagogik und die Sozialarbeit in diesem Feld müssen sich großen Herausforderungen stellen. Durch die langjährige Erfahrung mit radikalisierten Jugendlichen gibt es in Deutschland bereits einige nachhaltige Konzepte gegen die extremistischen Gefährdungen junger Menschen: Da ist die Angehörigen-Beratung und die Arbeit der Streetworker, die Arbeit im Vollzug und die in Moscheen, die Online-Beratung genauso wie die aktive Aufklärung in den sozialen Netzwerken, und da sind die präventiven Bildungsangebote und die Ausstiegsbegleitungen. Wir haben in den letzten Jahren viel Wissen angesammelt, welche Maßnahmen tatsächlich wirksam sind. Jetzt müssen diese Angebote breit umgesetzt werden – es muss mehr von ihnen geben, damit sie umfassend wirken können.

Nach den Anschlägen von Paris haben einige Bundesländer eigene Programme aufgestellt, und verschiedene Bundesministerien fördern ebenfalls vermehrt Projekte zur Extremismus-Prävention. Ich habe in den letzten Monaten gemeinsam mit anderen Experten zahlreiche Gespräche mit Behörden und politischen Entscheidungsträgern geführt. Sie hatten großes Interesse daran, mehr darüber zu erfahren, wie man Extremisten aus ihrer engen Welt befreien und wie man den Angehörigen beistehen kann. Aber auch daran, wie man junge Menschen in die Lage versetzt, sich von den einfachen Lösungen der Extremisten nicht täuschen zu lassen. Wir konnten unsere vielfältigen positiven Erfahrungen aus unserer praktischen Arbeit einbringen und haben mit den Ministerien und anderen Organisationen aus diesem Bereich an neuen Programmen gestrickt. Es hat sich einiges getan, und dieser Weg muss unbedingt weiter beschritten werden, denn viele Beratungsstellen sind noch nicht ausreichend personell und finanziell ausgestattet. Die Zahl der Fälle ist hoch, die der Berater im Vergleich dazu gering. Die Präventions- und Beratungsangebote müssen dringend weiter ausgebaut werden.

Gleichzeitig muss aber auch rechtlich nachjustiert werden. Wenn den Sozialarbeitern der Aufbau eines Vertrauensverhältnisses gelingt und ein Deradikalisierungs-Prozess beginnen kann, muss es ein Zeugnisverweigerungsrecht für diese Berater geben. Denn wenn die Zeugnispflicht weiterhin besteht, können frühere Erfahrungen der Betroffenen in der extremistischen Szene nur teilweise besprochen werden. Von Mehmet wissen wir unter anderem deswegen noch immer nicht, inwiefern er vielleicht auch traumatisiert ist durch die Dinge, die er im Lager in Syrien gesehen hat. Zu groß ist die Gefahr für den Berater, plötzlich als Zeuge vor Gericht aussagen und so das Vertrauensverhältnis zwischen ihm und dem zu Betreuenden zerstören zu müssen.

Für die Auseinandersetzung mit gefährdeten jungen Menschen ist die Akzeptanz ihrer religiösen Wurzeln wichtig. Die Diskussion über ihre religiöse Identität ist sehr hilfreich, um extremistischen Tendenzen entgegenzuwirken und ein Fundament für ein gewaltfreies Leben legen zu können. Das pädagogische Personal in Schulen oder Jugendzentren muss deshalb in religiösen Fragen qualifiziert werden. Dieses Wissen ist erforderlich, um Radikalisierungstendenzen bei Jugendlichen frühzeitig zu erkennen, und vor allem, um in einen Dialog mit ihnen treten zu können.

Extremisten haben ein geschlossenes Weltbild. Um das ins Wanken zu bringen, sind theologische Kenntnisse unerlässlich. Das sieht man bei all unseren Beratungsfällen – über die Religion zu sprechen, ist den jungen Menschen das Wichtigste. Und es zeigt sich auch immer wieder, dass sie ein hervorragendes Vehikel ist, um aus dem Extremismus wieder herauszufinden. Sich im Islam auszukennen, ist ein wichtiger Türöffner für einen längeren Beratungsprozess.

Unsere Beratungsgespräche zeigen, dass Bildungsarbeit und Beziehungsarbeit miteinander einhergehen müssen. Celine hätte sich nie auf eine längere Betreuung eingelassen, wenn sie in ihrem Betreuer nicht auch eine Vertrauensperson sehen würde. Die rechten Jugendlichen aus dem Bauwagenprojekt haben mich irgendwann fast wie einen Freund akzeptiert. Wenn man so eine kontinuierliche Beziehung erst einmal etabliert hat, kann man auch inhaltlich besser arbeiten. Das Kalifat hat keine religiöse Legitimität, der Treue-Eid bringt einen nicht in die Hölle, an der Bombardierung Dresdens sind die Nationalsozialisten schuld – man kann Bildungsinhalte gestalten innerhalb einer solchen Beziehung. Vor allem lernen die jungen Männer und Frauen wieder, Fragen zu stellen, sie erfahren, dass die Beziehung mitnichten beendet wird, wenn sie Dinge anzweifeln.

Wir konnten durch unsere präventiven Bildungsangebote über Religion, religiöse Toleranz, Identität, Manipulationsstrategien des Extremismus so manchen Radikalisierungsprozess verhindern. Es passiert immer wieder, dass Schüler nach einem Workshop auf unsere Trainer zukommen und ihnen sagen, dass sie sich eigentlich vorher für salafistische Ideen interessiert hätten, aber jetzt nicht mehr so richtig wüssten, was sie denken sollten. Sehr häufig wollen sie noch ausführlicher darüber sprechen, noch mehr wissen. Es ist also wichtig, sowohl in der Schule als auch im Rahmen von außerschulischen Bildungsangeboten, mit jungen Menschen über pseudo-religiös begründeten Extremismus zu reden. Ihr Wissen über den Islam muss genauso erweitert werden wie das über Extremismus und Rekrutierungsstrategien. Gleichzeitig geht es darum, mit den Jugendlichen Handlungsstrategien zu erarbeiten – wie sollen sie damit umgehen, wenn sie feststellen, dass sich andere in ihrem Freundes- und Bekanntenkreis radikalisieren. Was hätten zum Beispiel die Mitschüler von Silvia und Rebecca tun können, als die beiden verschleiert in die Schule gekommen sind. Und: Wie kann man selbst verhindern, sich da hineinziehen zu lassen. Letztlich geht es darum, sie inhaltlich und auch emotional so zu stärken, dass sie den Extremismus gar nicht attraktiv finden. Junge Menschen werden durch diese präventive Arbeit handlungsfähig und stehen den Rekrutierungs- und Manipulationsbemühungen der Szene nicht ohnmächtig, sondern kritisch gegenüber.

Zur Präventionsarbeit gehört auch das interkulturelle Lernen, besonders an Schulen und in Einrichtungen der Jugendarbeit. Dort werden das Zusammenleben in Vielfalt und der Umgang mit Konflikten eingeübt. Islambezogene Themen und Interreligiosität müssen daher in der pädagogischen Ausbildung genauso einen festen Platz haben wie in den Schulbüchern. Das Reden darüber muss trainiert und gefördert werden, damit ein angst- und vorurteilsfreier Umgang mit dem Thema Islam weiter unterstützt wird.

Der Islam-Unterricht an den Schulen übernimmt eine wichtige Funktion. Auch er wirkt gegen Extremismus. An vielen Orten fehlt allerdings das Angebot eines islamischen Religionsunterrichts in deutscher Sprache. Das sollte sich ändern. Je mehr die Schüler und Schülerinnen über ihren Glauben erfahren, desto weniger anfällig sind sie für die Fehlinterpretationen der Extremisten. Hätte Mehmet seinen Lehrer im Religionsunterricht fragen können, ob das wirklich stimmt, dass Muslime nicht in einer säkularen Demokratie wie der Bundesrepublik leben dürfen, wäre er vielleicht gar nicht erst nach Syrien aufgebrochen.

## Wegsperren alleine reicht nicht – Rückkehrer müssen differenziert betrachtet werden

Noch fehlt ein bundesweites Präventions- und Ausstiegsprogramm im Jugendvollzug. Es wäre jedoch dringend geboten. Unser entsprechendes Programm »Verantwortung übernehmen – Abschied von Hass und Gewalt« lief Ende 2014 aus und wurde nicht weiter finanziert. Die Extremisten aber werben in den Gefängnissen weiter erfolgreich für ihre Szene. Sie leiten andere Inhaftierte beim Beten an und predigen ihnen den ihrer Ansicht nach »wahren« Islam.

Junge Männer, die im Knast landen, weisen zwangsläufig einen Bruch in ihrer Lebensgeschichte auf, und nicht selten tragen sie einen grundlegenden Hass auf die Gesellschaft in sich. Sie sind leichte Beute für die extremistischen Missionare. Dementsprechend wichtig sind Angebote aus dem Bereich der Extremismus-Prävention und der Deradikalisierung für Inhaftierte in den Justizvollzugsanstalten. Denn ansonsten werden radikalisierte Verurteilte andere Insassen anwerben, und die besondere Gefahr dabei ist, dass sie auf sowieso schon Gewalt befürwortende Persönlichkeiten treffen, die sich außerhalb der Mainstream-Gesellschaft wähnen. Gefängnisse werden so zu Brutstätten gefährlicher Extremisten – die Anschläge in den vergangenen Jahren in Europa haben das gezeigt.

Auch für die Gefängnisinsassen, die dem politischen Extremismus verfallen, gilt, dass sie in der Regel keine tieferen religiösen Kenntnisse besitzen – auch nicht, wenn sie muslimische Wurzeln haben. Und viele von ihnen haben grundsätzlich große Bildungsdefizite.

Abdul – ein Jugendlicher, den wir betreut haben – ist für mich das beste Beispiel dafür. Er war zu dem Zeitpunkt, als wir ihn kennenlernten, fünfzehn Jahre alt und sollte wegen Raubes und Körperverletzungen noch weitere drei Jahre im Jugendvollzug bleiben. Danach wollte er unbedingt nach Syrien und sich dort dem Dschihad anschließen. Einmal im Leben wollte er etwas Großes, etwas Richtiges tun, auch wenn es für ihn den Tod bedeuten könnte. Seine Familie hatte sich von ihm abgewandt, in Deutschland sah er keine Perspektive mehr für sich. Abdul hat kurdische Wurzeln. Die Kurden und die Kämpfer des IS bekämpfen sich in Syrien und im Irak – sie sind Feinde. Aber das wusste Abdul nicht, und genauso wenig wusste er über seine Religion.

Er fragte, ob der Krieg nicht eine religiöse Pflicht sei – man dürfe doch nie Angst vor dem Tod haben. Er hatte alle YouTube-Filme von Denis Cuspert gesehen und dachte, dessen Interpretation sei der Islam. Denis Cuspert war sein großes Vorbild. Ich schaute einige dieser gewaltverherrlichenden Filme mit ihm an und überprüfte Cusperts Aussagen anhand der religiösen Grundsätze des Islams. Abdul erkannte die Widersprüche. Ich erzählte ihm, was mir diejenigen berichtet hatten, die in den Kriegsgebieten gewesen sind. Welche Ängste sie ausgestanden hatten, als es um Leben und Tod ging.

Abdul will seither nicht mehr zum IS.

Wir brauchen mehr Menschen, die mit Jugendlichen wie Abdul reden.

Auch eine muslimische Gefangenen-Seelsorge kann durch eine eigenständige Aufklärung über den Islam dazu beitragen, die Verbreitung extremistischen Gedankengutes zu begrenzen. Aus meiner Sicht ein weiterer wichtiger Baustein für die Deradikalisierungs-Arbeit im Gefängnis.

Vor allem Mehmets Fall zeigt, dass man überdenken sollte, wie man mit Rückkehrern umgeht. Meines Erachtens gehört nicht jeder Rückkehrer aus den Kampfgebieten eingesperrt. Auch die Rückkehrer müssen differenziert betrachtet werden. Manche haben sich verführen lassen und hatten nicht die Absicht, ein Verbrechen zu begehen. Sie haben früh eingesehen, dass die Ausreise ein Fehler war – so wie Mehmet. Ihnen sollten wir jenseits der Jugendstrafe eine zweite Chance einräumen. Menschen, die in den Reihen der IS-Terrormiliz kämpften und daher ein hohes Gefährdungspotential haben, sollten selbstredend bestraft und inhaftiert werden.

Auch in Deutschland ist die Gefahr, dass es einen Anschlag geben könnte, weiter hoch. Das lässt sich nicht wegdiskutieren, und die Angst vor einem Terrorakt vermag einem keiner zu nehmen. Aber wir können dennoch einiges tun, um einen Anschlag unwahrscheinlicher werden zu lassen. Nicht zuletzt, indem wir den radikalisierten Teil der deutschen Jugend nicht verlorengeben. Trotzdem sollte sich die deutsche Gesellschaft gleichzeitig auf den Ernstfall vorbereiten, indem sie sich so wappnet, dass sie durch eventuelle Anschläge nicht in ihren Grundfesten erschüttert wird.

Damit die Menschen in Deutschland weiterhin in Vielfalt respektvoll zusammenleben können.

# Anhang

## Was man tun kann – Hilfe für Betroffene

In der Hinwendung zur Religion drückt sich erst einmal nur die Suche nach einer eigenen Identität, nach einem Sinn im Leben aus. Sie muss nicht immer Grund zur Sorge sein. In einigen wenigen Fällen wird die Beschäftigung mit Religion aber zu einer extremistischen Auffälligkeit. Davor ist leider kein Elternteil geschützt: Der Sohn einer Lehrerin oder eines Arztes kann sich genauso radikalisieren wie die Tochter eines Kioskbesitzers oder eines Polizeibeamten; es kann einen Mitschüler betreffen oder eine Jugendliche im selben Sportverein.

Dieser Abschnitt soll den betroffenen Angehörigen und Freunden ein paar Verhaltenshinweise und Hilfestellungen geben.

Auch wenn es keinen Katalog an Signalen gibt, aus dem sich klar erschließen lässt, dass mein Kind oder mein Schüler sich radikalisiert hat, so lassen sich trotzdem einige Auffälligkeiten benennen:

- Der Jugendliche bricht plötzlich seine sozialen Kontakte ab, schließt neue Freundschaften mit Personen, die erkennbar extremistische Ansichten vertreten, und besucht entsprechende Internetseiten.
- Der Jugendliche verändert seine Lebensweise abrupt, hört beispielsweise keine Musik mehr, isst plötzlich anders, hat neue Schlafgewohnheiten.
- Der Jugendliche verschließt sich jeglicher Diskussion oder verteidigt seine Ansichten mit hoher Aggressivität.
- Der Jugendliche spricht immer wieder von einer globalen

Ungerechtigkeit gegen Muslime und äußert, dass etwas dagegen getan werden müsse.

Die extremistisch-salafistische Szene suggeriert den jungen Leuten mit ihrem Eindeutigkeitsangebot auf sehr geschickte Art und Weise ein klares Weltbild mit einfach zu befolgenden Regelwerken. Gepaart mit der globalen Krise und dem humanitären Leid der Muslime auf der Welt, insbesondere in den islamisch geprägten Ländern, wird ein Gefühl der Ohnmacht und Hilflosigkeit vermittelt und die Gewalt als legitimes Mittel für eine Lösung all dieser Krisen verherrlicht.

Eltern – aber auch Freunde, Lehrer oder Geschwister – fühlen sich im Umgang mit dem Jugendlichen verunsichert, sie haben das Gefühl, das eigene Kind, den eigenen Bruder, die eigene Schwester oder den Schüler nicht mehr zu erreichen, erkennen ihn oder sie nicht wieder, weil sie sich immer mehr entfremden.

Wenn Eltern, Freunde oder Betreuer nicht mehr weiterwissen – und besonders, wenn sie den Verdacht haben, dass derjenige ausreisen könnte oder das bereits getan hat, sollte man sich an eine Beratungsstelle wenden. In der Regel sind die sofort ansprechbar. Das Angebot in diesem Bereich wurde in letzter Zeit deutlich ausgebaut, sodass innerhalb kurzer Zeit ein örtlicher Berater Kontakt aufnehmen wird. Erreichbar sind sie über die zentrale Telefonnummer der »Beratungsstelle Radikalisierung« des Bundesamts für Migration und Flüchtlinge.

Die Angehörigen werden dann dabei unterstützt, wieder eine tragfähige und vertrauensvolle Beziehung zum eigenen Kind aufzubauen und die zuvor zerstörte Kommunikation wiederherzustellen. Eltern sollten dem Kind ihre Sorgen durchaus mitteilen, aber keine kämpferische Rolle einnehmen und nicht gegen die Anschauungen des Jugendlichen angehen. Dieser sieht dann das entsprechende Elternteil nicht mehr als Vater oder Mutter, sondern als Feind, und das muss verhindert werden. Ziel ist es, den betroffenen Jugendlichen wieder vom Extremismus abzubringen oder eine mögliche Radikalisierung und Gefährdung überhaupt zu verhindern. Gerade in der Zusammenarbeit mit den Eltern ist es wichtig, sie persönlich zu stärken, aber auch Ängsten, Selbstvorwürfen und Ratlosigkeit Raum zu geben. Viele fragen sich: »Was habe ich falsch gemacht? Werde ich mein Kind noch einmal wiedersehen? Werde ich mit meinen Kind wieder so reden können wie früher?« Solche Sorgen müssen ausführlich besprochen werden.

In der Zusammenarbeit mit den Mitarbeitern der örtlichen Beratungsstelle kann man schauen, wie die Radikalisierung des Jugendlichen einzuordnen ist und welche Schritte notwendig sind. Vor allem wird ganz konkret besprochen, wie man sich verhalten kann:

- Welche Themen können Sie mit dem Jugendlichen besprechen, welche sollten Sie erst einmal nicht ansprechen? Wie können Sie mit Ihrem Kind über Religion reden, wie können Sie sich informieren?
- Wie können Sie sich in Konfliktsituationen verhalten? Was braucht der Jugendliche?
- Welche Hilfe können Sie erhalten? Brauchen Sie eine weitere Person, die mit dem Jugendlichen spricht – einen professionellen Berater oder eine andere Vertrauensperson?
- Was kann getan werden, wenn eine unmittelbare Gefährdung für den Jugendlichen besteht, wenn eine Ausreise möglich erscheint?
- Was kann konkret getan werden, wenn der Jugendliche bereits in ein Kampfgebiet ausgereist ist?

Anhand einiger Beispiele möchte ich verdeutlichen, wie eine erste Kontaktaufnahme und die erste Phase der Zusammenarbeit mit dem Jungen oder dem Mädchen aussehen kann:

Wir sind zum Beispiel abends von einer Mutter angerufen worden, mit der wir schon länger in Kontakt standen. Sie hegte den Verdacht, dass ihr sechzehnjähriger Sohn erneut ausreisen wolle. Wir sind dann zu dritt sofort losgefahren, um persönlich mit der Frau zu sprechen, hatten aber auch die Hoffnung, vielleicht gleich ihren Sohn anzutreffen.

Die Mutter war alleinerziehend und arbeitete. Als sie uns empfing, wirkte sie völlig niedergeschlagen und kraftlos. Tränen standen ihr in den Augen.

»Ich habe alles versucht, aber ich kann ihn nicht mehr von seinen Ideen abbringen«, eröffnet sie uns aufgebracht.

»Sie haben Angst um Ihren Sohn ...«, sage ich.

»Ja. Jeden Morgen, wenn ich in sein Zimmer gehe, frage ich mich, ob er noch in seinem Bett liegt oder schon weg ist, also in Richtung Syrien.«

»Können Sie mir von einer Situation erzählen, als Ihre Gespräche in einer Sackgasse endeten?«, will ich von ihr wissen.

Sie nickt.

»Letzte Woche stand mein Sohn vor mir und flehte mich an, dass ich konvertieren müsse.«

»Sagte er, warum?«

»Ich käme sonst in die Hölle. Er weinte.«

»Was haben Sie geantwortet?«

»Ich war entsetzt. Ich sagte: ›Das sind doch Menschen, die vergewaltigen und morden. Im Fernsehen kam gerade die Nachricht, dass sie einem Journalisten den Kopf abgeschlagen haben. Wie kannst du solchen Leuten nachlaufen?‹, fragte ich ihn.«

»Wie hat Ihr Sohn reagiert?«

»Er hat nichts mehr gesagt und ist in sein Zimmer gegangen.«

»Warum hat Ihr Sohn im Gespräch geweint?«

»Das weiß ich nicht.«

»Hat er Angst um Sie? Dass Ihnen etwas passieren kann?«

»*Ich* habe Angst um meinen Sohn, er ist mein Kind. Er ist mir das Wichtigste. Ich liebe ihn doch.«

»Haben Sie ihm das gesagt, bevor er in sein Zimmer ging?«

»Nein. Er weiß doch, dass ich seine Mutter bin.«

»Hat er deshalb geweint?«

»Wir haben uns früher gut verstanden, haben viel gemeinsam gelacht und hatten Vertrauen zueinander … wir haben uns viel bedeutet.«

»Damals wie heute, denn ansonsten würden Sie und Ihr Sohn nicht weinen.«

Das hat sie sehr gerührt, die Beobachtung, dass ihr Sohn noch sehr an ihr hängt. Wir sprachen lange mit ihr – über die möglichen Scheidungsfolgen für ihren Sohn, seine beruflichen Wünsche, seinen alten Freundeskreis, seine Hobbys und über ihre gemeinsamen Ausflüge und Erlebnisse. Zusammen überlegten wir, was sie jetzt gemeinsam unternehmen könnten. Zwischendurch konnte die Mutter sogar wieder lachen, als es um die gemeinsamen Urlaube ging. Dann kam ihr Sohn nach Hause.

Sofort fragte seine Mutter ihn, ob er mit uns reden wolle. Doch er ging wortlos in sein Zimmer und verschloss die Tür. Wir beruhigten die Mutter, dass es normal sei, wenn er sich nicht sofort bereit dazu zeige. Wir haben ihm dann einen Zettel geschrieben, haben uns vorgestellt und angekündigt, wann wir wieder vorbeikommen würden. Diesen Brief und eine kleine

Geschichte des Propheten über Barmherzigkeit haben wir unter der Tür hindurch in sein Zimmer geschoben. Wir haben zwar gesehen, dass er das Papier an sich nahm, aber es brauchte noch eine ganze Weile, bis er bereit war, uns zu treffen.

In diesen schwierigen Phasen begleiten die Berater die Angehörigen, und wenn es nötig ist und gewünscht wird, arbeiten wir auch direkt mit den jungen Menschen. Beratungsgespräche sind immer vertraulich. Nur wenn eine konkrete Selbst- und Fremdgefährdung besteht, werden die Sicherheitsbehörden informiert, damit Schaden abgewendet werden kann, wie zum Beispiel bei Jens.

Seine Mutter machte sich wegen der erkennbaren Radikalisierung ihres Sohnes große Sorgen und hatte sich an eine Beratungsstelle gewandt. Ihr Sohn träumte vom Dschihad – er wolle ein richtiger Mann sein und nach Syrien ausreisen, sagte er. Seine Eltern sind geschieden, der Junge sah seinen Vater nur selten. In der extremistisch-salafistischen Szene fand er eine Art Vaterersatz in den charismatischen Autoritäten. In den Gesprächen mit der Mutter wurde klar, welch wichtige Rolle der Vater im Leben des Jungen spielt. Wir haben dann erst Gespräche und später zahlreiche Aktivitäten von Vater und Sohn initiiert. Je mehr der Vater sich dann seinem Sohn zuwandte, desto mehr distanzierte Jens sich von der Szene.

Wenn Eltern sich an eine Beratungsstelle wenden, dann ist die Kommunikation zwischen Eltern und Kind in der Regel schon unterbrochen. Da sind Konflikte bereits eskaliert und die Wortgefechte vorwurfsvoll und verletzend geworden.

»Du bist kein Muslim, Vater, du bist ein Ungläubiger. Was Schlimmeres gibt es nicht.«

»Und du bist nicht mehr mein Sohn.«

Das Kind schottet sich ab, fühlt sich mit seiner neuen Identität abgelehnt. Und auch Eltern können sich abschotten, weil sie sich von ihrem Kind zurückgewiesen fühlen.

Die Ratsuchenden selbst wollen natürlich alles Menschenmögliche tun, um die Situation zu entschärfen. Sie stehen unter großem Druck, können in ihrem Umfeld vielleicht nicht über ihre Probleme sprechen. Die Beratungsstelle kann dann das Ventil sein, um den Druck abzulassen und sich jemandem anzuvertrauen.

Wir versuchen immer, Handlungsvorschläge zu machen, die zur Persönlichkeit der Angehörigen passen, die ihre Möglichkeiten berücksichtigen. Wir besprechen bisherige Rollenverständnisse und schauen, ob man diese eventuell in die eine oder andere Richtung korrigieren kann. Wir prüfen, wie man mit der entfremdeten Person wieder in Kontakt kommen kann, gehen die ersten Schritte gemeinsam und arbeiten dann an einer langfristigen Strategie, um Vertrauen neu aufzubauen.

Durch Fachinformationen und methodensichere Beratung schaffen wir eine Atmosphäre, die es den Angehörigen ermöglicht zu erkennen, wie es zum Radikalisierungsprozess ihres Kindes kommen konnte und welche Handlungsmöglichkeiten sie haben, um eine tragfähige und belastbare Beziehung zu ihrem Kind herzustellen. Wie kann ich verletzende Gespräche vermeiden? Wie kann ich mit meinem Kind behutsam reden, sodass es erkennt, dass ich Interesse an ihm habe? Wie kann ich durch Nachfragen mein Kind zum Nachdenken anregen?

Celines Mutter hat zum Beispiel auf unseren Vorschlag hin ausprobiert, mit ihrer Tochter gemeinsam Halal zu kochen. Sie fragte nach, worauf sie achten solle, und zeigte damit Interesse für die neue Lebensweise ihrer Tochter. Sie hat auch gefragt, welchen Sinn und welche Bedeutung dieses religiöse Gebot hat.

Dadurch kann sie anregen, dass Tochter Celine Regeln nicht einfach nur so befolgt, sondern ihren Sinn hinterfragt.

Angehörige brauchen Geduld, jeder Umkehrprozess ist langwierig, und auch Rückschläge können vorkommen. All unsere Fälle werden von unserem internen Beratungsteam begleitet und ausgewertet, um eine kompetente Beratung vor Ort zu gewährleisten. Das Team knüpft auch weitere Kontakte, die helfen könnten – die Jugendhilfe zum Beispiel oder ein Imam vor Ort.

Wir legen Wert auf eine offene und ehrliche Beziehung zwischen den Beratern und den Angehörigen. Es soll möglich sein, immer um Rat oder Tipps zu bitten – »Wie würden Sie sich verhalten, wenn Sie in meiner Situation wären?«, das hören wir ganz häufig. Vielen hilft es sehr, die Geschichte von anderen Betroffenen zu hören, die ähnliche Erfahrungen gemacht haben. Das zeigt ihnen, dass sie nicht allein sind mit ihren Problemen, und im besten Fall gibt es Vorbilder – Familien, die es geschafft haben.

Nicht nur Angehörige können die Beratungsstellen in Anspruch nehmen, auch andere Personen wie Lehrer, Freunde oder Bekannte der Familie und Institutionen wie Jugendeinrichtungen oder Moscheen. Besonders der Freundeskreis erkennt sehr früh, wenn sich ein Gleichaltriger plötzlich verändert. Je früher eine Beratung in Anspruch genommen wird, desto eher kann man verhindern, dass Menschen gefährdet werden.

## Kontakte

Violence Prevention Network
E-Mail: info@violence-prevention-network.de oder
thomas.muecke@violence-prevention-network.de
Telefon: 030 91 70 54 64

Bundesamt für Migration und Flüchtlinge
Beratungsstelle Radikalisierung für betroffene Angehörige
E-Mail: beratung@bamf.bund.de
Hotline: 0911 943 43 43

# Der Ansatz von Violence Prevention Network

2001 haben wir mit unserer Arbeit begonnen. Damals gab es Probleme mit rechtsextremen Netzwerken in den Gefängnissen. Immer mehr junge Menschen haben sich deswegen während ihrer Haft radikalisiert. Wir bekamen den Auftrag, mit jungen Insassen zu arbeiten. Ein bewährtes Konzept gab es noch nicht, ich musste mich auf eine neue Erfahrung einlassen. Als ich das erste Mal mit meinem Kollegen in die Anstalt fuhr, war es kalt, windig und regnerisch. Wir mussten lange an der Pforte warten, bis wir eingelassen wurden. Das gab uns nicht das Gefühl, sonderlich willkommen zu sein. Ich fand es komisch, mich nicht frei bewegen zu können, von einer Gittertür zur nächsten geführt zu werden.

In dieser sowieso schon unwirtlichen Atmosphäre sah ich zu meiner Überraschung auf dem Hof eine Gruppe von Jugendlichen gleichförmig im Stechschritt marschieren.

Wir wurden dann in einen Kellerraum geführt, in dem die ersten Einzelgespräche mit denjenigen stattfinden sollten, die an dem Programm teilnahmen.

Stefan war der Erste, der hereinkam. Ein Beamter wollte bei dem Gespräch anwesend bleiben, damit uns nichts passiere, aber das wollte ich nicht.

Stefan stand vor mir, setzen wollte er sich nicht.

»Ihr seid doch die, die bei uns die Gehirnwäsche machen sollen«, setzte er sogleich an.

»Wer hat dir denn so was erzählt?«

»Meine Kameraden.«

»Und warum bist du jetzt hier?«

»Aus Neugierde.«

»Auf was bist du denn neugierig?«

»Wie ihr so denkt, über Deutschland, Vaterland und so.«

»Wir können gerne über die Themen reden, die dich interessieren. Aber was ist, wenn ich eine andere Meinung habe als du, wie ist das dann für dich?«

»Ich lass mich nicht umdrehen. Wir denken hier alle gleich, der Rassismus ist in unseren Genen.«

»Ich will dich nicht umdrehen. Du musst selbst wissen, was du für richtig hältst. Auch wenn ich anders denke als du: Nur du entscheidest, welche Meinung du vertrittst.«

In diesem Moment traten von draußen zwei Personen an das gekippte Kellerfenster. Sie waren nicht zu sehen – aber zu hören: »Wir kriegen euch, ihr bolschewikisches Judenpack. Wenn ihr rauskommt, grabt schon mal ein Loch, den Rest erledigen wir dann mit der Schaufel«, sagten sie.

Ich ging zum Fenster.

»Haben Sie jetzt Angst?«, fragte mich Stefan da.

»Ich schließe das Fenster, um ungestört mit dir reden zu können. Es interessiert mich, was du sagst«, entgegnete ich.

»Nach diesem Stress wollen Sie noch mit mir reden?«

»Warum nicht, du stresst mich nicht.«

»Die anderen übertreiben manchmal.«

»Du hast gesagt, dass ihr alle immer das Gleiche denkt ...«

»Meistens.«

»Die beiden da draußen wollen nicht reden.«

»Nein. Bestimmt nicht.«

»Sie nehmen den Spaten, aber du willst reden. Du willst dir eine eigene Meinung bilden, finde ich gut.«

Stefan ließ sich nach dieser ersten Begegnung auf sechsmonatige Gesprächsrunden ein – ohne einen Spaten.

Seitdem arbeitet Violence Prevention Network (VPN) erfolgreich in der Extremismus-Prävention und der Deradikalisierung extremistisch motivierter Gewalttäter. Das Ziel: junge Menschen, die extremistische Tendenzen aufweisen oder aus ideologischen Gründen Straftaten begehen, aus dem Radikalisierungsprozess herauszulösen. Neben präventiven Ansätzen zur Toleranzstärkung sowie zur Früherkennung und Vermeidung von Radikalisierungsprozessen setzt VPN auch Maßnahmen zur Intervention bei einer beginnenden Radikalisierung um und arbeitet mit jenen, die einen Ausweg aus extremistischen Ideologien suchen, zielgerichtet an ihrer Deradikalisierung.

Mittlerweile sind es siebzig Mitarbeiter, die bundesweit im Vollzug, in der Elternberatung, in der direkten Arbeit mit Gefährdeten und Ausstiegswilligen und in der Präventionsarbeit im schulischen Bereich tätig sind. Hierfür haben wir Beratungsstellen in verschiedenen Bundesländern. Violence Prevention Network verfügt also über jahrelange Erfahrung darin, Mitglieder dieser Szenen gezielt anzusprechen, mit ihnen in den Dialog zu treten, sie zu Veränderungen zu motivieren und eine Distanzierung von menschenverachtenden Einstellungen zu erreichen. Mit der eigens entwickelten Methode der Verantwortungspädagogik haben wir einen demütigungsfreien Weg der Ansprache für Menschen gefunden, die in anti-demokratischen Strukturen gefangen sind, und können ihnen so die Rückkehr in das demokratische Gemeinwesen ermöglichen.

Seit einigen Jahren schon arbeitet VPN vermehrt mit Anhängern des extremistischen Salafismus. Für eine Deradikalisierung bieten wir sowohl Bildungsarbeit für Gruppen an wie auch eine sozialpädagogische Begleitung einzelner junger Menschen. Die

Entzauberung der extremistischen Ideologie führt ansonsten zu einer weiteren Entwurzelung der Betroffenen, die in ihr ja gerade sozialen Halt gefunden haben. Der Arbeitsansatz von Violence Prevention Network basiert auf den folgenden Schwerpunkten:

**Aufbau einer professionellen Arbeitsbeziehung**
Die Herstellung einer Vertrauensbasis zu dem Betroffenen ist eine anspruchsvolle Aufgabe. Man muss junge Menschen möglichst schnell erreichen, die von der Gesellschaft und den staatlichen Organen häufig hochgradig entfremdet sind und die sich aus diesem Grund – auch von der extremistischen Szene dazu gedrängt – abschotten.

**Vermeidung von Selbst- und Fremdgefährdung**
Die extremistische Szene ist hochaggressiv und fordert immer wieder zum Kampf gegen Andersdenkende auf. In diesem Risikobereich müssen pädagogische Aktivitäten darauf ausgerichtet sein, Gefährdungen zu vermeiden. Dafür muss man mit nahestehenden Personen wie Familienangehörigen zusammenarbeiten, denn die emotionale Verbindung zu ihnen ist eine wichtige Hemmschwelle für zerstörerische Handlungen. In dieser Phase ist es auch wichtig, mit Gegenentwürfen zu extremistischen Anschauungen zu arbeiten, um erste Zweifel bei den Jugendlichen zu verstärken. Die Notwendigkeit einer theologischen Auseinandersetzung mit den Fehlinterpretationen des Islams erhöht sich, je weiter die Radikalisierung des Einzelnen fortgeschritten ist. Wenn ein Mensch, der sich einer extremistischen Gruppe angeschlossen hat, den festen Willen hat, für seinen Glauben zu töten, wird die Beraterin oder der Berater im Deradikalisierungs-Prozess viel Zeit darauf verwenden müs-

sen, die ideologischen Rechtfertigungsmuster zu hinterfragen und Zweifel an diesen zu säen.

**Entwicklung der Dialogfähigkeit**

In der extremistischen Salafisten-Szene wird unbedingter Gehorsam eingefordert und viel Angst verbreitet. In unseren Gesprächen wollen wir erreichen, dass die jungen Menschen wieder andere Sichtweisen angstfrei annehmen und eigene Gedanken entwickeln können, die eine Basis bilden für selbstbewusste und eigenverantwortliche Entscheidungen. Deradikalisierung kann nur dann nachhaltig gelingen, wenn sich der zu Beratende in einer Atmosphäre des respektvollen Umgangs wiederfindet. Entscheidend ist gerade bei dieser Zielgruppe, dass die theologische Auseinandersetzung keinen missionierenden Charakter hat. Nur der ehrliche Respekt vor den Erklärungsansätzen der Betroffenen ermöglicht es, dass sich eine Person öffnet und das Hinterfragen beginnen kann. Die argumentative Gegenrede führt hingegen zu Abwehr und zur Verfestigung radikaler Ideologien.

**Integration in gemäßigte religiöse Strukturen**

Wenn man die Betroffenen beim Ausstieg begleitet, ist es gut, sie in muslimische Communities und Gemeinden integrieren zu können, die ihnen eine angemessene Sichtweise auf ihre Religion ermöglichen. Der Ausstieg aus diesem Bereich des Extremismus erfordert, anders als bei Rechtsextremisten, eine stabile (Neu-)Definition der Glaubensrichtung. Nicht der Ausstieg aus dem Islam ist das Ziel, sondern die Abkehr von radikalen und menschenverachtenden Sichtweisen.

**Entwicklung von Toleranz gegenüber Widersprüchlichkeiten**
Neue Perspektiven zu eröffnen und andere Meinungen annehmen zu können, sind Grundprinzipien jeglicher Bildungsarbeit. Für Menschen, die in einer ideologisch begründeten Monokausalität verhaftet sind, kann dies nur in einem längeren Prozess erreicht werden. Wir setzen dafür Betreuer mit unterschiedlichen Weltanschauungen und verschiedener kultureller Herkunft ein und bauen mit den Betroffenen gemeinsam neue soziale Beziehungen auf beziehungsweise reaktivieren frühere Kontakte.

**Aufbau eines neuen, vielfältigen privaten Netzwerkes jenseits der extremistischen Szene**
Ein alternatives Netzwerk aufzubauen, erleichtert es den Betroffenen auch, Distanz zur extremistischen Szene zu halten. Die hat nämlich zuvor dafür gesorgt, dass neue Anhänger frühere soziale Kontakte und gegebenenfalls auch familiäre Beziehungen abbrechen, wenn sich diese Personen nicht missionieren lassen. Wenn junge Menschen also diese Szene verlassen, besteht die Gefahr, dass sie sich einsam fühlen und die nun fehlenden sozialen Beziehungen nicht kompensieren können.

**Orientierung auf einen persönlichen Zukunftsplan jenseits des »politischen Kampfes«**
Soziale Desintegration ist eine Ursache für eine mögliche Radikalisierung oder Re-Radikalisierung. Daher sind schulische und berufliche Integrationsmaßnahmen für die Jugendlichen von besonderer Bedeutung. Sie ermöglichen Teilhabe und ein neues Selbstwertgefühl.

**Biografisches Verstehen**
Die Arbeit an der Biografie hat zum Ziel, dass die jungen Menschen die wirksamen Faktoren in ihrem Leben identifizieren und verstehen können. Gewalthandlungen und ihre lebensgeschichtliche Entstehung werden thematisiert und gleichzeitig die ideologisierte Begründung der Anlässe für Hass und Gewalt identifiziert. Ziel ist es, beim jungen Menschen Selbsterkenntnisprozesse anzuregen. Die Entstehung von Gewalt und menschenverachtenden Denkmustern wird als Bestandteil der eigenen Lebensgeschichte erkannt, wodurch die ideologischen Rechtfertigungen aufgeweicht werden.

Die Geschwindigkeit, mit der sich Jugendliche radikalisieren, macht es oftmals erforderlich, zügig verschiedene aufeinander abgestimmte Stufen der Deradikalisierungs-Arbeit umsetzen zu können:

- Beratung, Begleitung und spezifisches Training für radikalisierungsgefährdete junge Menschen im Vorfeld von Straffälligkeit
- Intervenierende Maßnahmen in Fällen sich abzeichnender Radikalisierung
- Deradikalisierung, Beratung und Begleitung im Strafvollzug
- Ausstiegsbegleitung: Beratungs- und Dialogmaßnahmen mit Radikalisierten, Ausreisewilligen und Rückkehrern aus den Kampfgebieten
- Beratung für Angehörige in der Auseinandersetzung mit religiös begründetem Extremismus.

Für diese Tätigkeit sind besonders auch Berater mit muslimischer Identität erforderlich, die erfahren darin sind, mit radikalisierten Menschen einen offenen Dialog zu beginnen. Denn entscheidender als das Thema sind die Personen, mit denen die

Jugendlichen sprechen, und der Kontext, in dem dieser Dialog geführt wird. Die Beraterinnen und Berater müssen verlässlich und authentisch sein; sie müssen den Jugendlichen Identifikation und Reibungsfläche zugleich bieten, und sie müssen sowohl Interesse zeigen als auch Neugierde wecken. Dass es noch etwas anderes gibt als den Salafisten-Kosmos, wird für junge Menschen zuerst anhand der Menschen greifbar, die ihnen gegenübersitzen, sie bei Ämtergängen begleiten, in Konflikten mit Eltern oder Lehrkräften unterstützen, ihnen zuhören, sich mit ihnen auseinandersetzen.

Die schwierigste Phase der Deradikalisierungs-Arbeit ist die Kontaktaufnahme. Da der junge Mensch sich selbst nicht an eine Beratungsstelle wendet, sind Hinweise aus dem sozialen Umfeld notwendig. Die Familienangehörigen haben eine besondere Bedeutung, da sie ein wichtiger Partner in der praktischen Arbeit sein können. Aber auch Freundeskreise, Moscheen, Schulen, Sicherheitsorgane, Jugendhilfeeinrichtungen, Jugendämter können hinweisgebende Institutionen sein.

Die Berater überprüfen die Hinweise und eruieren die Möglichkeiten eines Erstkontaktes mit der betroffenen Person. Der Kontakt erfolgt »aufsuchend« – unser Berater geht zu den jeweiligen Personen hin –, zum Beispiel in der Familie oder bei einem Workshop in der Schule oder beim Beten in einer Moschee. Von ersten Abwehrreaktionen darf man sich nicht abschrecken lassen. Anfängliches Misstrauen der Jugendlichen kann man so überwinden. Es ist wichtig, dem jungen Menschen den Grund für ein Gespräch so zu erklären, dass dieser sich nicht stigmatisiert fühlt. Ziel ist es, Interesse und Motivation für weitere Gespräche zu wecken, aber auch zu erkennen, ob akute sicherheitsgefährdende Faktoren vorliegen.

Der zu beratende Fall ist abgeschlossen, wenn folgende Bedingungen erfüllt sind:

- Kein Vorliegen einer Selbst- und Fremdgefährdung, das Begehen neuer Straftaten erscheint nicht wahrscheinlich.
- Keine Kontakte zur extremistischen Szene.
- Neuorientierung jenseits extremistischen Gedankenguts.
- Soziale Integration in den wichtigen Lebensbereichen ist erfolgt.
- Die Fähigkeit zu einer eigenverantwortlichen Lebensführung ist erkennbar, beteiligte Akteure (Familie, Schule, Sicherheitsorgane u.a.) sehen keinen weiteren Handlungsbedarf.

Die Arbeit mit radikalisierten und extremistisch beeinflussten jungen Menschen ist personalintensiv und muss auf einen längeren Zeitraum ausgerichtet sein. Nur durch kontinuierlichen persönlichen Kontakt kann eine nachhaltige Ausstiegsarbeit erfolgen.

Zurzeit arbeitet Violence Prevention Network mit mehr als hundertdreißig jungen Menschen, die Kontakte zur extremistisch-salafistischen Szene hatten. Von keinem geht noch eine Selbst- oder Fremdgefährdung aus. Einige von ihnen wollen sogar in Zukunft in Schulklassen auftreten, um andere vor den Gefahren der extremistischen salafistischen Szene zu warnen.

# Die Autoren

**Thomas Mücke** ist Mitbegründer von Violence Prevention Network und führt gemeinsam mit Judy Korn die Geschäfte dieser Organisation. Er ist Diplom-Pädagoge und Diplom-Politologe und hat sein gesamtes berufliches Schaffen von Beginn an der Arbeit mit gefährdeten Jugendlichen gewidmet. Langjährige Erfahrungen in der Arbeit mit Gewalttätern, Gewaltopfern und in der Extremismus-Prävention machen ihn zu einem Experten auf seinem Gebiet. Mücke ist Trainer und Ausbilder für Mediation sowie für das Anti-Gewalt- und Kompetenztraining AKT®. Als Dozent, Referent und Coach unterstützt er Behörden und Ausbildungsinstitutionen bei den Themen Rechtsextremismus und Islamismus, Radikalisierung sowie Deradikalisierung und vermittelt Konzepte und Methoden von Anti-Gewalt-Arbeit, Konfliktmanagement, Jugendarbeit und Straßensozialarbeit. Alle Fallgeschichten stehen im Kontext der pädagogischen Deradikalsierungsarbeit von Violence Prevention Network. Thomas Mücke hat im Rahmen der Extremismus-Prävention und -Bekämpfung mit über neunhundert jungen Menschen gearbeitet.

**Dörthe Nath** ist Journalistin und Moderatorin. Beim Rundfunk Berlin-Brandenburg moderiert sie die aktuellen Sendungen der Nachrichtenwelle »Inforadio«. Reportagen und Recherchen zu den Themenbereichen Islamismus und Rechtsextremismus gehören genauso zu den Schwerpunkten ihrer Arbeit wie fundierte Interviews zum aktuellen politischen Geschehen. Sie hat die

Deutsche Journalistenschule in München besucht, ist Diplom-Journalistin und hat einen Magisterabschluss in Geschichte, Soziologie und Nordamerika-Studien. Dörthe Nath wurde u. a. mit dem W(ahl)-Award der Bundeszentrale für politische Bildung ausgezeichnet.

# Dank

Berthold, Cuma, Hakan und Izzedin haben die Entstehung dieses Buches eng begleitet. Sie haben mir mit ihren kritischen Anregungen sehr geholfen und mich unterstützt. Vielen herzlichen Dank dafür.